U0521805

东北古代历史文化论稿

王文轶 著

中国社会科学出版社

图书在版编目（CIP）数据

东北古代历史文化论稿／王文轶著.—北京：中国社会科学出版社，2023.12
ISBN 978-7-5227-2798-1

Ⅰ.①东… Ⅱ.①王… Ⅲ.①文化史—东北地区—古代—文集 Ⅳ.①K297.3-53

中国国家版本馆CIP数据核字（2023）第235611号

出版人	赵剑英
责任编辑	安　芳
责任校对	张爱华
责任印制	李寡寡

出　　版	中国社会科学出版社
社　　址	北京鼓楼西大街甲158号
邮　　编	100720
网　　址	http://www.csspw.cn
发 行 部	010-84083685
门 市 部	010-84029450
经　　销	新华书店及其他书店

印　　刷	北京君升印刷有限公司
装　　订	廊坊市广阳区广增装订厂
版　　次	2023年12月第1版
印　　次	2023年12月第1次印刷

开　　本	710×1000　1/16
印　　张	17
插　　页	2
字　　数	256千字
定　　价	98.00元

凡购买中国社会科学出版社图书，如有质量问题请与本社营销中心联系调换
电话：010-84083683
版权所有　侵权必究

目　录

上编　古代民族与早期国家

商周时期孤竹国地望考………………………………………（3）
中国古代国家起源与形成路径研究的回顾与思考 …………（13）
辽西地区早期国家起源模式与形态研究概论 ………………（31）

中编　考古文化与历史遗迹

辽西地区史前玉礼的起源与演进 ……………………………（47）
夏家店下层文化的筑城起源与聚落形态初探 ………………（65）
辽东半岛地区5—7世纪的山城建筑及其分布特点研究……（77）
辽东半岛地区高句丽山城的防御体系与作用探析 …………（95）
辽阳白塔述考 …………………………………………………（109）
大连金普新区历史遗迹保护及其旅游开发的对策研究………（119）

下编　地域文化与历史文献

东北地区的"辽"字地名文化研究 …………………………（143）
"辽海"文化研究述略 ………………………………………（165）

"满洲"称谓研究综述 …………………………………………（176）

高句丽历史文献述要 …………………………………………（206）

王颀之战东川王奔退方向考辨

   ——以《三国志》《三国史记》为线索 …………………（218）

《吉林通志》清乾隆年间三姓副都统正黄旗舒通阿考补 ……（231）

参考文献 ……………………………………………………（245）

后　记 ………………………………………………………（266）

上编

古代民族与早期国家

商周时期孤竹国地望考

孤竹国地望一直是孤竹历史文化研究的重点内容和热点问题，对于山戎、东胡、令支等地望考证同样有着十分重要的参考价值。长期以来，学界从不同层面和角度，对孤竹国地望予以了较为深入地探讨。然而，由于史实阙如和个别记载的出入，仍然造成了相关认识上的差异。本文不揣浅陋，拟在前人研究的基础之上，通过对相关历史文献的进一步梳证，关注和解析重大历史环境变迁对孤竹国地望产生的影响与变化。

一　孤竹国地望的双重内涵

学界有关孤竹国地望的研究，大体可分为广义和狭义两个层面。所谓广义，通常指孤竹国的疆域①；所谓狭义，即指孤竹国都城的地理位置。

唐兰先生应当是最早注意到孤竹国地望这种双重意义上区别，在《从河南郑州出土的商代前期青铜器谈起》一文的注释中指出：

---

① 孤竹国的"疆域"虽然尚不具备"疆界"的标识，但大体形成了以都邑为中心向周边辐射的一定地域和势力范围，学界有时也以孤竹文化的分布范围代之。

> 今河北省迁安县附近的古孤竹城，可能是孤竹国的一个都邑，而孤竹国的国境决不止此……今按喀左在迁安东北，离迁安不到三百里。这种属于四荒的国家，还在游牧情况下，地广人稀，喀左应属孤竹是无疑的。①

此说基本将以迁安为中心的河北东北部和以喀左为中心的辽西地区，作为广义意义上的孤竹地域范围。这一观点在学界产生了较为广泛的影响，但也相继受到不同角度的质疑和反对。

质疑者认为：其一，孤竹国铜器的发现与邢昺"无礼义文章"的注疏截然相反，即孤竹为"四荒"国家的说法并不可靠②；其二，孤竹是以农业为主的定居民族，而非游牧民族③；其三，孤竹为商代诸侯国，从城邑国家概念和参考周代分封诸侯国方百里的情况来看，孤竹不应具备方圆千里的广大疆域。④ 与此相对应，也有研究者认为：孤竹国的统治范围应大体为今卢龙县为中心的滦河入海处小盆地及其附近区域。⑤

关于孤竹国都邑地理位置的看法，早期的观点主要可分为位于河北地区的"卢龙说""迁安说"或位于辽西地区的"喀左说"三种。近年来，越来越多的学者则倾向于孤竹国都城的"动态说"⑥，但就其迁都方向的看法仍有分歧。一种观点主张"由南向北"，认为："孤竹的旧都在卢龙，后来其势力向北扩张，喀左应是其新都

---

① 唐兰：《从河南郑州出土的商代前期青铜器谈起》，《文物》1973年第7期。
② 孔华、杜勇：《孤竹姓氏与都邑变迁新考》，《中国高校社会科学》2017年第2期。
③ 刘子敏：《孤竹不是游牧民族》，《延边大学学报》1994年第1期。
④ 王玉亮：《试论孤竹的地望及"疆域"——兼论辽西出土"孤竹"器物之原因》，《沈阳教育学院学报》2000年第4期。
⑤ 王玉亮：《试论孤竹的地望及"疆域"——兼论辽西出土"孤竹"器物之原因》，《沈阳教育学院学报》2000年第4期。
⑥ 参见崔向东《论商周时期的孤竹》，《古族与古国第六届"辽宁史学论坛"暨"辽海文化与东北民族交融"学术研讨会论文汇编》，2018年10月。

之所在。"① 另一种观点则认为应是"自北向南",指出:

> 孤竹国的都邑在立国之始并不一定建在或设在今卢龙县一带,很可能建在辽西或其他地方,后来有所迁移,到商朝后期甚至在西周国势衰弱时,才迁至这一带的。……有的学者曾提出孤竹城在辽宁省喀左县城东北25华里一个地方,也是并非没有可能的,但即便是的话,也在商朝或西周初期,不会在西周的中、后期。②

这些考证和观点,在很大程度上推动和加深了学界对孤竹地望问题的研究与思考。其实,在孤竹国存续近千年的岁月中,商、周政权更迭,春秋列国与北方民族政权纷争不断等一系列重大的历史变迁和制度变革等,不仅导致特定时期孤竹国内部及其外部关系发生变化,也在很大程度上影响了孤竹国都邑及疆域的变迁。

二 商代孤竹国的都邑与疆域

据《尔雅·释地》载:"觚竹(即'孤竹')、北户、西王母、日下,谓之四荒。"晋人郭璞注:"觚竹在北,北户在南,西王母在西,日下在东,皆四方昏荒之国,次四极者。"北宋邢昺疏:"谓之'四荒'者,言声教不及,无礼义文章,是四方昏荒之国也,在土四极之内。"③

在《尔雅·释地》中,除了记有"四荒"之外,还有所谓的

---

① 苗威:《山戎、东胡考辨》,《中国边疆史地研究》2008年第4期。
② 董宝瑞:《千载孤竹与伯夷叔齐》,宋坤《中国孤竹文化》,中国文史出版社2013年版,第107页。
③ (晋)郭璞注,(北宋)邢昺疏:《尔雅注疏》,(清)阮元校刻《十三经注疏》,中华书局2009年版,第5690—5691页。

"四极"和"四海",其地理位置"四极"者为最远,其次为"四荒",最后为"四海",均是相对"中土"远近层次的界定。因此,"四荒"者并非就礼教文明的开化程度而言,也无"地域广阔"之意,而是为了表述距离上的遥远。故,将商、周的孤竹都城确定在商、周之北,且距离商、周都城较远,则当为可取。

孤竹作为商的"外服"诸侯国,主要代商控制周边"荒远"之地和作为殷商的外围屏障。具体则主要采取筑城为国的形式,以其都城为中心向附近地区辐射其势力范围。按文献所记,成汤封孤竹于"离支"("令支"):

1. 《世本》:"成汤封之离支,是为孤竹国。"①
2. 《路史》:"成汤之初析之离支是为孤竹。"②
3. 《名贤氏族言行类稿》:"竹,孤竹君,姜姓,殷汤封之辽西令支。"③
4. 《论语类考》:"成汤之初析封之离支是为孤竹。"④

从后三条史料的行文来看,基本一脉相承于《世本》。《路史》与《论语类考》只是分别用"析""析封"替代了《世本》中的"封"字,《名贤氏族言行类稿》不过在令支前冠以"辽西"而已。显然,上述史料中的"离支"是为成汤分封孤竹国的地名,而非国名或族名。"离支"即"令支",又常记作"不令支""令疵""零

---

① (汉)宋衷注,(清)秦嘉谟等辑:《世本八种·秦嘉谟辑补本》,商务印书馆1957年版,第148页。
② (南宋)罗泌:《路史》卷13《后纪》,文渊阁《四库全书》影印本,史部,第383册,第17页b。
③ (南宋)章定:《名贤氏族言行类稿》卷49,文渊阁《四库全书》影印本,子部,第933册,第18页b。
④ (明)陈士元:《论语类考》卷7《人物考》,文渊阁《四库全书》影印本,经部,第207册,第30页b。

支"等。《汉书·地理志》辽西郡下载："令支，有孤竹城。"①《后汉书·郡国志》亦载："（辽西郡）令支有孤竹城。伯夷、叔齐本国。"② 又《括地志》载："孤竹古城在平州卢龙县南十二里，殷时诸侯孤竹国也。"③ 汉代令支县（今迁安县）与肥如县（今卢龙县）毗邻，至唐代均为卢龙县地，属河北道平州。是以，孤竹城在汉代文献中记在令支县境与唐代文献记在卢龙县境并不矛盾。

迁安、卢龙地区南距河南安阳在千里以上，不可谓不远。距离与方位均符合"四荒"之孤竹。近年来，河北学者倾向于将秦皇岛市卢龙县城南的蔡家坟商代遗址认定为商代孤竹国都城。④ 此说虽有争议，但在卢龙附近地区寻求商代孤竹都邑所在当为可行。参考周代对公、侯、伯、子、男领地范围的规定，"天子之制，地方千里，公、侯皆方百里，伯七十里，子、男五十里，凡四等。不能五十里，不达于天子，附于诸侯，曰附庸。"⑤ 孤竹国在商代的地域范围应是以其都城为中心，方圆 50—100 里。今卢龙、迁安一带应是当时孤竹文化的中心区域，而朝阳喀左距卢龙直线距离约 300 里，远超百里之制，故不应为商代孤竹的势力范围。

三　商末周初孤竹国的都邑与疆域

《孟子·离娄章上》云："伯夷辟纣，居北海之滨。"⑥ 此条史料在有关孤竹国地望的考证中，往往被用于佐证卢龙或辽西地区濒临北海（渤海）而使用。倘若仅从地理位置而言，上述两地均可属

---

① （汉）班固：《汉书》，中华书局 1962 年标点本，第 1625 页。
② （南朝宋）范晔：《后汉书》，中华书局 1965 年标点本，第 3528—3529 页。
③ （汉）司马迁：《史记》，中华书局 1982 年标点本，第 2123 页。
④ 冯金忠：《孤竹国研究的回顾与思考》，《文物春秋》2014 年第 3 期。
⑤ （清）焦循：《孟子正义》，中华书局 1987 年标点本，第 681 页。
⑥ （清）焦循：《孟子正义》，中华书局 1987 年标点本，第 512 页。

于"北海之滨",孰是孰非,或难判断。然而,结合相关文献和历史背景来看,该条文献实则是考证商末周初孤竹国地望的重要线索。

其一,就语言逻辑而言,"辟纣"是为因,"居北海"是为果。故就其字面之意,可释为"伯夷为了躲避商纣,而迁居北海之滨"。

其二,"伯夷辟纣"的原因。商末之时,纣王沉湎酒色、穷兵黩武、重刑厚敛、拒谏饰非。即便是殷商的宗室贵戚,也深受其害,"微子去之,箕子为之奴,比干谏而死"①。面对纣王的无道,孤竹国何以独善其身。所以,"伯夷辟纣"的主要原因,不外是为了逃离商纣的暴政,以免受其所害。即如《孟子·万章句下》所言:"横政之所出,横民之所止,不忍居也。思与乡人处,如以朝衣冠坐于涂炭也。当纣之时,居北海之滨,以待天下之清也。"②

其三,"伯夷辟纣"与孤竹迁都。《孟子·离娄章句上》:"伯夷辟纣,居北海之滨,闻文王作兴,曰:'盍归乎来,吾闻西伯善养老者'。"③由是可知,伯夷在归周之前,已经迁居北海之滨。又《史记·周本纪》:"伯夷、叔齐在孤竹,闻西伯善养老,盍往归之。"④《竹书纪年》:"(帝辛)二十一年春正月,诸侯朝周,伯夷、叔齐自孤竹归于周。"⑤ 两条史料均称,伯夷自孤竹而至周,与《孟子·离娄章上》自北海之滨归周的记载相印证,则伯夷归周前,孤竹国已位于北海之滨,故又言"在孤竹"或"自孤竹"归周。对此,亦可从以下几方面加以分析和进一步求证:

首先,据《史记·伯夷列传》载:"伯夷、叔齐,孤竹君之二

---

① (清)刘宝楠:《论语正义》,中华书局1990年标点本,第711页。
② (清)焦循:《孟子正义》,中华书局1987年标点本,第669页。
③ (清)焦循:《孟子正义》,中华书局1987年标点本,第512页。
④ (汉)司马迁:《史记》,中华书局1982年标点本,第116页。
⑤ 王国维:《今本竹书纪疏证》,《古本竹书纪年辑校》,辽宁教育出版社1997年版,第75页。

子也。父欲立叔齐。及父卒,叔齐让伯夷。伯夷曰:'父命也。'遂逃去。叔齐亦不肯立而逃之。国人立其中子。于是伯夷、叔齐闻西伯昌善养老,盍往归焉。"① 可见,伯夷归周虽有"西伯善养老者"的考虑,但更主要是出于"让国"的目的。如果伯夷移居北海,而孤竹国并未随之迁都的话,那么,伯夷已然远离了国都,岂会因"让国"而再度逃离。以"西伯善养老者"而归周,只不过是其最终选择奔周而非他处的原因,并非其离开孤竹和北海之滨的初衷,即辟纣→伯夷(孤竹)迁居北海→伯夷让国→归周。所以,伯夷从北海而至周,恰恰也说明了在其归周之时,孤竹国都已经位于北海之滨。

其次,伯夷"思与乡人处,如以朝衣冠坐于涂炭也",说明伯夷不愿自己入朝为官而坐视生灵涂炭,则其迁居北海之时,绝不应是个人或小部分群体所为,否则便弃国人于不顾。如果是伯夷率大部分族众移居北海之滨,又难免会分崩瓦解孤竹的国力,如此又何必之后"让国"呢?所以,孤竹族属迁居北海,只有国君迁都可为。

再次,伯夷因"让国""叩马而谏""不食周粟"等义举而名垂青史,其传在《史记》中位居《列传》之首,更是被孔子评价为"求仁得仁"的君子,历来被儒家所推崇,名望远在孤竹君"凭"(即继位之"中子"),乃至孤竹国之上。故典籍文献中,不乏以"伯夷"借代"孤竹"者,如"伯夷国也,在辽西令支"②"故伯夷国,今有孤竹城"③ 等,则《孟子》"伯夷辟纣"当理解为"伯夷随孤竹辟纣"。

最后,孤竹迁都的方向。如前文介绍,关于孤竹的迁都方向,

---

① (汉)司马迁:《史记》,中华书局1982年标点本,第2123页。
② (汉)班固:《汉书》,中华书局1962年标点本,第1197页。
③ (汉)班固:《汉书》,中华书局1962年标点本,第1625页。

学界中存在由卢龙到喀左的"自南向北"说和由喀左到卢龙的"自北向南"说的分歧。其实，此条史料已所言甚明，既然孤竹是为了"辟纣"而迁都，自然不可能越辟越近。商代后期，其政治中心为河南安阳一带。通过地图直线测距，安阳地区距河北卢龙地区约580公里，距辽西喀左地区700多公里。喀左地区相较于卢龙距离安阳地区明显更远，则商末周初之时，孤竹的迁都方向当为"自南向北"。

基于上述孤竹迁都之举的探讨，孤竹于商末周初的新都之所，则有必要予以考证，《通典》《太平寰宇记》《辽史》等史料中有关孤竹地望的记载，可供参详：

> 1. 《通典》："营州，今理柳城县，殷时为孤竹国地，春秋时地属山戎，战国时属燕。"[1]
> 2. 《太平寰宇记·营州》："营州，柳城郡，今治柳城县……殷时为孤竹国，春秋时，为山戎之地，战国时，其地复属燕。"[2]
> 3. 《辽史·地理志三》："兴中府，古孤竹国，汉柳城县地。"[3]
> 4. 《辽史·地理志四》："平州（治卢龙），商为孤竹国，春秋山戎国。……营州，本商孤竹国，秦属辽西郡。"[4]
> 5. 《汉书地理志详释·辽西郡·令支》："（今喀喇沁左翼旗）旗南八里有故龙山城，盖即令支城也……又旗东北二十五

---

[1] （唐）杜佑：《通典》卷178《州郡八》，浙江古籍出版社1988年影印本，全一册，第949页中栏。
[2] （宋）乐史：《太平寰宇记》卷71《营州》，中华书局2007年版，第1431页。
[3] （元）脱脱：《辽史》，中华书局1974年标点本，第486页。
[4] （元）脱脱：《辽史》，中华书局1974年标点本，第500页。

里有元利州城,盖志所云孤竹城。"①

6.《钦定大清一统志·土默特》:"本古孤竹国。汉置柳城县,属辽西郡。"②

以上文献有关孤竹国地望的记述,基本不出今天的辽宁省朝阳境内,有异于《括地志》的河北"卢龙说",《辽史》则呈现出对两种观点的继承和认可。在以往的研究中,持"卢龙说"和"喀左说"的学者,往往各取所需而加以引用,从而造成对相关文献记载的质疑。然而,从孤竹迁都的角度来看,"卢龙说"与"喀左说"其实并不抵牾。如前文所考,孤竹国出于"辟纣"的原因而迁都,其时间在商纣灭亡前夕,谓之商的诸侯国并无不可,是以《通典》《太平寰宇记》等称营州为殷商孤竹国之地。同时,今辽西地区尚存的"孤竹营子"地名,也常被视为该地区曾为孤竹国地域范围的写照;"父丁孤竹亚微"铭文青铜罍为代表的诸多商代青铜器在朝阳喀左地区的出土,以及《汉书地理志详释》有关喀左元利州城为孤竹城的推测,则有助于将孤竹新都进一步推定在朝阳喀左一带。至于"父丁孤竹亚微"青铜罍,作为孤竹祭祀、礼仪的国之重器,不可能用于贸易或赏赐,与其伴随出土的多件青铜器,摆放有序,亦排除了流落民间的可能,当与迁都有关。

此外,孤竹与令支的地望关系,也不失为孤竹国北迁的重要佐证。孤竹在商初之时已为诸侯国,其时"令支"尚为地名。

《逸周书·王会》载:"北方台正东,高夷嗛羊;嗛羊者,羊而四角。独鹿邛邛距虚,善走也。孤竹距虚,不令支玄獏,

---

① (清)吕调阳:《汉书地理志详释》,《丛书集成续编》,新文丰出版公司1984年版,第244页。

② 《钦定大清一统志》卷405《土默特》,文渊阁《四库全书》影印本,史部。

不屠何青熊。东胡黄黑，山戎戎菽。"①

"令支"与孤竹、东胡、山戎等一同参加成周大会，并贡献"玄貘"，说明"令支"在成周之时已不再是地名，而是国名。由此推断，令支当立国于商末周初之际，大体与孤竹迁都时间所相当。从汉代令支县（今迁安县一带）的地望可知，令支国地域范围基本为孤竹国旧地。迁安、卢龙方圆百里之地内，不可能同时共存两国，只能为先后立国于此。因此，令支国很可能是由孤竹部分遗众和其他土著氏族，以"令支"地名为国所建，并与迁都后的孤竹国南北相邻，是以齐桓公北伐山戎时，方"刜令支"在先，"斩孤竹"在后。②

孤竹迁都之后，随着权力中心的迁移，其势力范围势必有所变化。周代商之后，孤竹成为周之藩属国，地位已大不如殷商之时。春秋之际，则为进一步沦为山戎的附庸之国。因此，以其最高规制不僭越"侯国"而言，迁都后的孤竹国不可能地域广阔，当为以喀左地区为中心的辽西大、小凌河流域一带。

原文《商周时期东北孤竹国地望考》刊载于
《黑龙江民族丛刊》2020 年第 1 期

---

① 黄怀信、张懋镕、田旭东：《逸周书汇校集注》，上海古籍出版社 2007 年修订本，第 875—881 页。

② 徐元诰：《国语集解》，中华书局 2002 年版，第 233 页。

中国古代国家起源与形成路径研究的回顾与思考

中国古代国家起源与形成路径研究是一个历久弥新的课题。长期以来，众多学界前辈翘楚，通过民族学观察，综合运用历史学、考古学、人类学等资料和方法，并在一定程度上借鉴西方学界多种国家起源与社会进化理论，努力探寻和架构契合中国古代国家起源与形成路径的理论模式，取得了十分丰硕的成果。其中，中国古代国家起源路径研究是对中国古代国家形成前夜的社会发展形态与演进轨迹的研究；中国古代国家形成路径研究主要为中国古代国家形成以后的国家类型和国家发展阶段的研究，大体可分为中国古代国家形态探讨、中国早期国家形态探讨两个层面。本文择其要者，分别加以梳理和总结，以求大致廓清该问题研究之现状。因学识所限，或存挂一漏万和理解偏颇之处，但求诸位方家同人不吝赐教。

一　有关中国古代国家起源路径的探讨

古代国家起源路径研究一般也称为前国家社会形态研究。20世纪30年代到80年代，我国学界广泛借鉴以摩尔根为代表的"文化进化论"，以中国古代民族起源为线索，架构了中国早期国家起源的"部落联盟模式"；20世纪80年代以来，埃尔曼·塞维斯的

"酋邦理论"在我国学界日益受到了重视与应用,"酋邦模式"逐渐风靡于关于中国早期国家起源模式的研究之中;20世纪90年代以来,学界部分研究者尝试综合运用民族学、人类学、考古学的研究方法,提出了"聚落形态理论",从而建构了"农耕聚落形态—中心聚落形态"(以下简称"中心聚落形态模式")的中国早期国家起源模式;21世纪初,有学者认为在摩尔根、恩格斯等经典著作中,"民族"才是原始社会的最高组织形式,进而提出应以"民族模式"取代"部落联盟模式"。

(一) 部落联盟模式

美国民族学家、人类学家路易斯·亨利·摩尔根在1877年出版的《古代社会》中,全面阐述了人类社会发展从低级阶段到高级阶段的进化理论。按照摩尔根的文化与社会进化理论,人类的发展从阶梯的底层开始。人类文化经历蒙昧、野蛮、文明三个阶段,并分别对应和析分为低级蒙昧社会、中级蒙昧社会、高级蒙昧社会、低级野蛮社会、中级野蛮社会、高级野蛮社会、文明社会七种社会形态。在蒙昧和野蛮社会,人类社会组织多以血缘关系为基础,以氏族为基本单位,大致经历了氏族、胞族、部落、部落联盟等几种社会组织形式;进入文明社会以后,地域和财产为基础的"国家"和"政治社会"得以出现。[①] 摩尔根的进化论对马克思和恩格斯的社会进化理论和国家起源理论产生了极为深刻的影响,为后者的《摩尔根〈古代社会〉一书摘要》和《家庭、私有制和国家的起源》两部经典论著奠定了理论基础。

20世纪初到改革开放前,我国学者主要奉行摩尔根与马、恩的进化理论和历史唯物主义史观,并结合历史文献和考古资料来阐

---

① [美] 路易斯·亨利·摩尔根:《古代社会》,中央编译出版社2007年版。

释我国前国家社会形态演进过程。因为摩尔根在有关"胞族"研究时已经发现和提到,"胞族"并非不可缺失的演进环节,所以我国学界在前国家社会形态的研究中普遍简化为"氏族—部落—部落联盟"这一发展过程。20世纪80年代以后,随着西方"多线进化"理论、"酋邦"理论、"社会分层"理论等社会学理论在我国民族学等领域的应用,"部落联盟模式"也随之受到不同程度的质疑和批判,但至今仍不失其重要的影响力。

(二) 酋邦模式

1962年,埃尔曼·塞维斯在其出版的《原始社会组织的演进》一书中,从社会权利结构进化的角度,提出了"游团(也译作'群队')—部落—酋邦—国家"的人类社会四阶段进化理论。[1] 1983年,张光直在《中国青铜时代》[2] 一书中,首次向国内读者介绍了塞维斯的这一理论,并将塞维斯的四个社会进化阶段与当时中国学者的社会分期研究加以对照,从而引发了中国学界对"酋邦"理论的关注。谢维扬先后在1987年发表的《中国国家形成过程中的酋邦》[3] 一文和1995年出版的《中国早期国家》[4] 一书中讨论了中国古代的酋邦。其研究结论大致认为:通过文献与考古资料的相互印证,在中国的传说时代和史前时期存在着诸多部落联合体,并且分布十分广泛。这些部落联合体并非部落联盟,而是属于酋邦,酋邦是中国前国家时期社会和政治组织的主要和普遍的形式。

在此之后,"酋邦"逐渐成为中国前国家社会形态研究的重要

---

[1] Elman R. Service, *Primitive Social Organization: An Evolutionary Perspective*, New York: Random House, 1962.
[2] 张光直:《中国青铜时代》,生活·读书·新知三联书店1983年版。
[3] 谢维扬:《中国国家形成过程中的酋邦》,《华东师范大学学报》(哲学社会科学版)1987年第5期。
[4] 谢维扬:《中国早期国家》,浙江人民出版社1995年版。

内容和角度之一，但与此同时，酋邦理论是否适宜于对中国古代国家起源路径的观察也引发了学界广泛地讨论。例如，一些研究对酋邦理论所具有价值和贡献给予了肯定，同时也就酋邦理论本身的普适性和局限性问题给予了分析①；另外，也有研究者明确表示酋邦不符合中国考古的情况，不赞同运用酋邦理论研究中国古代国家的起源问题②；支持者则趋于认同："使用酋邦理论较之使用军事民主制、英雄时代等概念，确实更有利于解决我国古代国家起源与形成研究中的一些重要的疑难问题。"③并基本接受了以"酋邦"作为中国前国家社会形态向早期国家演进的过渡形态的观点。

（三）中心聚落形态模式

在学界普遍热衷于将"文化进化"理论运用于中国前国家社会形态研究的同时，王震中先生则将聚落考古学与社会形态学相结合作为研究该问题的切入点，提出了文明起源的"聚落三形态演进"说，即"大体平等的农耕聚落形态发展为含有初步不平等和社会分化的中心聚落形态，再发展为都邑国家形态"④。其后，又将"聚落三形态演进"理论应用于中国古代国家起源与早期发展的研究中，认为龙山时代的都邑邦国为中国早期国家的开始，在此之前则先后进入平等的农耕聚落社会、不平等的中心聚落与原始宗邑和酋邦社会，并主要以考古学的"中心聚落形态"来解决从史前向早期国家过渡的社会不平等、阶级和阶层起源的路径等问题。⑤其中，

---

① 李学勤主编：《中国古代文明与国家形成研究》，云南人民出版社1997年版；王震中：《中国古代国家的起源与王权的形成》，中国社会科学出版社2013年版。
② 栾丰实：《中国古代文明起源及早期发展国际学术研讨会大会第二组讨论总结发言》，《中国社会科学院古代文明研究中心通讯》2002年第3期。
③ 沈长云：《酋邦理论与中国古代国家起源及形成问题研究》，《天津社会科学》2006年第3期。
④ 王震中：《中国文明起源的比较研究》，中国社会科学出版社2013年增订本。
⑤ 王震中：《中国古代国家的起源与王权的形成》，中国社会科学出版社2013年版。

"大体平等的农耕聚落形态——含有初步不平等和社会分化的中心聚落形态"两个阶段的划分,也是该理论对中国早期国家起源模式的归纳总结。这一理论应当说代表了我国学者综合运用民族学、人类学、考古学方法对中国早期国家起源模式研究的重要尝试与创新,很大程度上引发了我国考古学界在中国文明与国家起源研究中对聚落形态考古学的重视。王巍就对此指出,聚落形态中能够体现社会结构的变化,聚落形态研究是研究古代社会结构的重要方法,在文明起源研究中占据着不可替代的重要位置。[①]

(四) 民族模式

2003 年,易建平在《部落联盟还是民族——对摩尔根和恩格斯有关论述的再思考》一文中指出:

> 在摩尔根和恩格斯的理论中,原始社会的最高组织形式是民族而不是部落联盟,故而,人类社会是通过民族而不是通过部落联盟最后形成为国家的;部落联盟与军事民主制也并不完全是一回事。此外,国内外学术界广泛使用军事民主制或者部落联盟概念,来仅仅指称摩尔根和恩格斯的原始社会末期以及(或者)从这个时期向国家转变的过渡阶段,也是不适宜的。[②]

其核心观点即民族是原始社会的最高组织形式,有关国家起源的概括应以"民族模式"取代"部落联盟模式"。

对此,王三义则在《"部落联盟模式"的由来——易建平〈部落联盟还是民族〉一文引发的思考》一文中提出了不同的见解,认

[①] 王巍:《聚落形态研究与中华文明起源》,《文物》2006 年第 5 期。
[②] 易建平:《部落联盟还是民族——对摩尔根和恩格斯有关论述的再思考》,《历史研究》2003 年第 5 期。

为："部落联盟模式"源于学界对摩尔根和恩格斯经典著作的解读，尽管忽视了希腊罗马从民族过渡到国家的特殊形式，但以"民族模式"取代"部落联盟模式"，则同样忽视了经典作家关于易洛魁人和阿兹特克人只有部落联盟而未合并成民族的论断；摩尔根有关"在氏族制度下，民族尚未兴起"的说法，是针对具体考察对象得出的结论，并非易建平所谓的"摩尔根在某个特定场合下为强调某种特定区别而出现的一个偶然疏忽"[①]。随后，易建平又撰文对王三义的质疑予以了针对性的回应，重申了对"民族模式"的坚持。[②] 应当说，两位学者有关"民族模式"的学术交锋，加深了学界对摩尔根、恩格斯经典论著中有关国家起源理论的解读和思考。不过，易建平有关"民族模式"的观点，主要是建立在对经典著作原文重新解读的基础之上，尚未具体分析和说明中国早期国家起源路径的"民族模式"。

二 有关中国古代国家形成路径的探讨

中国古代国家形成路径探讨亦可称为对中国古代国家形态的探讨，最早孕育于20世纪上半叶的中国历史分期大讨论中，以"奴隶制国家"和"封建制国家"作为中国古代国家的两种基本形态。20世纪80年代以后，在西方学界"早期国家"研究热潮的影响之下，我国学界也逐渐倾向于将中国古代国家划分为"早期国家"和"成熟国家"两种主要类型。20世纪90年代以来，我国一些研究者结合中国历史文献与考古情况，指出中国古代国家从"早期国家"向"成熟国家"的演进过程中，存在"较为成熟国家"这一

---

① 王三义：《"部落联盟模式"的由来——易建平〈部落联盟还是民族〉一文引发的思考》，《史学理论研究》2005年第2期。
② 易建平：《再论"部落联盟"还是"民族"》，《史学理论研究》2006年第3期。

过渡形态，进而相继提出了中国古代国家发展的"三部曲""三阶段"等模式。

（一）奴隶制国家—封建制国家

20世纪30—40年代，中国学界广泛热衷于依据马克思主义五大社会形态理论对中国的社会历史发展形态加以甄别。1930年，郭沫若出版的《中国古代社会研究》被公认为第一部论及中国古代国家起源的著作。该时期，有关中国社会史的论战焦点在于中国奴隶社会的上限问题。例如，郭沫若认为中国的奴隶社会始于周代；吕振羽、翦伯赞则认为开始于商代，商代为中国第一个奴隶制国家；范文澜则主张夏代已经进入奴隶社会。中华人民共和国成立后，绝大多数学者则倾向于将夏朝作为中国奴隶社会的开端和中国古代国家的起点。包括郭沫若也修正了之前的观点，将夏、商、周三代整体确认为奴隶制时代，春秋战国之际被视作中国奴隶社会与封建社会的分水岭。

在上述中国古代社会史研究思潮的影响下，中国古代国家形成路径相应被划分为奴隶制国家和封建制国家两种形态，而奴隶制国家自然就成为中国古代国家的初始形态。这一观点影响十分深远，但随着研究的逐步深入，其后不断有研究者对中国古代历史上是否存在奴隶社会提出质疑。

（二）早期国家—成熟国家

20世纪70年代末和80年代初，在国际学术界曾展开一次有关"早期国家"的合作研究。[①] 据俄罗斯学者哈赞诺夫对"早期国家"的界定：

---

① 谢维扬：《中国早期国家》，浙江人民出版社1996年版，第23页。

早期国家是指最早的，真正原始类型的国家，是紧接着原始社会解体之后的国家。早期国家标志着人类历史发展的新阶段，它构成了这一地区或长或短的国家发展链条的第一环。[①]

因此，早期国家一般被认为属于古代国家的一种类型，也是古代国家的早期阶段，与之相对应的则为"成熟国家"或谓之"典型国家"，属于古代国家的第二种形态和第二阶段。

20世纪80年代中后期和90年代初期，我国学者借鉴并使用"早期国家"这一学术名词，有关中国早期国家的研究成果相继见之于世。林沄、赵伯雄、朱凤瀚、赵世超等，纷纷就中国早期国家的概念、形态、特征等发表了见解。[②] 其争议主要集中于"天下万邦"时代的"邦"是否属于早期国家，而相对一致的看法则是肯定了中国古代国家发展过程中存在早期国家阶段，并强调了中国早期国家所保留的"氏族血缘外壳"的特点。其后，以早期国家和成熟国家作为中国古代国家两种主要形态的划分，相较于奴隶制国家和封建制国家的划分更为学界所普遍采用。

（三）早期国家—较为成熟国家—成熟国家

在20世纪70年代末到90年代，苏秉琦在系列座谈报告和论著中，相继建构了"区系类型""三部曲""三模式"三大学术理论。其中，所谓的"三部曲"即"古国—方国—帝国"，是对中国古代国家形态和发展阶段的概括；所谓的"三模式"，则属于对中国古代国家发展与形成特点的总结。有关这两大学术理论的形成，

[①] ［俄］A. M. 哈赞诺夫：《关于早期国家研究的一些理论问题》，中国世界古代史学会编《古代世界城邦问题译文集》，时事出版社1985年版，第268页。

[②] 沈长云、张渭莲：《中国古代国家起源与形成研究》，人民出版社2009年版，第115—119页。

林沄在《中国考古学中"古国""方国""王国"的理论与方法问题》①一文中，曾有过详细的介绍，在此不再赘述。不过，苏氏的"三部曲"理论，因为与本文主旨密切相关，在此有必要进一步阐释。有关"古国""方国"的内涵，苏秉琦曾分别界定为："古国指高于氏族部落的、稳定的、独立的政治实体"②；"方国已是比较成熟、比较发达、高级的国家"③。在理论实践中，则将北方地区的红山文化时期作为古国的开始，夏家店下层文化作为方国的开始④；中原的古国起始于四五千年前，夏、商、周三代为方国，秦始皇起为帝国。⑤ 根据苏秉琦对"古国""方国"内涵的界定，古国当属于早期国家形态，方国为较为成熟国家，似乎为早期国家与成熟国家帝国之间的过渡形态。

"三部曲"这一理论模式在我国的考古学界和历史学界产生了十分广泛和深远的影响，但在后续的应用中，一些学者也相继意识到或明确指出"古国"和"方国"在内涵界定方面或命名规范方面存一定的不足，并相应对此理论进行了补充和修正。严文明、李伯谦就在相关研究中将"方国"改为"王国"；王震中则以"邦国"代替"古国"，以"王国"代替了"方国"，并相应提出了"邦国—王国—帝国"三阶段说，具体为：龙山时代的国家为单一制的"邦国"，属于早期国家；夏商周三代为王国，属于发展了的国家，具有"国上之国"的"复合制国家"体系；秦汉以后为帝国，属于成熟国家，是一种具有郡县制中央集权的结构稳定的国家

---

① 林沄：《中国考古学中"古国""方国""王国"的理论与方法问题》，《中原文化研究》2016年第2期。
② 苏秉琦：《辽西古文化古城古国——兼谈当前田野考古工作的重点或大课题》，《文物》1986年第8期。
③ 苏秉琦：《中国文明起源新探》，人民出版社2013年版，第106页。
④ 苏秉琦：《论西辽河古文化》，《北方民族文化》1993年增刊。
⑤ 苏秉琦：《华人·龙的传人·中国人——考古寻根记》，辽宁大学出版社1994年版，第132—134页。

形态。① 王震中的"三阶段"说相对于苏秉琦的"三部曲"重要进步在于分别凝练了三种古代国家形态的核心特征，两者共识之处则在于均承认了早期国家与成熟国家之间存在一个较为成熟国家形态或阶段。2006 年，王巍在《中国古代国家形成论纲》② 一文中，便采纳了"邦国—王国—帝国"三阶段说，并分别总结了邦国与王国阶段国家的六大特点，进一步丰富该说的理论架构。

2013 年，张忠培在中国考古学会第十六次年会开幕辞中，就中国的国家形态演进过程，创新性地提出了"神王之国—王国—帝国—党国"的四个阶段说。③ 其中，"党国"指的是中国辛亥革命之后的国家形态，显然不属于中国古代国家的范畴，而"神王之国—王国—帝国"则应属于对中国古代国家形态的概括。虽然该说在对"王国"阶段界定方面与王震中的看法存在一定分歧，认为龙山时代已经步入王国阶段，但就对中国古代国家形态演进过程的总体认识方面，与苏秉琦的"三部曲"和王震中等"三阶段"说是具有异曲同工之处的。

因此，基于对上述理论的理解和避免名称概念的混乱，故在此统一概括为"早期国家—较为成熟国家—成熟国家"这一演进模式。

三　有关中国早期国家形态的探讨

20 世纪 80 年代中后期以来，随着我国学界对中国早期国家研

---

① 王震中：《邦国、王国与帝国：先秦国家形态的演进》，《河南大学学报》2003 年第 4 期；王震中：《中国古代国家的起源与王权的形成》，中国社会科学出版社 2013 年版，第 59—60 页。

② 王巍：《中国古代国家形成论纲》，韩国河、张松林《中原地区文明化进程研讨会文集》，科学出版社 2006 年版，第 78—85 页。

③ 张忠培：《渭河流域在中国文明形成与发展中的地位》，《中国国家博物馆馆刊》2014 年第 11 期。

究的起步和深入开展，一些研究者在研究中不乏涉及对中国早期国家演进模式的探讨。其中，田昌五、苏秉琦、王震中、袁建平四位学者有关中国早期国家形态的见解在学界影响较为广泛。

（一）"部落王国—城市国家联盟—中央王国与地方族邦组合体"理论

1986年，田昌五先生率先提出了"部落国家"的观点[①]，并受到部分学者的关注和认同。90年代初，田昌五先生在相关研究中进一步论述了中国古代国家的演进路径，指出公元前3000年到前2200年为中国的部落奴隶制王国时期（亦称之为早期城市国家时期）；夏代为家族和宗族城市国家联盟（亦称之为城市国家联盟时期）；商周为中央王国和地方族邦的组合体时期。此外，该研究强调"无论是战国时代那些称雄一时的王国，还是秦汉大帝国，都已失去了古代国家的特征，而是封建性的国家了"[②]。显而易见，所谓的"古代国家"是指国家的早期形态，也就是目前学界所惯用的"早期国家"。

（二）"邦国"（古国）、"方国"理论

20世纪70年代末到90年代，苏秉琦先生在系列座谈报告和论著中，相继建构了"区系类型""三部曲""三模式"三大学术理论。其中，所谓的"三部曲"即"古国—方国—帝国"，是对中国古代国家形态和发展阶段的概括；所谓的"三模式"，则属于对中国古代国家发展与形成特点的总结。有关这两大学术理论的形成，已有学者做过专门的介绍。[③] 不过，因为苏氏的"三部曲"理论与

[①] 田昌五：《对中国文明起源的探索》，《殷都学刊》1986年第4期。
[②] 田昌五：《中国古代国家形态概说》，《社会科学辑刊》1991年第6期。
[③] 林沄：《中国考古学中"古国""方国""王国"的理论与方法问题》，《中原文化研究》2016年第2期。

本文的主旨密切相关，在此仍有必要作以概述。对于"古国""方国"的内涵，苏秉琦先生曾分别界定为："古国指高于氏族部落的、稳定的、独立的政治实体"①；"方国已是比较成熟，比较发达、高级的国家"②。在具体实践中，则将红山文化作为北方地区古国的开始，夏家店下层文化作为方国的开始③；中原的古国起始于四五千年前，夏、商、周三代为方国，秦始皇起为帝国。④

"三部曲"这一理论模式是苏秉琦先生重要的理论创见之一，但在后续的应用中，一些学者也相继意识到或指出，"古国"和"方国"在内涵界定和命名规范方面存一定的不足，并予以了针对性地补充、修正。例如，严文明先生就在相关研究中将"方国"改为"王国"⑤。王震中则以"邦国"代替"古国"和"方国"，并相应提出了"邦国—王国—帝国"三阶段说，具体为：龙山时代的国家为单一制的"邦国"，属于早期国家；夏商周三代为王国，属于发展了的国家，具有"国上之国"的"复合制国家"体系；秦汉以后为帝国，属于成熟国家，是一种具有郡县制中央集权的结构稳定的国家形态。⑥ 2006 年，王巍在《中国古代国家形成论纲》一文中，同样采纳了"邦国—王国—帝国"三阶段说，并分别总结了邦国与王国阶段国家的六大特点，进一步丰富了该说的理论架构。⑦

苏秉琦的中国古代国家演进"三部曲"和王震中的"三阶段"说，可以说是代表了我国学者对西方学界所提出的"早期国家—成

---

① 苏秉琦：《辽西古文化古城古国——兼谈当前田野考古工作的重点或大课题》，《文物》1986 年第 8 期。
② 苏秉琦：《中国文明起源新探》，生活·读书·新知三联书店 1999 年版，第 145 页。
③ 苏秉琦：《论西辽河古文化》，《北方民族文化》1993 年增刊。
④ 苏秉琦：《华人·龙的传人·中国人——考古寻根记》，辽宁大学出版社 1994 年版。
⑤ 严文明：《黄河流域文明的发祥与发展》，《华夏考古》1997 年第 1 期。
⑥ 王震中：《邦国、王国与帝国：先秦国家形态的演进》，《河南大学学报》2003 年第 4 期；王震中：《中国古代国家的起源与王权的形成》，中国社会科学出版社 2013 年版。
⑦ 王巍：《中国古代国家形成论纲》，韩国河、张松林《中原地区文明化进程学术研讨会文集》，科学出版社 2006 年版，第 78—85 页。

熟国家"这一国家演进理论的重要实践,并在国家形态的命名上兼顾了中国古代国家的称谓习惯。根据两位先生的研究,中国的早期国家只有一种形态或者说是只经历了一个阶段,分别为"古国"或"邦国",均是对夏以前早期国家的泛指;苏氏所谓的"方国"和王氏所谓的"王国",似乎属于早期国家与成熟国家帝国之间的过渡形态。近年来,也有学者将中国的早期国家分为"邦国""方国"两个阶段,并提出了"邦国—方国—王国—帝国"的中国古代国家形态演进"四阶段说"①。该说在一定程度上参考了荷兰学者克赖森对早期国家类型的划分(即早期国家分为:初始的早期国家、典型的早期国家、过渡形态的早期国家三个类型)②,进而将"邦国"对应为初始的早期国家,"方国"为典型的早期国家,方国晚期的准王国阶段为过渡形态的早期国家,自王国之后步入了成熟国家阶段。

此外,张忠培先生在2013年的中国考古学会第十六次年会开幕辞中,就中国的国家形态演进过程,亦提出了"神王之国—王国—帝国—党国"的四个阶段说。③ 其中,"党国"指的是中国辛亥革命之后的国家形态,显然不属于中国古代国家的范畴,而"神王之国—王国—帝国"则应属于对中国古代国家形态的概括,总体上则与苏秉琦的"三部曲"和王震中等"三阶段"说,具有异曲同工之处。

---

① 袁建平:《中国早期国家时期的邦国与方国》,《历史研究》2013年第1期。
② [荷兰]克赖森(也有译为"克列逊"):《关于早期国家的早期研究》,《怀化学院学报》2007年第1期;邢颖:《早期国家的结构、发展与衰落——荷兰著名人类学家克赖森教授来北京讲学》,《世界历史》2006年第5期。
③ 张忠培:《渭河流域在中国文明形成与发展中的地位》,《中国国家博物馆馆刊》2014年11月。

四　对中国古代国家起源与形成路径的思考

中国古代国家起源与形成路径研究是一个备受关注的热点问题。长期以来，我国学者借鉴西方相关理论，从民族学等不同角度加以解析和洞察中国古代国家起源与形成的轨迹，取得了一定的进展和突破，但是也产生了一些分歧与争论。尤其研究者们为了追求研究方法和理论的创新，对所建构或提倡的"新理论""新模式"具有较为明显的倾向性。似乎目前尚未有一种理论或模式不存在争议或者一定的缺陷，令人往往有无所适从之感。此外，有关"民族模式"在中国古代国家起源路径研究中的应用问题，有关国家起源与形成研究对象遴选范围问题，以及苏秉琦先生所提出的中国古代国家起源"三模式"等问题，也有待研究的进一步完善和引起学界的关注与思考。

其一，对相关理论的基本认识。多年来，通过民族学、人类学、历史学、考古学等领域的介入与共同研究，不断推动了学界对中国古代国家起源与形成路径问题的思考，并形成了多种相关理论模式，极大地拓展了理论研究的深度与维度。总体而言，在上述理论模式的架构过程中，尽管每种理论在研究角度和研究方法方面有所侧重，但均在一定程度上借鉴和运用了民族学的理论与方法，民族学视域下的学术观察始终贯穿其中。同时，因其着眼点的差异，在理论总结方面又各具特色和优长。

中国古代国家起源路径研究方面："部落联盟模式"主要建构在对社会组织形式的民族学观察基础之上；"酋邦模式"更加侧重于社会权利结构方面的观察；"中心聚落形态模式"则是以聚落考古为着眼点，并在一定程度上借鉴了氏族进化论、酋邦进化论和社会分层理论，而进行的聚落形态与社会形态的比对与总结。以民族学氏族理论为支撑的"部落联盟模式",因为在我国学界运用较早而具有根深蒂固的影响。后两种理论在我国运用和形成的时间相对较晚,则为学界带来"耳目一新"的视野和拓展了新的研究思路和方法。

中国古代国家形成路径研究方面:20 世纪上半叶,我国学界便开始致力于有关中国古代国家形态方面的研究。主要以社会各阶级、阶层在国家中的地位,作为衡量国家根本属性的标准,侧重对国家性质(国体)方面的探讨,进而划分了"中国古代奴隶制国家"和"中国古代封建制国家"两种古代国家形态。20 世纪 80 年代以来,我国学界则侧重对中国古代国家结构的完备程度予以比较和分析,进而形成了中国古代国家形态的"早期国家—成熟国家""早期国家—较为成熟国家—成熟国家"两种基本认识。

中国早期国家形态研究方面:早期国家是古代国家的初步形成阶段,早期国家形态研究则是对古代国家初步形成阶段的进一步细化。中国早期国家形态的研究主要伴随和孕育于中国古代国家形态的研究过程之中。我国学界虽然在中国早期国家形态的命名和阶段划分方面存在一定的差异,但总体上共识大于分歧,并均以尊重和保留中国古代国家命名习惯、特色为宗旨。

通过对上述几种理论模式研究特色的比较可以看出:不同理论模式在研究过程、研究方法,乃至研究结论等方面,其实具有一定的交叉,在研究角度方面则具有互为补充的特点。尽管在学界对几种理论模式均有不同程度的质疑和批判,以及相关局限性的分析,但并不能完全抹杀其对中国古代国家起源研究的贡献,也难以评判和说明何种理论具有合理的唯一性。正如摩尔根在《古代社会》一书中所言:"我们如果想找一些衡量进步的标准来标志上述各期的起点,并求其能绝对适用,放之四海而皆准,即使不说这是决不可能,也得说这是很难办到的。就我们当前的目的而言,也没有必要排斥例外的存在。"① 因此，在理论实践过程中，当以扬长避短，根据中华文明"多元一体"的特点，针对不同地区、不同古代民族、不同案例而适用不同的理论方法；有的则不妨加以综合运用，从不同维度加以求证。从而全面、系统地推进中国古代起源与形成路径相关问题研究的深入，以及不断优化相关理论的完善。

其二，有关国家起源路径"民族模式"的思考。20 世纪 20 年代，斯大林在对"民族"概念予以系统论述时，就有关"民族"形成的历史条件和历史阶段指出："民族不是普通的历史范畴，而是一定时代即资本主义上升时代的历史范畴。封建制度消灭和资本主义发展的过程同时就是人们形成为民族的过程。"②"在资本主义以前的时期是没有而且也不能有民族的。"③ 我国学界在长期以斯大林民族理论为指导的"中国本土化"的民族理论研究过程中，认为斯大林的"民族"概念是对"现代民族"的定义，并且其关于"在资本主义以前的时期是没有而且也不能有民族的"论断，主要是就欧洲封建社会长期处于分裂、落后状态，民族经济还不能把"历来彼此隔绝的各个部分联结为一个民族整体"的情况而言的，并不能说明所有国家的"民族"形成情况。④

通过对中国民族史的研究，我国学界充分论证了在中国的前资本主义社会时期即已形成了"古代民族"，并达成"中国自古以来就是一个统一的多民族国家"的基本共识。20 世纪 50 年代到 80 年代，我国学者主要以汉族作为中国古代民族形成的论据和研究对象，如范文澜指出："汉族自秦汉以下，既不是国家分裂时期的部

---

① ［美］路易斯·亨利·摩尔根：《古代社会》，中央编译出版社 2007 年版，第 7 页。
② ［苏联］斯大林：《马克思主义和民族问题》，《斯大林选集》（上卷），人民出版社 1975 年版，第 64 页。
③ ［苏联］斯大林：《民族问题与列宁主义》，中央民族学院《马恩列斯民族问题著作选》，1982 年版，第 670 页。
④ 王松龄：《关于我国古代民族的形成问题》，《四平师院学报》（哲学社会科学版）1980 年第 3 期。

族，也不是资本主义时期的资产阶级民族，而是在独特的社会条件下形成的独特的民族。"① 20 世纪 80 年代以后，有关中国古代民族的内涵进一步丰富。以费孝通先生的观点为代表，认为中国的历史传统和欧洲国家不同，中国的"民族"一词含义广泛，可适用于发展水平不同的民族集团，以及历史上不同时期的民族集团。② 20 世纪 90 年代以来，学界则进一步开展有关中国古代民族观的研究，分析了中国自春秋战国以降，中国古代民族观孕育的"土壤"，以及历史时期所形成的"华夷互变"与"多元一体"的民族观。③

从学界对中国古代民族形成的研究来看，主流观点认为我国古代民族大体形成于秦汉以降历史时期，大致对应为"成熟国家"阶段，而非"早期国家"阶段，更非前国家社会阶段。据此，"中国自古以来就是一个统一的多民族国家"中的"自古"和"国家"则是相对于中国古代社会的"成熟国家"而言。换言之，如果在中国的前国家社会形态中，"民族"尚未形成的结论能够成立的话，那么，"民族模式"是否符合对中国古代国家起源的概括，就值得商榷了。

其三，研究对象和视域的广泛性问题。我国学者有关中国古代国家起源与形成路径的研究，长期侧重对夏、商、周三代以及黄河流域和长江流域地区的关注，成果丰富，研究较为深入。对我国其他地区，特别是对周边古代少数民族分布地区往往只做个案研究，相对缺少对相关问题进行系统和比较研究。因此，中国古代国家起源与形成研究的视域不应局限于历史上华夏族的"中国"（中原地区），至少应该以当下的中国版图作为研究该问题的地域范围。在

---

① 范文澜：《自秦汉起中国成为统一国家的原因》，历史研究编辑部《汉民族形成问题讨论集》，生活·读书·新知三联书店 1959 年版，第 13 页。
② 费孝通：《关于我国民族的识别问题》，《中国社会科学》1980 年第 1 期。
③ 张鹏：《中国古代民族观研究的回顾与思考》，《青岛大学师范学院学报》2006 年第 1 期。

此地域范围内,历史上生存、繁衍和活动过的古代少数民族所历经的社会组织形态和政权演进模式,同样应成为该问题的研究对象。

其四,中国古代国家起源特点问题。苏秉琦先生曾就中国古代国家起源有过"原生型""次生型""续生型"的"三模式"概括。在笔者看来,所谓的"三模式"与其称为中国古代国家起源路径的"模式",倒不如说是中国古代国家起源的特点更为贴切。此外,苏秉琦在"续生型"的总结过程中,已然注意到在我国诸多北方古代少数民族政权的形成过程中,往往存在从"古国—方国—帝国"接续循环孕育的特点。然而,这一"续生型"特点并没有引起我国学界的足够重视,对此应当给予更为充分的研究。

原文《民族学视域下中国古代国家起源与形成路径的思考》
刊载于《黑龙江民族丛刊》2018年第4期

辽西地区早期国家起源模式与形态研究概论

中国早期国家研究是探究中华文明起源的关键与核心内容。其中，"早期国家起源模式"主要侧重于前国家社会形态的探讨，即对国家起源路径的解析；"早期国家形态"主要是针对早期国家类型而言，亦即对早期国家的社会、政治结构和组织形式特征的概括总结，同时也包括对早期国家形成后发展路径的探讨。概言之，两者的研究对象实则涵盖了早期国家起源与发展的整个链条，并且密切相关。考古学研究证明，辽西地区是"中华文明多元一体格局"的重要组成部分，最晚在中国的青铜时代早期便曾步入过国家社会阶段。因此，辽西地区所孕育的早期国家作为中国早期国家的重要成员之一，对于其早期国家起源模式与形态的探讨不仅是推进该区文明起源研究所需要迈出的关键一步，也是建构和完善中国早期国家起源与形成理论体系不可或缺的内容，对于"更好认识源远流长、博大精深的中华文明"也有着较为重要的意义与价值。

一 辽西地区早期国家起源模式与形态研究的现状

"早期国家"概念最早由西方学界所提出，用以表述"介于非国家组织和成熟国家之间的社会形式"[①]，以及将其作为"国家发展链条的第一环"[②]。20世纪70年代末和80年代初，国际学术界曾围绕"早期国家"展开过一次较大规模的合作研究[③]，从而极大地推动了早期国家理论的发展。

20世纪80年代中后期和90年代初期，我国学界开始借鉴和使用"早期国家"这一学术名词，并将其应用于中国古代国家起源研究等学术实践中，一批有关中国早期国家的研究成果随之见之于世，诸多学界前辈纷纷就中国早期国家的概念、标志、特点等发表了见解。[④] 总体上肯定了中国古代国家发展过程中存在早期国家阶段，并强调了中国早期国家阶段所保留的"氏族血缘外壳"的特点。不过，有关"天下万邦"时代的"邦"是否属于早期国家，一度成为争论的焦点问题。

20世纪末到21世纪初，我国学者又尝试借鉴西方学界的"酋邦""社会分层""聚落考古"等理论开展中国早期国家的研究，并在总结概括大量新材料、新发现的基础上，将研究内容进一步拓展到中国早期国家的起源模式、形态、动力等方面，极大地推进了中国早期国家问题研究的深入，尤以黄河流域为中心的夏、商、周三代的早期国家研究最为系统和全面。与此同时，随着我国改革开放以来考古事业的蓬勃发展，全国范围内的考古学文化区系的划分日臻成熟。苏秉琦先生在检视和总结中华文明起源的特点时，便形象地提出了"满天星斗"的观点和概括了中国古代国家发展的

[①] ［荷兰］克赖森：《关于早期国家的早期研究》，胡磊等译，《怀化学院学报》2007年第1期。
[②] ［苏联］A. M. 哈赞诺夫：《关于早期国家研究的一些理论问题》，中国世界古代史学会《古代世界城邦问题译文集》，时事出版社1985年版，第268页。
[③] 谢维扬：《中国早期国家》，浙江人民出版社1995年版，第23—24页。
[④] 参见沈长云、张渭莲《中国古代国家起源与形成研究》，人民出版社2009年版。

"三模式"①。从而提示学界,中国早期国家的研究视域不应局限于历史上华夏族的"中国"(中原地区),至少要以当下的中国版图作为该问题研究的地域范围,以及需要注意到国家的起源与形成在不同地理单元可能存在的发展不平衡现象和差异化问题。

近年来,在"中华文明多元一体格局"认识的引领下,长江流域、西南地区和辽西地区的早期国家问题越发受到重视。其中,学界有关辽西地区早期国家起源模式与形态的研究,主要聚焦在史前考古学文化所反映的社会形态及其演进变化方面,并以红山文化和夏家店下层文化的相关研究最为集中。

(一)有关辽西地区早期国家起源模式的探讨

迄今为止,辽西地区早期国家起源模式的专题研究,可谓成果寥寥。而且,绝大多数研究实则属于该区社会历史阶段的划分。按其观点大体可概括为"古国—方国""部落联盟—古国"和"酋邦—早期国家"三种模式。

第一种观点主要以田广林先生的《中国东北西辽河地区的文明起源》一书为代表。作者以兴隆洼文化到夏家店下层文化的考古学文化发展序列为线索,系统研究了西辽河地区新石器时代到青铜时代在农业、手工业、聚落形态、礼制等方面的起源与演进,进而分析了该地区从村落到国家的发展过程。其中,兴隆洼文化至红山文化以前,西辽河地区的社会形态大体上经历了从在平等村落向中心村寨的演进过程,到红山文化晚期开始步入古国阶段,夏家店下层文化时期则跨入了方国时代。② 值得注意的是,此研究中虽然借鉴了苏秉琦先生的"古国"之语,但采用了"文明社会的边缘"对

---

① 苏秉琦:《中国文明起源新探》,生活·读书·新知三联书店1999年版,第101—167页。

② 田广林:《中国东北西辽河地区的文明起源》,中华书局2004年版。

"古国"加以限定,而且明确将夏家店下层文化作为西辽河地区进入文明时代到来的开端,则其所谓的"古国"当视为国家形成的前夜。

第二种观点主要见于邱国斌的《内蒙古敖汉旗新石器时代聚落形态研究》一文。该文主要通过对红山诸文化聚落形态的比较,将敖汉旗地区新石器时代的聚落与社会形态划分为4个历史阶段。其中,小河西文化聚落形态对应为原始氏族阶段,隆洼文化和赵宝沟文化聚落形态所对应的是部落联盟阶段,红山文化聚落形态则代表了"古国文明"阶段,而以小河沿文化聚落形态为代表,该区社会处于原始社会向阶级社会的过渡阶段。①

20世纪90年代,谢维扬先生的《中国早期国家》一书大约是最早以"酋邦"理论为指导,通过对红山文化的牛河梁遗址和东山嘴遗址的观察,提出红山文化当处于前国家社会酋邦阶段的观点。②

21世纪以来,个别研究开始尝试将"酋邦"理论应用于辽西地区早期国家起源模式的研究中,进而总结了该地区的"酋邦—早期国家"这一早期国家演进路径。此方面的研究主要有黄慧的《西辽河流域的文明起源研究》③和邱方利的《西辽河地区史前社会演进与国家起源研究》④二文。前者将西辽河地区的文明进程划分为平等社会、酋邦、早期国家、王国几个阶段:距今8200—7000年,处于社会成员之间平等的母系社会后期;距今7000—5500年,为酋邦阶段;距今5500—4500年,为高级酋邦社会或早期国家;距今4500—3500年,为王国时期。后者也将西辽河地区的史前社会

---

① 邱国斌:《内蒙古敖汉旗新石器时代聚落形态研究》,《内蒙古文物考古》2010年第2期。
② 谢维扬:《中国早期国家》,浙江人民出版社1995年版,第295—305页。
③ 黄慧:《西辽河流域的文明起源研究》,硕士学位论文,重庆师范大学,2016年。
④ 邱方利:《西辽河地区史前社会演进与国家起源研究》,硕士学位论文,重庆师范大学,2018年。

形态的演进过程划分为4个阶段：距今8200—7200年是该地区文明的萌生阶段；距今7200—5300年，为偶婚制家族阶段；距今5300—5000年的红山文化晚期属于酋邦社会；距今5000—3300年的红山文化晚期（原文为"红山文化中晚期"，应为笔误）至夏家店下层文化，步入了早期国家阶段。从两者的结论来看，对于红山文化晚期的社会形态表述均不够明确。

总体而言，对红山文化晚期社会形态认识的不同，是导致学界有关辽西地区早期国家起源模式意见向左的症结所在。虽然对夏家店下层文化的社会形态类型有所涉及，但均缺少建立在该文化自身发展基础之上的社会形态演进路径的观察。

（二）辽西地区早期国家形态的探讨

从目前学界有关辽西地区早期国家形态的讨论来看，主要可概括为红山文化的"古国"类型和夏家店下层文化的"方国"或"王国"类型。

"古国"，是苏秉琦先生"古文化、古城、古国"理论的重要组成部分。[1] 针对辽西地区东山嘴和牛河梁遗址的考古发现，苏先生指出"我国早在五千年前，已经产生了植基于公社、又凌驾于公社之上的高一级的社会组织形式"，即红山文化时期作为古国的开始。[2] 应当说，这一认识引发了学界对红山文化社会形态的广泛关注和讨论。

支持者大多以红山文化的墓葬、女神庙、祭坛、玉器等考古资料为线索，从"礼"、祭祀或聚落形态与类型等角度，对红山文化的"古国说"，予以进一步诠释和补充。例如，郭大顺先生便先后

---

[1] 苏秉琦：《辽西古文化古城古国——兼谈当前田野考古工作的重点或大课题》，《文物》1986年第8期。

[2] 苏秉琦：《论西辽河古文化》，《北方民族文化》1993年增刊。

以"礼"和聚落层次、等级为视角,探讨了红山文化的"古国"特征。[1] 此外,刘晋祥和董新林两位先生共撰的《燕山南北长城地带史前聚落形态的初步研究》[2]、万洪瑞的《略论红山文化聚落形态所反映的社会性质》[3]、徐昭峰等的《红山文化的聚落群聚形态与辽西区文明的发生》[4] 等成果,也重点通过对红山文化聚落形态的解析,表达了"古国说"的看法。同时,也有部分研究虽然没有使用"古国"一词,但同样肯定了红山文化已步入国家阶段。段渝《西辽河流域早期文明的起源》[5] 和王秀峰、崔向东《从聚落形态看红山文化中晚期的社会分化》[6] 两文,便以"早期国家"来概括红山文化的社会形态。另外,也有研究对此表述得比较含蓄、谨慎,以"初级文明社会"加以界定。[7]

与此同时,持相反意见的研究者也不为少数。1987年,安志敏先生和陈星灿先生就各自在《试论文明的起源》[8] 和《文明诸因素的起源与文明时代——兼论红山文化还没有进入文明时代》[9] 两文

---

[1] 郭大顺:《中华五千年文明的象征——牛河梁红山文化坛庙冢》,《牛河梁红山文化遗址与玉器精粹》,文物出版社1997年版;《论聚落的层次性——红山文化与良渚文化的比较研究》,浙江省文物考古研究所《良渚文化研究》,科学出版社1999年版。

[2] 刘晋祥、董新林:《燕山南北长城地带史前聚落形态的初步研究》,《文物》1997年第8期。

[3] 万洪瑞:《略论红山文化聚落形态所反映的社会性质》,中国古都学会《中国古都研究》(第十八辑上册),国际华文出版社2001年版,第109—119页。

[4] 徐昭峰等:《红山文化的聚落群聚形态与辽西区文明的发生》,《北方文物》2015年第3期。

[5] 段渝:《西辽河流域早期文明的起源》,《昭乌达蒙族师专学报》(汉文哲学社会科学版)1990年第3期。

[6] 王秀峰、崔向东:《从聚落形态看红山文化中晚期的社会分化》,《渤海大学学报》2017年第1期。

[7] 刘国祥:《红山文化与西辽河流域文明起源的模式与特征》,《内蒙古文物考古》2010年第1期;刘国祥:《红山文化与西辽河流域文明起源探索》,《赤峰学院学报》(第五届红山文化高峰论坛专辑)2011年第二辑。

[8] 安志敏:《试论文明的起源》,《考古》1987年第5期。

[9] 陈星灿:《文明诸因素的起源与文明时代——兼论红山文化还没有进入文明时代》,《考古》1987年第5期。

中，明确阐述了红山文化尚未步入文明时代的观点。而且，两者均将红山文化没有发现文明基本要素（城市、文字、金属器）作为基本论据。另外，陈星灿先生还指出了其他三方面理由，概括而言：红山文化祭祀遗址的修建难度及其祭祀性质，不足以说明需要国家力量的出现；红山文化的生业结构及其生产工具所反映的生产力水平，难以支撑其进入文明时代；积石冢的随葬玉器数量虽有差异，但阶级分化的判断不充分。

近年来，也有研究以红山文化墓葬的习俗特点为切入点，针对以往有关红山文化晚期出现"王者"的观点予以讨论，认为红山文化个人权利具有鲜明的神权特征，进而从权利特征与性质的角度，表述了红山文化晚期并未步入文明社会的看法。[①] 而随着我国学界对中国古代社会酋邦研究的开展，以谢维扬、王立新先生为代表，则主张红山文化晚期的社会形态应为"酋邦"[②]。

辽西地区早期国家形态的"方国"说，普遍是就夏家店下层文化的社会形态而言，首倡者亦为苏秉琦先生。[③] 其依据主要为夏家店下层文化大量城址的发现和具有"城堡链"的分布特点，体现出了超越单个城邦式的等级和规模，但论述较为简略。不过，苏先生的这一观点自提出以后，仍然在学界产生了极为深远的影响，其后有关夏家店下层文化社会形态的总体认识，鲜有意见相左者，且主要的依据也多是以夏家店下层文化的城址群为核心，但有关其城址的研究相对更加系统和全面，涉及筑城技术、结构、类型、分布、

[①] 徐子峰：《红山文化葬俗与西辽河流域文明化进程特点初论》，《赤峰学院学报》（红山文化研究专辑）2008年第S1期。
[②] 谢维扬：《中国早期国家》，浙江人民出版社1995年版，第295—305页；王震中：《中国古代国家的起源与王权的形成》，中国社会科学出版社2013年版，第199—217页；王立新：《辽西区史前社会的复杂化进程》，《吉林大学社会科学学报》2005年第2期。
[③] 苏秉琦：《中国文明起源新探》，生活·读书·新知三联书店1999年版，第151—153页。

功用等方面。①

　　近年来，也有少数研究在城址群的基础之上，结合聚落、墓葬等考古资料，从文化人类学和社会学的角度，对夏家店下层文化的方国形态特征予以了较为综合性地探索。于明波的《西辽河上游地区夏家店下层文化聚落群聚形态研究》一文，不仅从国、郊、野的角度探讨了夏家店下层文化聚落、城址的分布格局，而且对大甸子墓地的分区与夏家店下层文化政治格局关系予以了关注。②

　　除此之外，也有个别研究将夏家店下层文化的社会形态界定为"王国"③，或"高级文明社会"④。其中，刘晋祥、董新林的《燕山南北长城地带史前聚落形态的初步研究》一文，主要分析了夏家店下层文化的聚落层次与社会城乡分化的关系，以及概略性地列举了该文化中的具有"王权"象征意义的礼器，并以此作为夏家店下层文化为"王国"的主要依据。但是，在同文的结尾部分，又将"方国"以括号的方式注解为"王国"，则所谓的"王国"实为苏秉琦先生的"方国"。黄慧《西辽河流域的文明起源研究》一文，主要以城邑群、城址与人口规模、建筑技术、武器的专门化等为证，认为夏家店下层文化已步入了"王国"阶段，但有关考古资料的社会学理论分析过于简略。

　　总体来看，夏家店下层文化社会形态的"方国"一说，仍然是目前学界的主流看法。然而，苏秉琦先生的"方国"概念与传统意

---

① 王惠德：《夏家店下层文化石城研究》，国际华文出版社2001年版；席永杰等：《西辽河流域早期青铜文明》，内蒙古人民出版社2007年版。
② 于明波：《西辽河上游地区夏家店下层文化聚落群聚形态研究》，硕士学位论文，辽宁师范大学，2014年。
③ 刘晋祥、董新林：《燕山南北长城地带史前聚落形态的初步研究》，《文物》1997年第8期；黄慧：《西辽河流域的文明起源研究》，硕士学位论文，重庆师范大学，2016年。
④ 刘国祥：《红山文化与西辽河流域文明起源的模式与特征》，《内蒙古文物考古》2010年第1期；刘国祥：《红山文化与西辽河流域文明起源探索》，《赤峰学院学报》（第五届红山文化高峰论坛专辑）2011年第二辑。

义上的方国既有一定联系，也有一定区别，这一点在界定夏家店下层文化社会形态时格外需要注意。

二 目前辽西地区早期国家研究的特点与趋势

首先，辽西地区的早期国家研究主要滥觞于该地区的文明起源研究中，彼此长期纠葛在一起，进而导致以"早期国家"为视角的专题性研究成果很少。诚然，"国家"和"文明"在人类社会的发展过程中，往往相伴相生，有着近似"孪生"的密切关系。然而，应当注意到的是，两者在内涵方面并非毫无区别：

> 文明是相对于"野蛮""蒙昧"而言的，是依据人们掌握的物质生产资料的知识、技能情况与精神生活的丰富状况、人类社会的管理与秩序强化的程度不同而区分的。国家则是与氏族、部落、酋邦等社会组织相对应的概念，是维护社会正常运转的被强化的公共权力，主要是社会的组织和管理机构。①

换言之，"文明"的内涵较为宽泛，虽然具有一定的社会属性，但文化属性更为突出；"国家"则既是一种社会形态，也是一种政治实体，具有更为鲜明的社会与政治属性。而且，当作为政治实体考察时，"国家"也可看作为"文明"的一部分，并具备更为明晰的社会群体、组织结构、政治制度等，相关理论也更加的丰富和成熟。因此，辽西地区的早期国家应作为该地区文明起源研究中的重要专题加以系统性研究。

其次，辽西地区早期国家或文明起源研究中，多习惯将该区的

---

① 王巍：《试谈文明与国家概念的异同》，中国社会科学院古代文明研究中心《古代文明研究》第一辑，文物出版社 2005 年版，第 2 页。

史前考古学文化作为整体考察对象，按照考古文化序列对应的社会形态类型，划分不同的历史阶段。比如，将红山文化晚期视为辽西地区的酋邦或古国（邦国）阶段，夏家店下层文化视为辽西地区的方国或王国阶段。应当说，这种总体社会历史阶段的划分，其意义在于揭示该地区何时首次步入酋邦、古国或方国等，但也很容易给人造成一种错觉，就是辽西地区自红山文化晚期以后，其社会形态在夏家店下层文化之际直接步入了更高级的社会阶段，抑或是夏家店下层文化的早期国家是直接建立在红山文化晚期社会的基础之上。事实上，这两种考古学文化之间存在明显的"断裂性"问题，夏家店下层文化与红山诸文化之间至少有 100 年的年代缺环。[1] 也就是说，夏家店下层文化并非红山文化的直接继承者，红山文化的社会形态并不能直接看作是夏家店下层文化社会的前夜。那么，夏家店下层文化社会形态的演进模式，自然需要按其自身的发展历程予以观察，包括夏家店上层文化与夏家店下层文化的关系也是如此。所以，这种总体阶段划分的研究范式，并不适用于国家起源模式的探讨，更不能以此代替辽西地区的国家起源模式。

再次，有关辽西地区早期国家形态的认识分歧较大。特别是红山文化晚期的社会形态究竟属于早期国家的"古国"（邦国），还是酋邦；夏家店下层文化属于"方国"，还是"王国"，均存在进一步讨论的余地。同时，这些争议和分歧也在很大程度反映出，以往的相关研究缺乏对理论概念的足够重视。例如，"酋邦"与早期国家的区别主要在于哪些方面，"邦国"和"方国"的内涵有无联系、区别等。对于这些理论、概念的比较和辨识，应当说是进行辽西地区早期国家形态研究的重要前提和基础。否则，难免会造成判断结果上的莫衷一是。

---

[1] 田广林：《关于夏家店下层文化燕北类型的年代及相关问题》，《内蒙古大学学报》（人文社会科学版）2003 年第 2 期。

最后，以往有关辽西地区早期国家起源模式与形态的研究对象，主要聚焦于该地区的史前考古学文化或秦汉以降的古代民族政权，而缺失对该地区先秦时期古族政权的专门研究，进而导致以往有关辽西地区早期国家的起源模式与形态的总结，在研究对象范围方面存在较大的局限性。近年来，辽西地区的先秦古族政权虽有纳入早期国家研究视野的迹象，但尚未上升到国家起源模式和国家形态层面的探讨。其中，"孤竹"和"东胡"颇具代表性：一些成果在论及"孤竹"时，只是笼统地将其称为"古国"或"方国"，甚至常常同时使用，其国家形态的认识与界定较为模糊，更鲜有此方面的专题性研究；有关"东胡"，传统观点一般认为始终处于氏族部落社会而从未步入国家，近年来虽受到了部分学者的质疑，不过相关研究所论证的重点仅限于对其建立政权时间节点和标志的考证，对其起源模式和形态问题同样没有予以展开讨论。①

归根结底，以往研究之所以缺少对辽西先秦古族政权的关注，很大程度上是囿于史料的匮乏。先秦时期活动于辽西地区的古族，可能还有发、貊、屠何、肃慎等②，但与之相关的文献记载，常常只是零散的只言片语，在考古资料方面也没有突破性的发现。囿于资料阙如，则难以判断这些古族是否建立过政权，至于其国家的起源与形态问题也就更加无从谈起了。相比之下，"孤竹""东胡"在文献记载和考古资料方面相对丰富一些，具有一定的研究可行性。

尚须赘言的是，本文所谓的"辽西地区"主要借鉴和采用了考

---

① 参见何天明《东胡到鲜卑檀石槐时期的政权演变》，《阴山学刊》2008年第3期；李春梅《匈奴政权的创建问题——兼论冒顿单于以前的匈奴与东胡的关系》，《内蒙古社会科学》（汉文版）2013年第3期。
② 参见苗威《关于秽、貊或秽貊的考辨》，《社会科学战线》2010年第8期；苗威《山戎、东胡考辨》，《中国边疆史地研究》2008年第4期；奚柳芳《肃慎东迁考》，《吉林师范大学学报》1980年第2期；何光岳《肃慎族的起源与北迁》，《黑河学刊》1991年第2期；范恩实《肃慎起源及迁徙地域略考》，《民族研究》2002年第3期。

古学界"辽西区"概念,即"医巫闾山以西,北至西拉木伦河两侧,包括西拉木伦河、老哈河、大凌河、小凌河及它们的支流地区"①。这一"辽西区"概念最初是由张忠培先生根据考古学文化区系类型的划分所提出的,近年来亦被学界所广为采纳。② 从其地域范围来看,要相对小于地理学意义上广义之"辽西",大体包括了辽宁西部五市和内蒙古赤峰市地区,而不包括冀北地区。③ 根据考古学研究,在此区域内发现的兴隆洼文化、赵宝沟文化、红山文化和小河沿文化四支主要的新石器时代考古学文化,不仅呈前后相继的年代序列,而且在文化内涵方面也存在明显的传承关系,故被认定为属同一系统的考古学文化。④ 这也是考古学"辽西区"划分的主要原因。其实,夏家店下层文化和夏家店上层文化两支青铜时代的考古学文化,其发源地和主要分布区域同样位于这一"辽西区"。在与其南部相邻的冀北地区,虽然也发现了与这两支文化有一定相似性的考古学文化,但后续的研究大多倾向将其作为独立的文化类型看待,或是作为夏家店下层文化或夏家店上层文化的"次生型"⑤。

总之,辽西地区作为诸多新石器时代、青铜时代考古学文化的"原生区",意味着该区是某些先秦古族长期的活动空间和发祥地,应当作为一个独立的地理单元加以考察。学界以文明起源为视域对辽西地区史前考古学文化社会形态的长期考察,为该区早期国家起

---

① 张忠培:《辽宁古文化的分区、编年及其他》,《辽海文物学刊》1991年第1期。
② 参见王立新《辽西区史前社会的复杂化进程》,《吉林大学社会科学学报》2005年第2期;赵宾福《辽西地区汉以前文化发展序列的建立及文化纵横关系的探讨》,吉林大学边疆考古研究中心《边疆考古研究》(第10辑),科学出版社2011年版,第191页;崔向东《先秦时期辽西地区古族氏述论》,《渤海大学学报》2016年第1期。
③ 地理学意义上"辽西"有狭义和广义之别:狭义之"辽西"一般指辽宁西部的锦州、朝阳、阜新、葫芦岛、盘锦(辽河以西部分)五市;广义之"辽西"则包括辽宁西部五市、内蒙古赤峰和冀北地区的承德、秦皇岛市山海关区。
④ 王立新:《辽西区史前社会的复杂化进程》,《吉林大学社会科学学报》2005年第2期。
⑤ 参见徐昭峰《夏家店下层文化卜骨的初步研究》,《文物春秋》2010年第4期。

源与形成问题的探讨奠定了重要基础；而相关先秦古族文献资料的爬梳、部分考古学文化族属关系的辨识、古族历史文化的考索等，一定程度上引发了学界对个别古族的社会形态问题的重新思考。同时，随着近年来社会科学研究领域交叉学科理论的普遍运用，综合利用历史学、考古学、文化人类学等理论开展辽西地区早期国家问题的研究，则日趋成为深化该区文明起源认识的重要途径。

原文《辽西地区早期国家起源模式与形态研究综述》
刊载于《大连大学学报》2022 年第 1 期

中编

考古文化与历史遗迹

辽西地区史前玉礼的起源与演进

"信以守器，器以藏礼。"① 礼器是"礼"的重要表现形式和载体，也是"礼"的组成部分。礼器包括器具与制度文章两个层面。《礼记·乐记》云："簠簋俎豆，制度文章，礼之器也。"② 以器具而言，礼器不仅种类繁多，而且质地多样。其中，玉礼器是中国最早使用的礼器之一，甚至"礼"的起源与"玉"有着极为密切的关系。亦如王国维先生对"礼"的诠释称："象二玉在器之形，古者行礼以玉，故《说文》曰：'豊，行礼之器'，其说古矣。"③ 大量的考古发现业已证明，玉礼器在中国的史前文化中是较为普遍存在的。其中，在辽西地区的兴隆洼文化、赵宝沟文化、红山文化、小河沿文化、夏家店下层文化等一系列考古学文化中便曾出土或发现了数量不等的玉器，且不乏玉礼器者，从而为探索辽西地区史前玉礼的起源与发展过程提供了必要的条件。

---

① （晋）杜预注、（唐）孔颖达疏：《春秋左传正义·成公二年》，（清）阮元校刻《十三经注疏》，中华书局2009年版，第4111页。

② （汉）郑玄注、（唐）孔颖达疏：《礼记正义》，（清）阮元校刻《十三经注疏》，中华书局2009年版，第3317页。

③ 王国维：《释礼》，《观堂集林（附别集）》，中华书局1959年版，第291页。

一　辽西地区史前玉礼文化研究回顾

　　自中华人民共和国成立以来，尤其是20世纪80年代到21世纪初，随着辽西地区考古工作全面、有序开展，大量史前玉器在辽西地区的出土和发现，聚焦了国内外学界对辽西地区玉文化的普遍关注。有关辽西地区史前玉文化研究的成果可谓层出不穷、汗牛充栋，概括而言主要包括三类：1. 辽西地区史前玉器基本信息著录[①]；2. 辽西地区史前玉器的考古学研究[②]；3. 辽西地区史前玉礼文化研究。前两类研究成果勾勒了辽西地区史前时期玉文化的基本轮廓，为辽西地区史前玉礼文化研究奠定了一定的基础。因篇幅所限，在此仅就辽西地区史前玉礼文化的研究作以简要回顾。

　　辽西地区史前玉礼文化研究大致始于20世纪90年代初期，最具影响力和代表性人物当推著名考古学家苏秉琦先生。在1991年四五月间的《关于重建中国史前史的思考》[③]一文中，苏秉琦先生从玉器与社会分化的关系角度，指出查海玉器的玉礼器性质："阜新查海的玉器距今8000年左右，全是真玉（软玉），对玉料的鉴别已达到相当高的水平。玉器的社会功能已超越一般装饰品，附加上社会意识，成为统治者或上层人物'德'的象征。"1991年8月在谈《文明发端玉龙故乡——谈查海遗址》[④]时，则强调了玉礼器与文明起源的关系："查海玉器已解决了三个问题，一是对玉材的认识；二是对玉的专业化加工；三是对玉的专用。社会分工导致社会

[①]　主要为相关考古发掘报告和古玉图录一类论著，着重记录了部分辽西史前玉器的出土地点、图片、造型、尺寸、质地、数量等基本数据。
[②]　主要为辽西地区史前玉器起源、分期、工艺技术、材料来源、类别、功用等方面研究。
[③]　朱乃诚：《苏秉琦重建中国古史框架的努力和中国文明起源研究——苏秉琦与中国文明起源研究之五》，《中原文物》2005年第5期。
[④]　朱乃诚：《苏秉琦重建中国古史框架的努力和中国文明起源研究——苏秉琦与中国文明起源研究之五》，《中原文物》2005年第5期。

分化，所以是文明起步。"基于对查海玉器社会意义和文明层面的思考，在 1994 年 1 月撰写的《国家起源与民族文化传统（提纲）》① 中，则进一步指出了中国史前玉礼器对于早期国家研究的重要意义："'国家大事唯祀与戎'，兵器、礼器是它们的物化标志，玉器是决不亚于青铜器的礼器。八千年前的玉器已发现多处，它们的原始应不下万年，它们的形制，有的直接延续到商周。"苏秉琦先生关于查海玉礼器的论断，高屋建瓴地指出了玉礼于文明起源和早期国家研究的重要学术价值与意义。然而，囿于当时辽西地区查海遗址考古发掘和具体分期工作尚未深入，致使苏秉琦先生将查海玉器一概视为礼器。这一判断，在今天看来还有待进一步推敲。

21 世纪以来，辽西地区的玉礼文化得到了学界较为广泛的重视。2000 年，张得水在《史前玉礼器的起源与发展》② 一文中以红山文化玉器作为基本研究对象之一，指出红山文化出土的玉器中虽然很多与原始宗教有关，但其中不乏有具备礼器性质者，并最终将玉钺、兽形玉、龙、勾云形玉佩、马蹄形玉箍确定为早期玉礼器。其研究的重要价值和意义在于将玉礼器从一般玉器中予以谨慎的辨识，有助于提示学界对玉器和玉礼器的区别化对待。但该文在开篇中将查海遗址和兴隆洼遗址出土的玉器笼统划归为生产工具的范畴尚需斟酌。

2000 年，刘国祥在《辽西古玉研究综述》③ 一文中首次较为系统地梳理了辽西地区玉器的发展脉络，分别以兴隆洼文化、红山文化、夏家店下层文化出土玉器为代表，划分了辽西地区史前玉器发展的三个阶段。指出兴隆洼文化的某些玉器可能已经具有了礼器的

---

① 朱乃诚：《苏秉琦重建中国古史框架的努力和中国文明起源研究——苏秉琦与中国文明起源研究之五》，《中原文物》2005 年第 5 期。
② 张得水：《史前玉礼器的起源与发展》，《东南文化》2000 年第 11 期。
③ 刘国祥：《辽西古玉研究综述》，《故宫博物院院刊》2000 年第 5 期。

功能，但未形成礼制；至红山文化晚期，以牛河梁、胡头沟等地积石冢内石棺墓出土的玉器为代表，形成了中国最早的玉礼制系统；夏家店下层文化的玉礼制系统消失，但个别器类仍作为礼器使用。该文以辽西地区史前考古文化出土玉器以及玉礼器与礼制的关系为双重行文线索，对辽西史前玉器发展阶段的归纳总结，在一定程度上呈现了辽西地区早期礼制文明的演进过程。然而，由于当时缺乏相关考古文化墓葬、房址居住面的详细数据和资料的客观条件限制，该文对存续近千年的兴隆洼文化玉器发展历程的研究，在今天看来仍然有待细化。

2003年、2004年，田广林相继在其博士论文《中国北方地区西辽河地区的文明起源》和《中国东北西辽河地区的文明起源》[①]一书中，将辽西地区的史前玉器概括为"以玉为神""以玉示神"和"以玉别人"三大功用。这一观点在其后的《西辽河史前玉器与中华礼制文明》[②]一文中进一步概括为神器和礼器，并最终将其归属为礼仪功能。因此，所谓"以玉为神""以玉示神"和"以玉别人"三大功用实则为玉礼器功用的探讨。需要注意的是，该文在肯定了兴隆洼文化和红山文化玉器为神器和礼器的同时，认为西辽河地区的玉器并不存在工具类和装饰类玉器。这一观点与学界的传统看法颇为不同。

2009年，刘国祥在《兴隆洼文化玉玦及相关问题研究》[③]一文中，将玉玦作为典型玉器，总结了兴隆洼文化的玉玦具有的耳部装饰、玉玦示目和礼器三种功能。

---

① 田广林：《中国东北西辽河地区的文明起源》，中华书局2004年版，第228—244页。
② 张国强、田广林：《西辽河史前玉器与中华礼制文明》，《辽宁师范大学学报》（社会科学版）2006年第4期。
③ 刘国祥：《兴隆洼文化玉玦及相关问题研究》，刘国祥、于明《名家论玉（一）：2008绍兴"中国玉文化名家论坛"文集》，科学出版社2009年版。

2012年，邓聪、温雅棣在《兴隆洼文化聚落与玉器的社会意义》[①]一文中，基于对兴隆洼、兴隆沟、查海、白音长汗四个兴隆洼文化遗址的玉器出土数量、位置、不同遗址间及同一遗址的变化等情况的分析，深入探讨了玉器的社会意义，实则在一定程度上间接揭示了玉礼的社会意义及其所形成的社会基础。

2015年，董婕在《牛河梁红山文化玉器与礼制文化探析》[②]一文中，着重探讨了牛河梁遗址出土玉器与礼制文化的关系，认为牛河梁红山文化的规范化祭祀用玉及其展示的社会差异和社会组织功能，反映了中国早期的礼制文化因素。

2016年，朱乃诚在《夏家店下层文化玉器六题》[③]一文中，通过对夏家店下层文化的玉勾云形坠饰、玉钩形器、玉璇玑形坠饰、玉蝉、鸟形坠饰、刻纹镂空玉臂饰六种玉器的研究，分析了夏家店下层文化的玉文化特点。其中指出所遴选的六类夏家店下层文化玉器都属于装饰类玉器，与红山文化晚期以礼仪玉器为主形成鲜明的对照，进而推测辽西地区的玉文化传统，在夏家店下层文化时期发生了变化。

从总体上看，以往有关辽西地区史前玉礼文化的研究，视角各有特色。有的以辽西地区某个或部分史前遗址或考古文化出土的玉器作为研究对象，分析玉器的礼文化因子；有的则以辽西地区史前考古文化序列为线索，注重对辽西地区玉礼文化演进过程的研究；有的则以典型玉器为切入点，分析其礼文化的功能与特点。虽然研究侧重点有所不同，但均确认了辽西地区史前玉器与礼文化之间存在着密切的关系。不可回避的是，在对某些具体问题的认识方面也存在一定的分歧，有的观点和判断也有待进一步商榷或完善。

[①] 邓聪、温雅棣：《兴隆洼文化聚落与玉器的社会意义》，魏坚、吕学明《东北亚古代聚落与城市考古国际学术研讨会论文集》，科学出版社2012年版。
[②] 董婕：《牛河梁红山文化玉器与礼制文化探析》，《理论界》2015年第7期。
[③] 朱乃诚：《夏家店下层文化玉器六题》，《考古》2016年第2期。

本文在前人研究的基础之上，结合新近的考古资料和有关考古文化分期等研究成果，对辽西地区兴隆洼文化到夏家店下层文化出土玉器的年代、类别、数量、工艺、用途和用玉特点等方面予以横向和纵向比较，冀望能够进一步辨识辽西地区玉礼文化的演进过程，并以此呈现辽西地区早期文明之一隅。

二　辽西地区史前玉礼器的起源：玉石器的加工与使用

目前，辽西地区最早的玉器发现于距今 8000—7000 年的兴隆洼文化。在兴隆洼文化的阜新查海遗址、赤峰兴隆洼遗址、兴隆沟遗址、林西白音长汗二期乙类遗址、巴林右旗锡本包楞墓葬遗址中，共计出土和发现玉器 90 余件。[1]（详见表 1）

根据考古研究，查海遗址分早、中、晚三期遗存。[2] 其中，查海早期遗存的年代与白音长汗一期、小河西遗址遗存相当；查海中期遗存与兴隆洼遗址一期和白音长汗遗址二期甲类遗存的年代接近；查海遗址晚期遗存与兴隆洼遗址二期相当，年代要早于白音长汗二期乙类遗存。因此，查海遗址早期遗存在目前发现的最早的兴隆洼文化遗存。[3] 此外，查海遗址也是兴隆洼文化出土玉器数量和种类最多的遗址。查海遗址出土玉器 44 件，几乎占兴隆洼文化目前发现玉器总量的一半。经测定，查海玉器的玉料均为透闪石、阳

---

[1] 兴隆洼遗址出土玉器散见各种论著中，相关成果统计数量不等，以邓聪、温雅棣所撰《兴隆洼文化聚落与玉器的社会意义》一文统计数量最多，为 23 件，本文在其基础之上参考其他资料又增补 3 件；如果算上洪格力图墓葬出土的一些玉器，数量应当超过 100 件，但由于洪格力图墓葬的玉器为征集所得，无法确定具体出土地层关系，导致其断代属于红山文化还是兴隆洼文化，抑或兼而有之，目前争议较大，故在此暂不做参考和讨论。

[2] 辽宁省文物考古研究所：《查海新石器时代聚落遗址发掘报告》（中），文物出版社 2012 年版，第 651 页。

[3] 刘赫东、田广林：《兴隆洼文化查海遗址出土玉器发微》，《赤峰学院学报》（汉文哲学社会科学版）2014 年第 1 期。

起石软玉,被地质学家誉为迄今所知全国乃至全世界最早的真玉器。①

表1　　　　　　　　兴隆洼文化出土玉器统计表

出土地点	玉玦	玉匕	玉斧	玉凿	玉锛	弯条形玉器	玉管	其他玉器
查海遗址(44件)	7件	13件	8件	7件			6件	玉环1件、玉残片1件、玉料1件
兴隆洼遗址(26件)	6对	3件		1件	5件	4件		玉坠饰1件
兴隆沟遗址(12)	2对+1件	3件		1件	2件	1件		
白音长汗二期乙类遗址(8件)	2件						4件	玉蝉1件、玉锥1件
锡本包楞墓葬(3件)	1件	2件						

表2　　　　查海遗址出土玉器统计表(玉器共计44件)②

出土地点	玉玦	玉匕	玉斧	玉凿	玉管	玉环	其他玉器	备注
F50			1件					残,早期房址
F38			1件					中期房址
F41					2件			中期房址
F43	1件	1件			1件			中期房址
F11							玉残件1	晚期小型房址
F17			1件					晚期小型房址
F20				1件				晚期小型房址
F14				1件				晚期中型房址

---

① 辽宁省文物考古研究所:《查海新石器时代聚落遗址发掘报告》(中),文物出版社2012年版,第624页。

② 本表依据《查海新石器时代聚落遗址发掘报告》相关数据绘制,报告中《附表34 查海遗址各单位出土玉器一览表》误将F50:59玉斧统计于玉玦一项中;玉残片明细中只有1件,合计一项误统计为2件,故而予以订正。

续表

出土地点	玉玦	玉匕	玉斧	玉凿	玉管	玉环	其他玉器	备注
F18			1件					晚期中型房址
F27			1件					晚期中型房址
F54		2件						晚期中型房址
F16		1件						晚期大型房址
F36			1件		1件			晚期大型房址
F46		1件		1件			玉料1	晚期大型房址
F43M	2件							
F7M		6件						儿童单人墓
H34				1件				
文化堆积层	4件	2件	1件	1件	2件	1件		共11件
采集			1件	2件				

自1986年到1994年，考古人员在查海遗址先后发掘房址55座。其中早期房址5座，中期房址15座，晚期房址35座。[①] 在F50早期房址的居住面中出土了1件白色玉斧残片，编号为F50∶59，这是查海遗址早期房址中发现的唯一1件玉器。

参考表2查海遗址玉器的出土地点来看，于该遗址文化堆积层、灰坑出土玉器和采集的玉器，由于缺少地层关系，所以无法辨识其早晚关系；F43、F7分别为中、晚期房址，均不存在地层打破关系，因此两座房址的居室墓F43M与F7M也应当为中、晚期墓葬，并排除了前期遗址中遗物扰乱的可能，进而能够确定其出土玉器应分属查海遗址的中、晚期；F50房址也不存在地层打破关系，同样排除了后期遗址中遗物扰乱的可能。因此，F50∶59玉斧成为查海遗址出土的玉器中能够确定年代最早的1件玉器，也是目前兴隆洼文化考古发现的早期玉器的孤证。

---

① 辽宁省文物考古研究所：《查海新石器时代聚落遗址发掘报告》（中），文物出版社2012年版，第651页。

相较于兴隆洼文化中、晚期玉器的出土情况而言，兴隆洼文化早期玉器的发现实在过于稀缺。虽然不排除尚有未发现和出土者，但无疑反映出在兴隆洼文化的早期阶段，玉器尚未被普遍加工和使用。另外，在F50房址的居住面与F50：59玉斧还共同出土了41件石器，主要为铲形器、石凿、石球、研磨器、磨盘、磨棒、敲砸器等生产工具。F50：59玉斧为残件，使用痕迹明显，且与大量实用石器伴随出土，证明该件玉斧在当时只是作为普通实用生产工具。

因此，兴隆洼文化早期阶段的玉器应当只是作为一种普通石器，尚未被人们赋予特殊的用途和意义，而这也应该是兴隆洼文化早期玉器没有被普遍加工和使用的主要原因。不过，玉器在该时期作为生产工具已经介入当时人们的生活，为此后辽西地区先民对玉的辨识积累了经验，从而为玉礼器的出现孕育了可能。

三　辽西地区玉礼的萌芽：玉礼器的出现

在史前时期漫长的石器时代，人们在狩猎、原始农耕、砍伐树木、加工坚果谷物等时候，能够使用的最为坚硬、耐用的工具就是石器。石器与人类的生存和生活息息相关，使得当时的人们对石器产生了情有独钟的特殊情愫。在长期的石器加工、使用过程中，人们将那些"石之美者"逐渐从普通石材中辨识出来，并赋予特殊的社会意识和给予格外精致的加工。有的成为氏族的图腾，有的成为身份地位和财富的象征，有的则成为祭祀用具或巫者的法器等，这些具有特殊功用的玉器便是最早的玉礼器。

在查海遗址中期，考古工作者发现了其早期所不曾出土的玉玦、玉匕、玉管等玉器类型。① 这些玉器所应用的切割、钻孔等技术相比玉斧的加工制作更为复杂，体现出此时玉器制作水平有了很大的提高。然而，鉴于这些玉器均出土于房屋址中，尚未发现玉器随葬的案例，所以查海遗址中期发现的玉玦、玉匕、玉管，只是作为一种装饰品，还是兼有祭祀或身份标识等功用，目前难以确定。不过，即便这些玉器只属于装饰品，也体现出玉器功用的一种变化，并反映出当时人们已经具备了对玉石的辨识能力。此时的玉石至少已经不再只是一种普通的石材，而是具有了美和珍贵的价值。因此，查海遗址中期阶段其玉器功用很可能已开始从普通生产和生活用品向礼器功能有所过渡。

至查海遗址晚期，一些玉器则表现出较为典型的礼器属性。在查海遗址晚期以及与其年代相当的兴隆洼遗址二期和兴隆沟遗存中共出土了30余件玉器，尤以玉匕居多，并出土了查海遗址中期尚未发现的多件玉凿。无论在玉器数量和种类方面，均体现出该时期的辽西先民对玉器有了更为普遍的需求。同时，考古发掘还表明，查海遗址晚期的居室墓在墓葬形制、朝向等方面呈现出一定规范化的特点；居室墓F34M的两件玉玦位于墓底北端，靠近头部而远离南端的其他随葬品，衬托出两件玉玦在随葬品中所具有的特殊意义；居室墓F7M中的3对玉匕，每对规格相对统一，摆放位置考究、有序，并且是唯一的随葬品，彰显出玉器尤其是玉匕的独特地位以及一定的用玉要求；兴隆沟遗址M4中嵌入眼眶内的1件玉玦，具有"以玉示目"的象征和令人回味的内涵；M7的两件玉玦，1件位于左肩部，1件位于右肱骨内侧，摆放位置与众不同，不排除玉玦可能具有多种功用或象征意义；玉玦、玉匕于该时期发现的玉器中所占比例最大，为最主要的随葬玉器，说明玉玦、玉匕在该时

---

① 兴隆洼遗址出土的玉器，由于缺少具体的鉴定和考古地层数据为参照，致使难以确定哪些玉器属于与查海遗址中期相当的兴隆洼遗址一期出土玉器。

期玉器中具有其他玉器不可取代的作用与地位。凡此种种，足以说明查海遗址晚期阶段所出土的玉器已然超越了一般装饰品和实用工具的功用，而基本属于祭祀礼器或身份象征礼器的范畴。然而，需要进一步考虑的是：其玉礼器使用所呈现出的某些"规范化"现象，究竟是源于一种约定俗成的"礼俗"，还是一种"礼制"的反映呢？

根据学界对礼制内涵的探讨，当"礼"上升为制度规程时即形成了"礼制"[①]，其本质在于区别等级和建构、维护社会秩序。[②] 亦如方家所言："礼，经国家，定社稷，序民人，利后嗣者也。"[③] 换言之，"礼制"堪为一种社会等级秩序的象征。这也是"礼俗"所不具备的。而在考古学研究中，通常将个别儿童墓葬随葬较多稀罕的随葬品现象视为社会等级分化的标志之一。查海遗址晚期阶段的居室墓恰以儿童墓居多，个别者方以玉器随葬。这种不同的丧葬规格与身份地位的差异当不无关系。有基于此，反观查海遗址晚期的随葬用玉，其所体现出的某些规范化特点就不宜于仅仅视为一种"礼俗"的传统，而应归结为"礼制"的投射和影响。但是，从查海遗址晚期的整体情况来看，其社会等级分化程度不高，则又说明其"礼制"的发生当尚属初始阶段，或可称为礼制的萌芽阶段。

继查海遗址晚期之后的兴隆洼文化晚期遗址中，只在白音长汗二期乙类遗址中发现了8件玉器。所发现的玉器均出土于独立墓葬区中，房址中没有发现居室墓和玉器，但生活区与墓葬区域具有明确的界限。这种分区现象一方面可能与生死、祭祀观念的转变有

[①] 陈戍国：《中国礼制史》（先秦卷），湖南教育出版社2002年版，第18页。
[②] 孙钦善：《论语本解》，生活・读书・新知三联书店2009年版，第299页；刘泽华、葛荃主编：《中国古代政治思想史》（修订版），南开大学出版社2001年版，第62页；陶磊：《思孟之间儒学与早期易学史新探》，天津古籍出版社2009年版，第10页。
[③] （晋）杜预注、（唐）孔颖达疏：《春秋左传正义・隐公十一年》，（清）阮元校刻《十三经注疏》，中华书局2009年版，第3770页。

关；另一方面也与社会整体发展水平、聚落规模发展等有关。从随葬玉器来看，玉玦此时仍然作为重要的随葬品，同时还发现了玉管和玉蝉随葬。玉管随葬现象在兴隆洼文化早、中期出土玉器相对较多的遗址中尚未发现，却出现于白音长汗这个出土玉器数量相对较少的遗址中，这应该并非是一种巧合。而且，其玉蝉的发现更是已发掘兴隆洼文化遗址中的唯一一件动物造型玉器，填补了兴隆洼文化玉器只有抽象造型而没有具象（动物）造型的空白。进一步而言，白音长汗遗址中玉管和玉蝉的随葬，表明兴隆洼文化晚期随葬玉器范围的扩大；玉器作为唯一的随葬品，则说明玉器被附加着重要的社会意识，在当时是不可或缺的礼器。由于白音长汗遗址出土玉器很少，尚难以判断当时具体的用玉制度。不过从该遗址生活区与墓葬区的分离规划来看，此时的社会意识与社会发展水平应当有所进步。而且，考虑兴隆洼文化早期、中期玉器出土的相对丰富，以及其后红山文化时期玉礼文化的繁荣，则有理由推断：兴隆洼文化晚期的玉礼文化绝不会如考古发现一般"萧条"，而应是向玉礼的制度化方向继续发展。

四 辽西地区史前玉礼的礼制雏形："唯玉为葬"

辽西地区的史前玉礼文化在红山文化时期达到了空前的繁荣，无论是玉器的出土数量，还是玉器的造型种类、制作工艺等方面均远远超过了此前时期。据不完全统计，目前通过考古发掘和调查采集所获的红山文化玉器达300余件[1]，而出土的玉器有近百件出自墓葬，并在丧葬习俗上呈现出"唯玉为葬"的特点。其中，牛河梁遗址第二、第三、第五、第十六地点共发掘有97座墓葬，有48座

---

[1] 刘国祥：《红山文化研究》，科学出版社2015年版，第515页。

墓殓有随葬品，以玉器、陶器（N2Z4M8）或玉器、石器（N2Z1M9）一同随葬各1座，只随葬陶器的共3座（N2Z4M5、N2Z4M6、N2Z4M7），其余43座墓均只随葬有玉器，占有随葬品墓葬的89.6%。① 显然，玉器于红山文化先民而言，有着其他器物无可比拟的地位与作用。特别是那些器形相对较大、工艺复杂、制作精美的玉器，大多属于礼器的范畴，并占有相当的比例。

《周礼·春官·大宗伯》载："以玉作六器，以礼天地四方。以苍璧礼天，以黄琮礼地，以青圭礼东方，以赤璋礼南方，以白琥礼西方，以玄璜礼北方。皆有牲币，各放其器之色。"②

在辽西地区的红山文化遗址中就曾出土过数量不等的玉璧、玉琮、玉璜等，这些玉器很可能就是《周礼》中"祭祀六器"的雏形，主要用于祭祀天地四方。另外，在红山文化发现的玉器群中，动物造型玉器和仿生型玉器也十分常见，尤以"龙"和"鸮"的造像最为丰富。红山人因而也被认为对龙和鸮有着特殊崇拜，红山文化所代表的社会集团最早可能是由崇龙和崇鸟的两个氏族或部落发展而来。③

由此可见，玉器于红山先民而言，绝不仅仅是一种精美的装饰，更重要的是寄托着当时人们崇拜、敬畏、祈福、护佑等心理诉求和精神信仰，具有极为神圣的地位和功能。一些玉器因而也成为标识某些特殊人群的身份和地位的礼器。这一点则主要体现在红山

---

① 辽宁省文物考古研究所编著：《牛河梁红山文化遗址发掘报告（1983—2003年度）》，文物出版社2012年版，第477页。

② （汉）郑玄注、（唐）贾公彦疏：《周礼注疏》，（清）阮元校刻《十三经注疏》，中华书局2009年版，第1644—16459页。

③ 田广林：《中国东北西辽河地区的文明起源》，中华书局2004年版，第237页。

文化的随葬用玉方面，即殓玉的数量、品质、规格与墓葬的规格、等级呈现出一定的对应关系。从牛河梁遗址墓葬群的玉器随葬情况来看，只随葬有玉器的43座墓葬大体分为中心大墓、中型土圹砌石墓、小型砌石墓三类，其形制结构及在积石冢内的位置存在由高到低的等级关系。前两类墓葬出土的玉器数量明显多于最后一类墓葬，而勾云形玉器、玉璧、玉龟的成对随葬现象以及玉人、玉凤等稀有造型的玉器，则主要见于中心大墓。[1] 简言之，品质规格较高的玉礼器存在着向大墓特别是积石冢内中心大墓集中的趋势，体现出一种相对显著的社会等级分化。

综上所述，红山文化的玉礼器在祭祀、图腾崇拜、身份地位象征等方面扮演着十分重要的角色，尽管不乏"一器多用"者，但整体上呈现出一种向功用差异化发展的趋势，这不失为红山文化在用玉制度方面的进步与发展。

然而，也应当注意到：红山文化的随葬玉礼器无论是在用玉数量上，还是在类别组合上，均未形成定制，与严谨的礼仪制度仍然存在一定距离。另外，红山文化玉礼器所蕴含的自然崇拜和原始宗教色彩十分浓郁和鲜明，而缺乏军政权力的象征意义。尽管有斧、钺一类的玉器，但数量很少，特别是与其他类型的玉礼器数量相比，可谓凤毛麟角。目前在辽西地区的红山文化时期考古遗存中发现的玉、石钺仅有5件（包括哈民忙哈遗址的1件），与江淮地区凌家滩文化、长江下游地区崧泽文化、良渚文化墓葬中普遍随葬有玉钺的情况形成鲜明的反差，表明钺并不是红山文化的典型玉器，且不排除是文化交流的产物。[2] 这两方面与此后时期的夏家店下层文化玉礼有着十分鲜明的差异。同时，红山文化的玉器要么为装饰

---

[1] 参见辽宁省文物考古研究所编著《牛河梁红山文化遗址发掘报告（1983—2003年度）》，文物出版社2012年版，第473—476页。

[2] 刘国祥：《红山文化研究》，科学出版社2015年版，第534—535、583—584页。

品，要么为礼器，而非生产资料（生产工具仅为个案）或财富的代替品，则其随葬的多寡虽与身份地位有关，却并不代表贫富之间的差距。因此，红山文化的玉礼整体上仍处于"礼"向"礼制"的过渡阶段，或可概括为一种玉礼制度化的雏形。

五 辽西地区玉礼制度的确立：军政类玉礼器的使用与规范

继红山文化之后，玉器在小河沿文化和夏家店下层文化仍有所使用。相较于红山文化，小河沿文化目前发现的玉器数量有所减少。从玉器的类型和风格上看，虽然仍发现有少量的红山文化风格的"玉猪龙"，但主要以斧、钺、环、璧等居多，且器形特点更加近似于江淮和中原地区所流行的同类玉器。而夏家店下层文化所发现的玉器数量，则多达100多件组。其中，内蒙古敖汉旗大甸子遗址是该考古学文化中出土玉器最多的遗址。[①]

据统计，在大甸子墓地中出土斧或钺的墓葬共有101座。其中有67座出土斧，含以大理岩和闪玉制成的玉斧53件；有34座出土钺，含真玉和半玉制品约12件。这些斧和钺不仅制作工艺精良，器形规整，而且在随葬方式上表现出一种相当统一的特点，即每座墓葬如果随葬有斧或钺，则只有1件。除此之外，该墓地出土的玉环、璧等其他类玉器也多达90余件，而且在小河沿文化中始终未能发现的仿生玉器在此也再度出现。统观夏家店下层文化的玉器风格彰显出一种多元化文化内涵。一些玉鸟形坠饰、玉钩形器、玉璧、玉箍等玉器，承袭了红山文化玉器的特点，在夏家店下层文化玉器中占一定的比例；蝉形玉饰、楔形坠、片状弧形坠、镂空雕花

---

① 朱乃诚：《夏家店下层文化玉器六题》，《考古》2016年第2期。

麟趾形臂饰等玉器，代表了夏家店下层文化玉器独有的风格与工艺水准；部分璇玑形玉器、圆柱形坠、有齿直条形坠等则具有龙山文化、二里头文化的制玉风格。①

概而言之，小河沿文化和夏家店下层文化时期的玉文化既保留有一定的本地区的前期玉文化因子，同时又因地制宜有所创新和发展，并在一定程度上受到周边玉文化的影响，呈现出该地区在此时期与周边地区的文化广泛交流、互动的特点。

值得注意的是，小河沿文化和夏家店下层文化发现的玉器数量虽然要逊于红山文化，但这并不意味着其玉礼制度化的衰退。一方面，该时期玉礼器数量减少最直接的原因很可能是受到青铜器、彩绘陶器等新型礼器的冲击所导致；另一方面，该时期的玉礼制度化的程度在以下几方面表现得更为突出。

其一，小河沿文化与夏家店下层文化所发现的玉钺、斧，业已被学界公认为是用于彰显政治和军事权力威仪的兵仪类礼器②，相较于红山文化缺少兵仪类玉礼器的发现而言，则能够反映出此时辽西地区社会阶层分化的加剧。

其二，夏家店下层文化敖汉旗大甸子墓葬对斧、钺两种玉礼器随葬数量的统一，更加趋向标准化，而红山文化在随葬用玉数量上则相对缺少规律化的体现。

其三，夏家店下层文化的随葬用玉标准，除了在使用数量上有所体现之外，一些玉器的使用还有着鲜明的性别区别或限制，亦是一种更为规范的制度化反映。通过对大甸子墓葬随葬玉器所对应的墓主人性别的观察可以看出，有的玉器仅限用于男性，有的则只为女性随葬所使用；也有一些玉器可男女通用，不过在摆放位置方面

---

① 周宇杰：《夏家店下层文化玉器的初步研究》，《辽宁师范大学学报》（社会科学版）2017年第1期。

② 何宏波：《先秦玉礼研究》，博士学位论文，郑州大学，2001年，第36页。

却存在着明显的不同，具体来说就是同性之间基本一致，异性之间则差别迥然。另外，还有一些男女通用的玉器，摆放位置基本一致。

通过以上对红山文化到夏家店下层文化玉礼文化的比较可以看出：红山文化时期的玉礼器在红山人的祭祀、随葬、图腾崇拜、身份权力象征等活动中广泛使用，并享有其他礼器不可替代的地位与作用；虽然不乏一器多用的玉礼器，但诸多玉礼器在功用方面有所区别，体现出对玉礼器的细化与分类；随葬玉礼器的数量、类别与墓葬规格相对应，反映出玉礼器的使用规格与墓主人的地位、层次有所匹配，特别是高等级玉礼器对使用者的身份是有所限制的；勾云形器、玉璧、三联璧、箍形器等玉礼器随葬摆放位置的相对统一，则蕴含一种对玉礼器使用方式的具体要求，但在数量规范方面仍然有一定的随意性。换言之，这些对玉礼器类别、功能和使用方面的区分、限制与相对规范，使得红山文化的玉礼被附着上较为鲜明的制度化印记，说明此时的玉礼制度已基本确立。小河沿文化与夏家店下层文化时期，玉礼器地位虽然遭到冲击，但在玉礼器的使用数量、应用对象的身份与性别要求方面具有更为严格的规定，反映出玉礼制度在某些方面的进一步深化与完善。

结　论

通过对辽西地区史前时期玉礼器的辨识和玉礼制度层面的分析，能够看出辽西地区史前时期的先民在长期使用石器的生产生活过程中逐渐发现和赋予了玉石独特的价值，并积累了辨识玉石和玉石器加工的经验。一些玉器摆脱了生产和装饰的用途，而在人们的祭祀、随葬和图腾崇拜等活动中发挥特殊的作用，成为礼的象征，但此前的兴隆洼文化早期阶段发现的玉器尚属于石器的范畴。兴隆洼文化的查海遗址中期所发现的玉器，其功用作为装饰品的可能性更大，反映出史前玉器从普通生产、生活用品向礼器的过渡，至查海遗址晚期辽西先民已开始较为普遍地使用玉礼器。红山文化时期，辽西地区的玉礼文化达到了空前繁荣，并形成相对成熟的玉礼制度的雏形。这种用玉制度在小河沿文化和夏家店下层文化既有所变化，也有继承和发展。辽西地区史前玉礼文化所呈现的玉礼孕育与发生以及玉礼制度萌芽、确立与完善的历史进程，是考察辽西地区礼制文明演进和文明起源的重要物化坐标。

原文刊载于《辽宁师范大学学报》（社会科学版）2022年第3期

夏家店下层文化的筑城起源与
聚落形态初探

20世纪60年代，中国科学院考古研究所内蒙古发掘队通过对赤峰夏家店遗址的考古发掘，识别出性质面貌具有明显区别的两种考古学文化，并分别将其命名为"夏家店下层文化"和"夏家店上层文化"。从目前的考古学研究来看，关于夏家店下层文化分布范围的认识，大致存在两种观点：一种观点认为夏家店下层文化广泛分布于燕山南北地区，大致北起内蒙古西拉木伦河流域，西至冀西北的张家口、宣化一带，南界河北拒马河一线，东至医巫闾山，但在此分布范围内，该文化又表现出不同的地域差异，可分为"燕北"（西辽河水系）和"燕南"（海河北系区）两种区系类型[1]或药王庙、大坨头和壶流河三种区系类型等。[2] 另一种观点则将夏家店下层文化的分布范围确定为以西辽河流域为代表的燕北辽西地区，认为燕北的西辽河水系区类型与燕南地区的海河北水系类型等有着本质的区别，进而主张燕山以南同时期的考古学文化应作为一

---

[1] 李经汉：《试论夏家店下层文化的分期和类型》，中国考古学会编《中国考古学会第一次年会议论文集》，文物出版社1980年版，第163—170页；张忠培：《夏家店下层文化研究》，苏秉琦主编《考古学文化论集》（一），文物出版社1987年版，第58—78页。

[2] 李伯谦：《论夏家店下层文化》，北京大学考古系编《纪念北京大学考古学专业三十周年论文集》，文物出版社1990年版，第158—165页。

种与夏家店下层文化并存和独立的考古学文化，单独命名为"围坊二期文化""大坨头文化"或"张家园下层文化"等。①

据不完全统计，仅20世纪70、80年代，在辽西的赤峰和朝阳地区便发现了总数超过3000处的夏家店下层文化遗址，分布十分密集。② 而且，在目前所测定的20余个夏家店下层文化碳十四年代数据中，偏早的数据均出自西辽河类型，大体接近龙山晚期文化的年代，而海河、壶流河流域类型的遗址则普遍被二里冈上层文化或相当于晚商时期遗存所叠压，年代均晚于当地的龙山期遗存。③ 因此，尽管有关夏家店下层文化分布范围与分区的认识存在较大的分歧，但燕山北麓的辽西地区作为夏家店下层文化的原生区和中心区，以及夏家店下层文化自北向南的发展趋势是被学界所共识的。本文的研究对象即是辽西地区的夏家店下层文化。

一 夏家店下层文化的筑城年代

夏家店下层文化的年代最晚始于夏代早期，大约一直存续至商早期④，是迄今在辽西地区所发现的青铜时代考古学文化中最早的一支，与该地区的红山文化、小河沿文化，在文化特征方面具有某

---

① 参见徐昭峰《夏家店下层文化卜骨的初步研究》，《文物春秋》2010年第4期。
② 辽宁省博物馆：《1979年朝阳地区文物普查发掘的主要收获》，《辽宁文物》1980年第1期。
③ 参见席永杰、滕海键《夏家店下层文化研究述论》，《赤峰学院学报》（汉文哲学社会科学版）2011年第4期；朱永刚《东北青铜文化的发展阶段与文化区系》，《考古学报》1998年第2期。
④ 此为目前有关辽西地区的夏家店下层文化的年代主流看法，但具体观点大概有3种：1. 年代范围在距今4500—3500年之间。[参见刘观民《西拉木伦河流域不同系统的考古学文化分布区域的变迁》，苏秉琦主编《考古学文化论集》（一），文物出版社1987年版，第48—57页。] 2. 距今4000—3400年前后。[参见徐光冀、朱延平《辽西区古文化（新石器至青铜时代）综论》，宿白主编《苏秉琦与当代中国考古学》，科学出版社2001年版，第86—96页。] 3. 距今4300—3000年，前后历时约1300年。[参见田广林《关于夏家店下层文化燕北类型的年代及相关问题》，《内蒙古大学学报》（人文社会科学版）2003年第2期。]

些相似性和渊源关系，但彼此之间也存在明显的年代缺环。故而，红山文化和小河沿文化的聚落社会形态，并不能直接视为夏家店下层文化的初始形态，夏家店下层文化聚落形态发展路径的探讨，必须结合其自身的文化序列予以动态地观察。

20 世纪 80 年代以来，有关辽西地区夏家店下层文化的分期研究便受到了学界的普遍关注，大多数意见主张分为早、中、晚三期。其中，李恭笃、高美璇《夏家店下层文化分期探索》一文中，率先提出了辽西地区的夏家店下层文化分为三期的观点。[①] 其后，张忠培等在《夏家店下层文化研究》一文中，将"西辽河水系区"类型（即辽西地区的夏家店下层文化）按早晚关系划分为 4 段，1、2 段对应为夏代，3 段对应为早商早期，4 段对应为早商晚期，故在整体上也可视为早、中、晚三期。[②] 李伯谦的《论夏家店下层文化》一文则将其析分为 5 段，亦分属于早（1 段）、中（2、3 段）、晚（4、5 段）三期。[③] 此外，郭大顺、吴鹏、卢治萍等学者在各自的研究中，也将该支考古学文化分为了三期。[④] 后来，赵宾福在综合张忠培、李伯谦两位先生分期研究的基础之上，认为该文化整体上亦可分为早、晚两期。[⑤]

[①] 李恭笃、高美璇：《夏家店下层文化分期探索》，《辽宁省考古、博物馆学会大会会刊》1981 年，孙进己等主编《中国考古集成》（东北卷 青铜时代二），北京出版社 1997 年版，第 459—462 页。

[②] 张忠培等：《夏家店下层文化研究》，苏秉琦主编《考古学文化论集》，文物出版社 1987 年版，第 58—78 页。

[③] 李伯谦：《论夏家店下层文化》，北京大学考古系编《纪念北京大学考古学专业三十周年论文集》，文物出版社 1990 年版，第 158—165 页。

[④] 郭大顺：《丰下遗址陶器分期再认识》，文物出版社编辑部编《文物与考古论集》，文物出版社 1986 年版，第 78—92 页；吴鹏：《试论燕北地区夏家店下层文化的分期——兼谈燕南地区所谓"夏家店下层文化"性质及相关问题》，《华夏考古》1988 年第 4 期；卢治萍：《夏家店下层文化石城聚落研究》，北京联合大学文化遗产保护协会编《文化遗产与公众考古》（第三辑）2016 年版，第 66—86 页。

[⑤] 赵宾福：《中国东北地区夏至战国时期的考古学文化研究》，科学出版社 2009 年版，第 70—73 页。

总之，这些研究不仅为廓清辽西地区夏家店下层文化的历史发展阶段奠定了重要的基础，也为学界观察其聚落社会形态的演进提供了基本的参考坐标。

"城"是聚落发展的高级形态。夏家店下层文化中大量"城"和"城址群"的涌现，一般也被视为该文化步入国家阶段的最为主要和显著的物化标志。然而，必须注意到的是，在夏家店下层文化的整个历史发展阶段中，城的出现年代是比较晚的。

对于这一认识，其实早在李恭笃、高美璇两位先生对夏家店下层文化分期讨论时就已作出了判断，明确地将"城堡式遗址"列入该文化的晚期阶段。当时的依据主要是建立在对夏家店下层文化早、中、晚三期的房屋建筑方式和社会生产力水平的观察基础之上的，通过对三期房屋建造方式、技术以及生产工具的比较，认为该文化在其晚期阶段方才具备了与大型建筑相匹配的技术和能力。[①] 至今看来，这一见解也是极有见地的。

近年来，有研究曾对辽西地区的夏家店下层文化部分石城址和其他类型的遗址进行了专门的考古学年代比较。从其研究结果来看，所选的石城址只有康家屯石城址的年代疑似为夏家店下层文化中期（主要是由于该城址中发现的部分陶器表现出较早的特征，但所出单位与石城的关系还不清楚），其余所选石城址皆为晚期阶段。在此基础之上，研究者总结认为，夏家店下层文化的石城聚落应基本属于该文化的晚期阶段。[②] 这一结论，其实在很大程度上也进一步佐证了李氏、高氏两位先生的观点。

除了石城之外，赤峰市敖汉旗大甸子遗址则是夏家店下层文化

---

① 李恭笃、高美璇：《夏家店下层文化分期探索》，《辽宁省考古、博物馆学会大会会刊》1981年，孙进己等主编《中国考古集成》（东北卷 青铜时代二），北京出版社1997年版，第459—462页。

② 卢治萍：《夏家店下层文化石城聚落研究》，北京联合大学文化遗产保护协会编《文化遗产与公众考古》（第三辑）2016年版，第66—86页。

中极具代表性的土城址和墓地。据遗址发掘报告介绍，该遗址墓葬的年代跨度为公元前 1735—前 1463 年间，可分为一、二两期。[①] 从其年代跨度来看，总体上属于夏家店下层文化的晚期阶段，故该城址聚落的出现和建筑年代也应与其大体相当。

此外，其他有关夏家店下层文化房址的研究，对该文化的建筑技术发展情况等也有一定的补充和完善，概括而言：早期阶段的房址基本为地穴式或半地穴式，结构原始简陋，尚未应用以砌墙技术；中期阶段开始出现地面式房屋和采用土坯或石块的砌墙方法；晚期阶段，地面式的房屋址相比中期有所增加，建筑面积扩大，结构相对复杂，土坯和石块的砌墙方式也更为流行，部分房址还采用了土坯墙外包砌石墙的方式。[②] 可见，夏家店下层文化的地表砌墙式房屋，最早始于中期阶段，而流行于晚期阶段，其砌墙的方式和技术在此阶段也愈加趋于成熟。与房屋的建造相比，修筑城墙不仅工程量更为浩大，而且也更加需要建筑技术和经验方面的积累。因此，该考古学文化中"城"的修筑当是在其建筑技术相对成熟的阶段。

综上判断，夏家店下层文化的中期可能会出现个别的筑城，但大量城址群的形成必然在其晚期阶段。那么，该文化在"城"的普遍出现之前，其聚落社会形态大致经历了怎样的演进过程呢？

[①] 中国社会科学院考古研究所：《大甸子——夏家店下层文化遗址与墓地发掘报告》，科学出版社 1996 年版，第 208 页。

[②] 参见李伯谦《论夏家店下层文化》，北京大学考古系编《纪念北京大学考古学专业三十周年论文集》，文物出版社 1990 年版，第 158—165 页；李恭笃、高美璇《夏家店下层文化分期探索》，《辽宁省考古、博物馆学会大会会刊》1981 年，孙进己等主编《中国考古集成》（东北卷 青铜时代二），北京出版社 1997 年版，第 459—462 页；张冠超《夏家店下层文化房址研究》，硕士学位论文，辽宁大学，2013 年。

二 夏家店下层文化聚落形态的变迁

根据《中国文物地图集·内蒙古自治区分册》的统计，仅敖汉旗境内发现的单一的夏家店下层文化遗址就有1321个，而单一的红山文化遗址为154个。[①] 另据赤峰中美联合考古调查，在其调查范围内几乎每2平方公里内就有一处夏家店下层文化聚落遗址，并利用了现代科学手段和统计方法分别获得了夏家店下层文化和红山文化的人口指数，结果显示夏家店下层文化期为51.87，远远超过了红山文化时期的2.78。[②] 显而易见，夏家店下层文化聚落址的大幅度增加和密集分布，既是为了满足人口增长的需要，也是由人口增长所导致的。夏家店下层文化人口的增长，虽然有外来人口流入的原因，但根源还是在于土著群体的自然生长，这当是毋庸置疑的。因此，聚落作为人地关系的产物，夏家店下层文化整体聚落布局的形成，与其人口的发展一样，均需要经历一个较长的历史过程。

（一）夏家店下层文化的聚落类型与演进

夏家店下层文化的聚落，按其结构可划分为普通聚落、环壕聚落、城三种类型。普通聚落主要由数量不等的房屋构成，而未筑有环壕或城墙；环壕聚落是指那些外围挖掘有封闭性壕沟（或与天然的沟壑共同形成封闭性的包围）的聚落；所谓的"城"，主要是以聚落外围筑有城墙为标志。

[①] 转引自韩茂莉《史前时期西辽河流域聚落与环境研究》，《考古学报》2010年第1期。
[②] 赤峰中美联合考古项目：《内蒙古东部（赤峰）区域考古调查阶段性报告》，科学出版社2003年版，第33、180页。

有研究曾按年代分期对夏家店下层文化的聚落址进行了统计。[1] 参见其列表：经历过早期、中期阶段的遗址数量较少，且基本属于普通聚落；属于晚期阶段的聚落址，在总体数量上占有绝对的优势，主要为普通聚落和城址。这些情况说明，普通聚落始终为夏家店下层文化社会的基础组成部分，而其中所列的朝阳罗锅地遗址，则尤为能够反映出夏家店下层文化聚落形态的发展变化。

朝阳罗锅地遗址是一处存续时间较长的聚落址，先后经历了夏家店下层文化的早、中、晚三个的历史阶段。聚落址外围附有环壕，大体呈圆角方形，边长100米左右，除H1打破环壕外，其余所有的遗迹均分布在环壕之内。[2] 这就表明，该壕沟并不是定居伊始就挖掘的，而是在聚落基本定型以后进行的规划，否则类似H1的那种打破情况就不会如此单一。也就是说，该聚落经历了由普通聚落向环壕聚落的转变。而且，朝阳罗锅地环壕聚落并非孤例，大山前遗址第四地点[3]、孟克河上游王献沟遗址（壕沟宽、深约3米）[4]、库伦、奈曼两旗的部分夏家店下层文化遗址（宽约2米）[5]，以及半支箭河中游架子山的诸多地点[6]等，也均属于此类聚落址。这也就表明在夏家店下层文化聚落发展的过程中，曾出现过环壕聚

---

[1] 参见王太一《夏家店下层文化的聚落形态研究》，硕士学位论文，陕西师范大学，2011年；该文主要按照夏家店下层文化"二期"说进行年代统计，如果按照"三期"说，其中列为早期的遗址，有的也属于先后经历了早、中期的遗址，有的属于中期遗址；另外，城子山遗址是否可列为早期，原发掘报告中并未予以分期，当存疑，但总体上具有重要的参考价值。

[2] 华玉冰、张振军、杜守昌：《朝阳罗锅地夏家店下层文化遗址的分期及相关问题》，吉林大学边疆考古研究中心《边疆考古研究》（第1辑），科学出版社2002年版，第123—138页。

[3] 中国社会科学院考古研究所等：《内蒙古喀喇沁旗大山前遗址1998年的发掘》，《考古》2004年第3期。

[4] 内蒙古自治区昭乌达盟文物工作站：《内蒙古敖汉旗孟克河上游的遗址调查》，《考古》1963年第10期。

[5] 李殿福：《吉林省库伦、奈曼两旗夏家店下层文化遗址分布与内涵》，文物编辑委员会《文物资料丛刊》（7），文物出版社1983年版。

[6] 国家文物局组赤峰考古队：《半支箭河中游先秦时期遗址》，科学出版社2002年版，第20—72页。

落的发展阶段。

从夏家店下层文化聚落环壕的宽、深度来看，其防御性相较于兴隆洼文化、红山文化的环壕有所提高，但与本文化的城壕相比仍有较大的差距。在夏家店下层文化的部分城址中都发现了城墙与环壕（城壕）同构现象，其城壕内壁基本与城墙的外壁相接而形成统一的坡面，宽、深度更是动辄在数米以上。例如，建平水泉城址的城壕，底宽约9米，深约3米[①]；北票康家屯城址的城壕，口宽7.5—9米，深约3米[②]；赤峰二道井子城址的城壕，口宽近12米，深约6米。[③] 由此可见，夏家店下层文化的聚落环壕当具备了一定防御作用，并在很大程度上保留了"界壕"的功能，其地位要高于周边的普通聚落。同时，诸多城址对环壕的继承和保留，则说明环壕聚落也是介于普通聚落与"城"之间的一种过渡形态。

（二）夏家店下层文化聚落分布的时空特点

辽西地区的夏家店下层文化聚落址，不仅总体呈现出流域分布的特点，而且在地理位置选择方面也表现出较为鲜明的时空变化。

从地理分布的角度来看，大多数聚落址位于西部老哈河流域（包括锡伯河、半支箭河、阴河、英金河、孟克河等）与东部大、小凌河流域的坡岗地带，次为两大流域的河岸台地。[④] 这两种地带的聚落类型均包括普通聚落、环壕聚落和城址三种，面积一般在数

[①] 辽宁省博物馆、朝阳市博物馆：《建平水泉遗址发掘简报》，《辽海文物学刊》1986年第3期。

[②] 辽宁省文物考古研究所：《辽宁北票市康家屯城址发掘简报》，《考古》2001年第8期。

[③] 内蒙古文物考古研究所：《内蒙古赤峰市二道井子遗址的发掘》，《考古》2010年第8期。

[④] 赤峰中美联合考古研究项目编著：《内蒙古东部（赤峰）区域考古调查阶段性报告》，科学出版社2003年版，第33页；张星德、辛岩：《大、小凌河流域夏家店下层文化聚落的初步认识》，山东大学文化遗产研究院《东方考古》（第11集），科学出版社2014年版，第93—102页。

千平方米到数万平方米之间，基本属于定居性聚落。

老哈河流域附近的高山丘陵上，往往也分布有一些夏家店下层文化遗址，但是遗址规模通常较小，面积集中在500—1500平方米，个别者的面积也可达1万平方米以上。前者多见有石块垒砌的单层或双层圆圈形建筑，也有少数方形的建筑，而较大的遗址一般则有石砌的围墙或人工的壕沟。其中的小型遗址基本属于祭祀遗址；较大型的遗址虽然具备了"城"的外在形态，但同样突出了祭祀为主的功用。① 因此，从本质上讲，这些山顶型祭祀遗存并不属于定居性聚落，但某种程度却是一定规模聚落集团形成的重要标志。②

此外，夏家店下层文化的聚落址还明显地呈现出集群分布的特点，并存在不同层次的等级差异。以半支箭河中游地区的夏家店下层文化遗存为例，150多处遗址（应包括了祭祀遗址和聚落）大约形成了16个集群和小范围区域中心，在其基础之上，中部的低海拔地区又结成一个更高层次的地域中心，其外围还存有一定的边缘区，彼此之间的遗址规模、数量等方面都有明显的差别，体现出社会组织间的等级结构与分化。③ 按其等级由低到高则可概括为：边缘聚落—集群聚落—集群中心聚落—地区性中心聚落。

从时空变迁的角度来看，辽西地区夏家店下层文化的聚落分

---

① 参见王立新《试析夏家店下层文化遗址的类型与布局特点》，《文物春秋》2000年第3期；赤峰中美联合考古研究项目编著：《内蒙古东部（赤峰）区域考古调查阶段性报告》，科学出版社2003年版，第33页；朴炫真《内蒙古地区夏家店下层文化城址初步研究》，硕士学位论文，内蒙古大学，2014年。

② 王立新：《试析夏家店下层文化遗址的类型与布局特点》，《文物春秋》2000年第3期；赤峰中美联合考古研究项目编著：《内蒙古东部（赤峰）区域考古调查阶段性报告》，科学出版社2003年版，第33页。

③ 滕铭予：《半支箭河中游先秦时期遗址分布的空间考察》，《吉林大学社会科学学报》2009年第4期。

布，主要以林缘地带（坡岗地带）为轴线向山顶与河岸台地扩展。① 由此判断：坡岗地带聚落的形成时间一般较早，延续的时间较长；河岸台地聚落的形成和存续时间相对较晚和较短；山顶型的小型祭祀遗址应是坡岗型聚落基本稳定之后形成的。同时，小范围的区域中心应出现在低海拔地区的地区性中心形成以前，与其相对应，聚落的内部祭祀活动开始向聚落集群共同祭祀发展，进而出现了小型的"山顶型"祭祀遗址；大约伴随"城"的出现，大规模的地区性中心和地区性祭祀中心方开始出现。②

（三）夏家店下层文化聚落内部组织结构的发展

赤峰四分地东山咀遗址③共清理发掘了 9 座房址，基本属于夏家店下层文化早期阶段的房址。多数房址中发现了独立灶，以及在附近发现了窖穴，面积一般在 5 平方米左右。这种带有独立灶和窖穴的小型房址，是个体家庭出现的重要标志，说明家庭已成为当时社会的基本单位，并出现了私有制的萌芽。其中，9 座房址与 18 座灰坑在遗址呈南、北、中、西四个片区分布，各片区间隔一定距离，但没有界限标志性建筑，意味着聚落内部至少包含了两个家族。④ 另外，位于遗址北区的 F6 为近似长方形前后双室结构，面积约 10 平方米，南侧还挖有一段长 6 米、宽 0.3 米的防水沟，在面积和结构方面均超过了其他 8 座房址。

双室结构的房址也见于北票丰下遗址（F12，为大小两间并列

---

① 韩茂莉：《史前时期西辽河流域聚落与环境研究》，《考古学报》2010 年第 1 期；滕海键：《西辽河流域史前聚落空间分布及历时性变化探析》，《北方文物》2014 年第 3 期。
② 因为这些地区性中心聚落皆为城，地区性祭祀中心也筑有城墙。
③ 辽宁省博物馆等：《内蒙古赤峰县四分地东山咀遗址试掘简报》，《考古》1983 年第 5 期。
④ 王立新：《试析夏家店下层文化遗址的类型与布局特点》，《文物春秋》2000 年第 3 期。

结构）。① 该遗址共揭露了 18 座房址，有 14 座位于遗址南区，F12 即位于南区的中部，其大间的居住面铺有一层洁白而光滑的白灰面（另一处铺有白灰面的房址为 F4，也是一座规模相对较大的房址，但位于北区东北角），室内中心有直径 50 厘米的一圆形烧土面，并出土了 1 件彩绘黑陶盆和部分相对精致的磨制石刀、石锛等；小间门口散乱堆放着猪、羊骨头。无论是房址位置、规模结构，还是地面与出土物的精致程度等，都显示出 F12 在聚落中所具有的核心地位，尤其是彩绘陶器和大量的家畜骨骼更加突出了该房址的祭祀功用。丰下遗址所发掘的 18 座房址要晚于四分地东山咀遗址的房址②，但两者的双室房址在整体结构上明显存在着文化传承关系，只不过丰下 F12 由东山咀 F6 的前后双室演变为并列结构，故 F6 在本聚落中也应具有着不同寻常的地位与作用。

此外，兴城马圈子遗址也是近年来发现的夏家店下层文化的普通聚落址，发掘的房址中有 5 座为该聚落中晚期阶段的房址，7 座为该聚落早期阶段房子。遗址中的灰沟及宽阔的空白地带，同样也起到了一定的分区意义，而且其晚期的房址均建造在各自区域内的早期房址附近，说明聚落内部的分区主要是由不同的血缘家庭组成的，并保持着较为稳定的血缘传承。③而在夏家店下层文化的城址中，这种家庭、家族之间的分区界限更为明显，出现了带有围墙的

---

① 辽宁省文物干部培训班：《辽宁北票县丰下遗址 1972 年春发掘简报》，《考古》1976 年第 3 期。

② 据遗址发掘简报介绍，丰下房址的结构一般为外围石墙，内墙多为土坯砌墙；个别为夯筑土墙（如 F5）或泥土墙，也有石砌的（如 F6）。其建筑技术要晚于四分地东山咀房址的半地穴式结构。其中的 F12 房址，有的认为属于夏家店下层文化中期阶段房址；（如李伯谦：《论夏家店下层文化》，北京大学考古系编《纪念北京大学考古学专业三十周年论文集》，文物出版社 1990 年版，第 159 页。）有的认为属于晚期阶段房址。（如李恭笃、高美璇：《夏家店下层文化若干问题研究》，《辽宁大学学报》1984 年第 5 期。）

③ 参见张星德、辛岩《大、小凌河流域夏家店下层文化聚落的初步认识》，山东大学文化遗产研究院编《东方考古》（第 11 集）2014 年版，第 93—102 页。

房址或院落，如北票市康家屯城址①、赤峰市三座店城址②、二道井子城址③等。

夏家店下层文化时期这种房址小型化和聚落分区的日趋明朗化，说明个体家庭始终成为夏家店下层文化社会最基本的组织单位，私有制意识逐渐加强，聚落内部中的特权者地位表现得也愈加突出。

综上所述，夏家店下层文化中大范围的筑城现象主要出现于晚期阶段，其聚落形态大体经过了由"普通聚落—环壕聚落—城"的演进过程。在夏家店下层文化的早期阶段，聚落内部虽然出现了个体小家庭和生活资料私有化现象，聚落内部也可能存在特权者，但聚落数量较少，规模也普遍较小，彼此之间既未形成集群分布，也未表现出等级差异，应处于大体平等的社会。

以聚落的集群分布和山顶型祭祀场所的出现为标志，则形成了一定区域范围内的中心聚落和具有地缘关系的聚落集团，但以家庭、家族为单位的血缘关系仍然是维系聚落内部的纽带。同时，各聚落内部的特权者构成了聚落集团的权贵阶层，不过地位当要低于中心聚落的特权阶层。因此，整体社会结构当形成了一定的社会分层。

---

① 辽宁省文物考古研究所：《辽宁北票市康家屯城址发掘简报》，《考古》2001 年第 8 期。
② 内蒙古文物考古研究所：《内蒙古赤峰市三座店夏家店下层文化石城遗址》，《考古》2007 年第 7 期。
③ 内蒙古文物考古研究所：《内蒙古赤峰市二道井子遗址的发掘》，《考古》2010 年第 8 期。

辽东半岛地区 5—7 世纪的山城建筑及其分布特点研究

辽东半岛地区是中国东北大陆最南端伸入黄海与渤海之间的岬角地域。一般来说，划分辽东半岛北端的切线，是以辽河河口与鸭绿江江口平行的直线为标准。其行政区划包括辽宁省的大连市、营口市、丹东市和鞍山市所辖的海城市与岫岩满族自治县。根据调查统计，目前在辽东半岛地区尚遗存有公元 5—7 世纪所修筑的山城址约达 57 处之多。这些山城虽然大多因历史更迭、战争破坏、自然侵蚀等而失去了往昔的风采，但对于今天了解和研究当时的辽东半岛地区历史文化仍然有着十分重要的学术价值。

一 辽东半岛地区山城研究回顾

（一） 20 世纪 20—80 年代的辽东半岛地区山城研究

早在 20 世纪 20 年代，日本学者岛田好通过对海城"英城子山城"的实地考察，率先提出了英城子山城应为"安市城"的观点，开辽东半岛地区山城研究之先河。继其之后，金毓黻先生在《东北通史》卷 4 中专列"安市城考"，观点同样主张"英城子说"[①]。这

---

① 金毓黻：《东北通史》，五十年代出版社 1981 年翻印版，第 218—222 页。

一观点影响十分深远,在相当长的一段时间里几乎成为定论,但至21世纪初期,有学者相继提出了不同的见解,进而促使学界对安市城地望的重新审视。① 继金氏的《东北通史》之后到20世纪70年代末,由于特殊历史环境的影响,有关辽东半岛地区山城的研究基本处于停滞状态。

20世纪80年代,随着东北古代民族历史研究与考古工作的全面展开,东北地区的古城开始受到学界的关注与重视。辽东半岛地区的山城也随之重新进入学界研究的视野。其中,辽东半岛地区的山城以丹东凤凰山山城最受关注。1986年的《丹东史志》便先后刊发了《凤凰古城》与《乌骨城考》两文。② 尤其是《乌骨城考》一文对凤凰山山城的形制、主体结构、历史作用等予以比较详尽地介绍和研究。此外,《中国历史地图集释文汇编》(东北卷)③ 中有关"建安城""乌骨城""积利城""卑沙城""石城""泊汋城""大行城"等地望的考证,亦在很大程度上推动了辽东半岛地区山城相关历史地理问题的探讨。但总体而言,该时期有关东北地区古城的研究主要以东北古代民族政权都城以及吉林和辽宁中东部地区的古城为对象,辽东半岛地区的山城大多只是在有关辽宁地区古城分布概况与特点研究的文章中作为支撑案例。④

20世纪20—80年代,虽然有关辽东半岛地区山城的研究的成果数量十分有限,但以英城子山城调研和安市城的考证为发端,开

---

① 王咏梅、阎海等:《关于安市城址的考察与研究》,《北方文物》2000年第2期;张士尊、苏卫国:《高句丽"安市城"地点再探》,《鞍山师范学院学报》2013年第6期。
② 崔玉宽:《凤凰古城》,《丹东史志》1986年第1期;崔玉宽:《乌骨城考》,《丹东史志》1986年第4期。
③ 谭其骧:《中国历史地图集释文汇编》(东北卷),中央民族学院出版社1988年版,第68—74页。
④ 参见陈大为《辽宁高句丽山城初探》,中国考古学会编《中国考古学会第五次年会论文集》,文物出版社1985年版,第115—117页。该文中便多次列举了辽东半岛地区的赤山山城、娘娘城山城、岚崮山城、凤凰山山城和城山山城等,但并没有对城址情况予以详细介绍或专门研究。

启了辽东半岛地区山城及其相关历史地理研究的序幕。

（二）20 世纪 90 年代的辽东半岛地区山城研究

20 世纪 90 年代，有关辽东半岛地区山城的研究成果明显增多。按研究内容，大体可分为资料汇编、调查报告和历史地理研究三类。其中，资料汇编类成果当以《高句丽渤海古城址研究汇编》[1]和《北方史地研究》[2]为代表。两部著作均辑录了大量的东北地区山城，所收录的辽东半岛地区的山城数量也颇为可观，具体内容以山城城址的地理位置、形制、结构等基本概况的整理和介绍为主。在山城编辑的体例上，两部著作均采用了分条记述的形式，前者对于每座山城基本信息的介绍较为翔实，后者则囿于辑要的体例相对简略，但两者不乏互为补充之处。从辑录的山城数量来看，两部著作基本收录了 80% 以上的辽东半岛地区山城，迄今仍然是东北地区山城研究不可或缺的参考资料。除了上述两部扛鼎之作之外，在个别东北历史研究的工具书中也著录有部分辽东半岛地区山城的词条。[3]

调查报告类成果同样侧重对山城城址基本概况的介绍，内容上虽然与资料汇编类成果有所重叠，但得益于是专文介绍，所以在山城形制、结构和相关数据的记录方面更为详细具体。主要成果有《凤凰山山城调查简报》[4]《卑沙城》[5]《丹东地区高句丽山城及其墓

---

[1] 王禹浪、王宏北：《高句丽渤海古城址研究汇编》，哈尔滨出版社 1994 年版。
[2] 冯永谦：《北方史地研究》，中州古籍出版社 1994 年版。
[3] 参见李治亭主编《关东文化大辞典》，辽宁教育出版社 1993 年版。
[4] 崔玉宽：《凤凰山山城调查简报》，《辽海文物学刊》1994 年第 2 期。
[5] 孙德连：《卑沙城》，《金州博物馆馆刊》1990 年第 1 期。

葬考察纪要》[①]《丹东虎山高句丽遗址》[②]《岫岩境内五座高句丽山城调查简报》[③]《丹东市区的高句丽山城》[④]《海城英城子高句丽山城调查记》[⑤] 等。

在此期间，有关辽东半岛地区山城历史地理方面的研究主要集中于对"泊汋城""大行城"和"银城"的考证。其中，"泊汋城"的地望被考证为今丹东地区的虎山山城[⑥]，"大行城"和"银城"的地望被分别考证为今丹东娘娘庙山城和鞍山岫岩县松树沟山城。[⑦]

除了上述三类主要研究成果之外，在一些有关辽宁地区山城研究的综合性研究论文中也偶有对部分辽东半岛地区山城的介绍，如《辽宁的高句丽山城及其意义》[⑧]《辽宁高句丽山城再探》[⑨] 等。虽然涉及的相关内容篇幅有限，但在一定程度上增补了一些资料汇编类成果所遗漏的山城。例如《辽宁高句丽山城再探》一文中有关"二道岭山城""洋河镇老城山山城"和"刘家堡山城"三座山城的介绍，便是在此方面的重要补充。

20世纪90年代，学界在辽东半岛地区山城的资料整理和历史

[①] 崔双来：《丹东地区高句丽山城及其墓葬考察纪要》，孙进己、孙海主编《高句丽渤海研究集成》（第3卷），哈尔滨出版社1994年版，第123—128页。

[②] 冯永谦：《丹东虎山高句丽遗址》，中国考古学会编《中国考古学年鉴》，文物出版社1992年版；转引自孙进己、孙海主编《高句丽渤海研究集成》（第3卷），哈尔滨出版社1994年版，第129页。

[③] 杨永芳、杨光：《岫岩境内五座高句丽山城调查简报》，《辽海文物学刊》1994年第2期。

[④] 王连春：《丹东市区的高句丽山城》，孙进己、孙海主编《高句丽渤海研究集成》（第3卷），哈尔滨出版社1994年版，第120—122页。

[⑤] 富品莹、吴洪宽：《海城英城子高句丽山城调查记》，《辽海文物学刊》1994年第2期。

[⑥] 任鸿魁：《泊汋城方位考述》，《辽海文物学刊》1994年第2期；冯永谦：《北方史地研究》，中州古籍出版社1994年版，第174—190页。

[⑦] 孙进己、冯永谦等：《东北历史地理》（第二卷），黑龙江人民出版社1989年版。

[⑧] 孙力：《辽宁的高句丽山城及其意义》，孙进己、孙海主编《高句丽渤海研究集成》（第3卷），哈尔滨出版社1994年版，第239—243页。

[⑨] 陈大为：《辽宁高句丽山城再探》，《北方文物》1995年第3期。

地理考据方面取得了十分显著的成绩，但同时也存在一些不足。其一，研究成果虽有实地调查报告，但数量较少，特别是缺少考古发掘报告；其二，山城基本概况的个别信息存在偏差，资料之间存在抵牾现象；其三，研究视角多侧重于山城个案的研究，因此缺少对辽东半岛地区山城的整体宏观研究，尚不能体现出其区域性的特点。

（三）21世纪初的辽东半岛地区山城研究

相比于前一个时期，21世纪以来有关辽东半岛地区山城的研究成果虽然在数量上并没有明显的增多，但在研究方法和研究视域上表现出系统性综合研究的趋向。

2001年和2002年，由辽宁省地方志编纂委员会办公室主编的《辽宁省志·文物志》[①]和王绵厚先生编著的《高句丽古城研究》[②]先后出版。在两部著作中均辑录有部分辽东半岛地区的山城。虽然辑录的山城对象并没有超过《高句丽渤海古城址研究汇编》的范畴，体例上也基本沿袭了分条记述的形式，但对诸多山城址的概况信息有所修订和完善。特别是《高句丽古城研究》一书中有关城邑制度等方面的研究，为辽东半岛地区山城的综合研究提供了许多重要的理论依据。此外，魏存成先生在2011年所发表的《中国境内发现的高句丽山城》一文[③]，从山城分布、规模、类型、结构设施等方面对中国境内发现的高句丽山城进行了较为全面、系统的研究，对于辽东半岛地区山城的研究同样具有重要的借鉴和参考价值。

该时期有关辽东半岛山城的专题研究成果主要可以分为调查报

[①] 辽宁省地方志编纂委员会办公室主编：《辽宁省志·文物志》，辽宁人民出版社2001年版。
[②] 王绵厚编著：《高句丽古城研究》，文物出版社2002年版。
[③] 魏存成：《中国境内发现的高句丽山城》，《社会科学战线》2011年第1期。

告、区域综合研究两大类。其中，调查报告类成果主要有《大连城山山城 2005 年调查报告》[1]《高句丽巍霸山城初探》[2]《大石桥市海龙川山城考察报告》[3] 《营口市青石岭镇高句丽山城考察报告》[4]《营口地区盖州市万福镇贵子沟村赤山山城考察报告》[5] 等。相较于前阶段的同类成果，该时期的辽东半岛地区山城调查报告除了对山城的周长、走向、结构等基本概况信息有所补充和修订之外，而且注重对考察行程的记录和对相关历史文献的梳理，并在此基础之上进行历史地理方面的考证抑或是山城功能作用等方面的探究。

  区域综合研究类成果主要有《辽东半岛高句丽山城概述》[6]《大连地区的高句丽山城》[7]《营口地区的高句丽山城》[8]《丹东地区的高句丽山城》[9] 和《鞍山地区山城研究》[10] 等，是为辽东半岛地区山城的系列研究。上述成果通过对辽东半岛四个行政区划内的山城数量、地理分布和城址概况等方面的统计与研究，为辽东半岛地区山城的综合性研究奠定了基础。不过，由于绝大多数山城址缺乏考古发掘、人为和自然破坏损毁严重，以及受制于考察气候季节等因素的影响，其研究在城址概况记述等方面仍然存在不尽如人意的地方。对此，亦有待于今后的不断修订与完善。

---

[1] 张翠敏、王宇：《大连城山山城 2005 年调查报告》，《东北史地》2006 年第 4 期。
[2] 王文轶、王秀芳：《高句丽巍霸山城初探》，《哈尔滨学院学报》2008 年第 1 期。
[3] 王禹浪、刘冠缨：《大石桥市海龙川山城考察报告》，《黑龙江民族丛刊》2009 年第 3 期。
[4] 王禹浪、王海波：《营口市青石岭镇高句丽山城考察报告》，《黑龙江民族丛刊》2009 年第 5 期。
[5] 王禹浪、王文轶：《营口地区盖州市万福镇贵子沟村赤山山城考察报告》，《黑龙江民族丛刊》2010 年第 4 期。
[6] 王禹浪、王文轶、王宏北：《辽东半岛高句丽山城概述》，《黑龙江民族丛刊》2010 年第 2 期。
[7] 王禹浪、王文轶：《大连地区的高句丽山城》，《哈尔滨学院学报》2011 年第 6 期。
[8] 王禹浪、王文轶：《营口地区的高句丽山城》，《哈尔滨学院学报》2011 年第 9 期。
[9] 王禹浪、王文轶：《丹东地区的高句丽山城》，《哈尔滨学院学报》2012 年第 3 期。
[10] 王禹浪、王文轶：《鞍山地区山城研究》，《黑龙江民族丛刊》2012 年第 2 期。

除了上述两类专题研究成果之外,该时期也有个别成果以辽东半岛地区的山城为切入点,对唐朝与东北古代地方政权的战争细节加以考证,如《贞观十九年唐军攻打高句丽建安城的进军路线考》[1] 一文。该文综合文献记载、实地考察和地形地貌等因素,考证了贞观十九年(645)唐军攻打建安城的路线,并推断位于今营口盖州市青石岭镇的高丽城村山城为建安城故址。

总体来看,随着辽东半岛地区山城研究的不断深入,其研究内容日趋丰富,研究角度也趋向多元化。然而,由于山城遗址长期缺乏专业的考古发掘,也在很大程度上制约了山城全貌的完整呈现,并致使相关的历史地理考证缺乏考古学的二重佐证。因此,辽东半岛地区山城研究工作的今后重点应当是适时开展城址考古发掘,并在此基础上对山城的遗址予以更为有效的保护。

二 辽东半岛地区山城的类型与建筑特点

(一) 辽东半岛地区山城的建筑类型

辽东半岛地区的山城因依山而建,故其形制受山势、地形影响很大,按其形制特点主要可以分为"簸箕形"山城、筑断式山城和山顶式山城三种类型。

1. "簸箕形"山城

簸箕形,又称为抱谷式、仰盆式、栲栳峰式。此类山城所依托的山体平面类似簸箕。三面为山脊,形成开阔的山谷和坡地,一面为谷口。山城的城墙多修在环形山脊之上,而兵营、住址、蓄水池等主要配套设施则基本修建于山谷内的平地或坡地,谷口处则修建主城门。辽东半岛的簸箕形山城数量较多,其周长一般在 2000 米

---

[1] 崔艳茹:《贞观十九年唐军攻打高句丽建安城的进军路线考》,《东北史地》2012 年第 1 期。

以上，属于中型或大型山城。如巍霸山城、墨盘乡高丽城山城、得利寺龙潭山山城、赤山山城、鹤羊寺山山城、海龙川山城，英城子山城、娘娘城山城、清凉山山城等都属于"簸箕形"山城。

2. 筑断式山城

筑断式山城一般依托 2—3 个相对独立的山体，山体之间临近但不相连。山体呈环抱之势，形成开阔的谷地，其相邻的两座山体形成谷口。在谷口处修建城门，使山体通过城门相连，筑断为城。该类山城的城墙修建于山脊之上，而山体环抱形成的谷地则为山城的主城区。此类山城因地理条件的特殊性，所以数量较少。但由于其依托的山体数量较多，形成的谷地较簸箕形则更为开阔，故而山城规模较大，周长通常在 3000 米以上，属于大型山城。辽东半岛地区的筑断式山城主要有凤凰山山城、青石岭山城和城山山城后城 3 座。

3. 山顶式山城

山顶式山城主要修建于山体的顶部，其顶部一般地势较为平坦，四周多为悬崖陡壁，或一面稍微低缓。低缓之处修筑城墙和城门，其他地方多以悬崖为壁，有的根据地势需要而筑有城墙。此类山城所依托的主要为山体顶部，其空间相对有限，因此一般为中、小型山城，如烟筒山山城、田屯村东高力城山山城、田屯村西高丽城山山城、太阳乡高丽城山山城、古城村山城和城顶山山城等，其周长均在 2000 米以下。但亦有个别例外者，如卑沙城和城山山城前城所依托的山体顶部相对平坦开阔，其周长则均在 3000 米以上，属于大型山城。

从辽东半岛地区山城的类型来看，其修建选址具有鲜明的因地制宜特点，尤其是充分借助山体的自然优势作为防御屏障。

（二）辽东半岛地区山城的建筑特点

因地理环境、城址规模、山体结构等因素的影响，辽东半岛地区的山城个体之间在建筑技术、结构和配套设施等方面往往存在一定的异同。但由于大多数山城址缺少考古发掘，所以尚无法对其建筑结构等进行全面细致地研究和比较。在此，只能重点遴选城墙、城门、蓄水池、烽火台、马面等几种比较常见和具有代表性的山城设施予以介绍，希望以此勾勒出辽东半岛地区山城在建筑方面的一些特点。

1. 城墙

辽东半岛地区山城的城墙主要分为石筑城墙和夯土城墙两种，并以石筑城墙为主，只有英城子山城的城墙均为夯土城墙。此外，在个别山城的城门附近亦保存有夯土城墙的遗迹，如海龙川山城西城门和青石岭山城的西南门、东门附近便有明显的土墙，其断层的夯土层十分明显，但残存的夯土城墙不高，其作用可能是谷口处的筑段城墙的墙基，其上面原来可能修筑有石砌城墙或在外侧包筑石砌城墙。由于考察时在夯土城墙附近没有发现石块散落、倒塌的痕迹，因此目前这只能是一种推测。

辽东半岛地区山城的石筑城墙多数修建于山脊的外缘。此类城墙有的修建于隆起的山脊之上，其残存城墙遗迹高度一般在 1.5 米以下，由此推测其原筑城墙并不高大，主要利用山梁的自然高度和陡峭的山势作为天然屏障；有的修建于山脊的坳口处，属于筑段式城墙，其残存高度不一，但根据山梁和城墙的整体走势判断，原筑城墙高度应当齐平于紧邻的山脊城墙，墙体应该比较高大。此外，石筑城墙还多修建于城门两翼。因为山城城门多修建于谷口，为了加强防御，所以其城墙往往比较高大。位于大连市普兰店星台镇的巍霸山城，其主城门处城墙保存较好，城墙高达 9 米左右，是辽东半岛地区山城中保存最为完好和最为高大的城门城墙。

就辽东半岛地区山城城墙的用料而言，其夯土城墙一般多为黄黏土混杂少量沙石混筑，其可塑性强，硬度较高，耐雨水冲刷。石筑城墙的石料材质不一。在对辽东半岛地区一些山城的实地考察过程中，往往会在山城选址的某些山坡见到开采山石所遗留的痕迹，如巍霸山城、白云山山城、青石岭山城、赤山山城等，说明部分山城的城墙石来源于就地取材，其石料材质取决于山体的岩体结构。还有很多山城并没有发现就地取材的痕迹，但是其周边的石材资源十分丰富，很多地区至今仍然是重要的采石场。此类山城的城墙石便很可能是来源于周边地区。如普兰店墨盘乡高丽城山城、瓦房店岚崮山山城、盖州烟筒山山城等。

从城墙的建筑方式来看，辽东半岛地区山城的石筑城墙绝大多数为干打垒式砌筑，特别是一些中、大型山城的城墙表面砌筑十分规整。此类城墙一般采用打造比较规整的四棱锥形石头由内向外干打垒式砌筑多层。采用此种方法砌筑的城墙不仅减少了使用黏土加固的工序，而且中间碎石填充所存留的缝隙十分有利于雨水的渗透和排泄，能够极大程度上减轻雨水对墙体的破坏。另外，在一些城墙墙基处会有个别较大的条形石或近似长方形石作为基石使用，此种情况较少，主要起加固墙基的作用。与中、大型山城的城墙相比，小型山城城墙则相对粗糙。其城墙往往采用不规则的石块干打垒砌筑，城墙略显矮小，城墙表面也不是十分平整。

除了上述两种人工修筑的城墙之外，辽东半岛地区的很多山城在悬崖峭壁之处没有修筑城墙，而是充分利用山体的自然优势作为天然的屏障，这也是该地区山城建筑的主要特色之一。

2. 城门

辽东半岛地区的山城由于年代久远，自然和人为因素的破坏严重，致使其很多遗迹已经面目全非。辽东半岛地区的山城城门遗址保存最为完好的主要是盖州市烟筒山山城和金州区大黑山山城。从两座山城的城门址来看，辽东半岛地区的山城城门修建得并不高大，往往只能容1—2人同时通过，其进深与城墙同宽，高度在2

米左右，城门上方铺盖较大的条形石，条形石上方仍然砌筑城墙。根据城门的大小推测，当时入山城的物资可能主要依赖于人力和畜力而非依靠车辆运输，这一点与山路崎岖不便应当有着直接的关系。同时，山城城门修筑较小应当也更利于防守。

辽东半岛地区的山城修筑有瓮门并且结构保存相对完整的只有丹东凤城市的凤凰山山城。此外，也有一种较为特殊的情况，即在个别山城的城门两翼有向外延伸的山脊，而这些外延的山脊上面也修筑有城墙。这种浑然一体的山脊环抱结构，在防御时同样能够起到类似瓮城的作用，巍霸山城就十分典型。

3. 蓄水池与水门

山城是"坚壁清野"战术的重要产物。在战事发生时，为了保障退守山城军民的生存需要，不仅需要大量的粮食储备，同样需要有丰富的水资源储备。在辽东半岛地区的很多山城中便发现有山泉水源，而一些中、大型山城为了便于聚集山泉还会修建规模较大的蓄水池。其中，蓄水池遗迹保存最为完好的是瓦房店市境内的龙潭山山城和庄河市境内的城山前城，其蓄水池四壁均采用石块垒砌，呈长方形。前者长48米、宽20米、深约5米；后者长60米、宽5米、深6米。这种保存完好的大规模蓄水池遗迹，在目前所发现的辽东半岛地区山城中是比较罕见的。除了配套的蓄水设施，很多山城也修建有专门用于排泄城内积水的排水口，主要修建在山泉水流出方向的谷口处城墙上，学界称为"水门"。因谷口处一般也是山城的城门，所以水门往往位于城门两翼城墙的某一侧。

4. 烽火台

烽火台是辽东半岛地区山城中比较常见的军事设施之一。巍霸山城、墨盘乡高丽城山城、白云山山城、城山山城前城、烟筒山山城、鹤羊寺山山城等山城均保存有烽火台遗址。这些烽火台遗址基本为方形，边长一般在1.5—2米，残高在1—1.5米。通常为楔形石或条形石垒砌，个别的中间为夯土，外侧为石块垒砌，如墨盘乡高丽城山城的烽火台，此类比较罕见。烽火台的选址一般位于山城山脊的制高点，便于烽火传递，而且视野开阔，因此也可能兼具瞭望台的作用。烽火台的主要功用一般为向周边城池传递预警和求援信息，而辽东半岛地区山城的烽火台，应当还兼具向周边平原军民提前预警的功能，从而使其能够及时转移到山城进行躲避和防御。

5. 马面

"马面"，实为凸出于城墙外的墩台，因外观狭长如马面而得名。平原城的"马面"一般会间距几十米便修建一处，通过"马面"与城墙的互为作用，消除城下死角，并自上而下从三面加强对敌人的攻击，进而增强城池的防御能力。因此，"马面"是古代平原城经常采用的一种用于加强防御的城墙附属设施。但是，"马面"遗址在辽东半岛地区的山城中并不十分常见，只有巍霸山城、城山前城、城山后城、赤山山城和娘娘城山城 5 座山城修建有"马面"。其形制一般平面呈长方形或半圆形，残宽 4—8 米，残长 6—9 米，残高 3—8 米。

辽东半岛地区的山城一般凭借陡峭的山势，有着平原城难以企及的防御优势，所以"马面"并非必要设施，而且山城的城墙一般修建于山脊之上，城墙外缘紧邻陡峭的山坡甚至是近乎垂直的峭壁，所以很多地方也无法修建"马面"。这种客观因素导致其"马面"的修建与平原城有所不同，其"马面"一般是根据地势等因素有选择地修建，而并非平原城的"马面"是间隔有序地修建。例如城山后城只修建有 5 处"马面"，另外四座山城则仅各修建了 1 处"马面"。其中，巍霸山城的"马面"修建于山城的西南角，因为修建于转角处，所以其平面呈半圆形。另外几座山城的"马面"，主要修建于城门附近或坡度低缓之处，侧重加强薄弱环节的防御，其平面则呈长方形。

三 辽东半岛地区山城的分布特点

辽东半岛地域狭长，面积不到 3 万平方千米。长白山系——千山山脉及其余脉纵贯半岛的南北，构成了从东北向西南延伸的山脊。其地理环境基本可以概括为：地域狭长、多山地丘陵、少平原低地、海岸曲折、河流纵横五大特征。辽东半岛这种特殊的地理环境在很大程度上影响并形成了辽东半岛地区山城的分布特点。

（一）山城多选址于低山

辽东半岛整个半岛呈现出北高南低，南窄北宽的地势，多山地丘陵。其中海拔高度在 1000 米以上的中山多分布在辽东半岛北部的山脉中，如营口市盖州东部的绵羊顶子山、大连市庄河西北部的步云山、老黑山，以及丹东凤城市西部与鞍山市岫岩县东北部交界处的帽盔山等。中山在辽东半岛地区的数量相对较少，但是其周边发育的低山数量较多，尤其是相对高度在 500—1000 米的中切割低山往往分布于中山附近地区，例如绵羊顶子山附近的新开岭山、海龙川山、赤山，步云山附近的桂云花山，老黑山附近的芙蓉山，帽盔山附近的老平顶山、凤凰山、碇子沟高丽城山（岫岩县朝阳乡大岭村境内）等，另外在南部的丘陵地区也有一定数量的中切割低山，如大连市金州区境内的大黑山、瓦房店境内的龙潭山等。此类低山山势陡峭，山体的构成主要以变质岩、花岗岩和石英岩为主。中山与中切割低山一起构成了千山山脉向辽东半岛延伸的骨架。

辽东半岛的丘陵区主要分布在北部和南部地区，分为高丘陵区和低丘陵区两部分。高丘陵区海拔高度在 500 米以下，起伏高度在 100—200 米之间，主要分布在盖州市北部，凤城西南、瓦房店东部，南部主要分布在金州区大黑山附近，以及大连市主城区到旅顺口区之间的低山外围地区。而海拔高度小于 500 米，起伏高度在 100 米以下的低丘陵在辽东半岛地区分布同样十分广泛，主要分布在营口盖州市的渤海沿岸和大连市普兰店、金州区的黄海沿岸。尤其是登沙河口至大洋河口之间的地带，分布的最为广泛。丘陵地带的土质多为沙质黏土夹杂着碎石等残积物，土壤发育较好，易于耕作。

在辽东半岛的丘陵地带，往往隆起一些相对高度在 200—500 米左右的浅切割低山。例如大连市庄河境内的城山、普兰店境内的巍霸山、瓦房店境内的岚崮山、白云山，营口市盖州双台子镇境内的高丽城山、丹东市凤城的铅山等都属于典型的小起伏低山。构成这种山体的岩性状况比较复杂，北部多为花岗岩、片麻岩构成，南部则由石英岩、钙质板岩和石灰岩组成。

从辽东半岛地区现存的 57 座山城遗址的分布状况来看，城址位于中切割低山的有卑沙城、得利寺龙潭山山城、赤山山城、烟筒山山城、海龙川山城、凤凰山山城 6 座，另外 51 座山城则位于浅切割低山，而中山目前还没有发现同历史时期的山城遗址。这种分布状况是由多方面原因造成的：其一，该时期山城修建的主要用途在于战时予以据守防御，因此其山城内必须储备大量的生活与军事物资。辽东半岛地区的中山数量很少，且海拔和相对高度较高，山势十分陡峭险峻，周边地形复杂，十分不利于物资运输，而且年老妇幼的攀爬和转移也相对十分困难。因此，中山并不适合山城的修建。其二，辽东半岛的低山分布广泛，低山与周边的丘陵之间往往错落分布着河谷平原或洪积平原。这些肥沃的平原不仅有利于耕种，而且使得低山山城具有相对高度的优势，易守难攻。另外，相对于中山而言，选址低山也更利于战略物资的运输和储备，同时在战事预警时，方便周边居民及时转移至山城进行避难和共同防御。至于中切割低山山城的数量少于浅切割低山山城的原因，主要是由于辽东半岛的中切割低山数量远远少于浅切割低山所造成的。但是从山城的规模来看，修建于中切割低山的山城周长基本在2000米以上，属于中型或大型山城。其中凤凰山山城周长7500余米，是辽东地区规模最大的山城。浅切割低山山城的规模大小不一，既有周长在3000米以上的大型山城，也有周长在2000—3000米的中型山城，还有周长在1000—2000米的小型山城和周长在1000米以下的堡垒性山城，其中属于中小型和堡垒性山城所占比例相对较大。由于辽东半岛地区山城的修建往往充分借助山体作为天然屏障，所以其城墙的修建往往"随山就曲"，山城的规模也通常取决于山体的规模，故而中切割低山多中、大型山城，而浅切割低山多中、小型山城的这种现象就不难理解了。

（二）山城多地近外流河

辽东半岛地区地下水充沛，河流发育十分充分，主要河流有大辽河、大清河、熊岳河、复州河、碧流河、英那河、大洋河、哨子河、瑷河、浑江、鸭绿江等河流。根据对辽东半岛地区57座山城的分布状况统计，其中有56座山城靠近河流。为了便于呈现这一分布特点，现将山城流域分布情况统计如下。

碧流河流域：分别为大连普兰店市星台镇巍霸山城、大连普兰店市墨盘乡高丽城山城、大连庄河市城山山城前城、大连庄河市城山山城后城、营口盖州市罗屯镇赤山山城、营口盖州市什字街镇东高力城山山城、营口盖州市什字街镇西高力城山山城、营口盖州市万福镇孙家窝堡高力城山山城，共计8座。

复州河流域：分别为大连瓦房店市得利寺镇龙潭山山城、大连瓦房店市得利寺镇马圈子山城、大连瓦房店市李店镇岚崮山山城、大连瓦房店市太阳升太阳乡高丽城山山城，共计4座。

大沙河流域：大连普兰店市元台镇白云山山城，共计1座。

浮渡河（亦称白砂河）流域：大连瓦房店市万家岭镇北瓦房店高丽城山山城，1座。

庄河流域：分别为大连庄河市光明山镇旋城村山城、大连市光明山镇小河沿村高力山山城，共计2座。

英那河流域：分别为大连庄河市大营镇老古城山山城、鞍山市岫岩市龙潭镇山城屯山城，共计2座。

大清河流域：分别为营口盖州市青石岭山城、营口大石桥市周家镇海龙川山城、营口盖州市团山镇鹤羊寺山山城、营口盖州市徐屯镇烟筒山山城、营口盖州市白果农场东升山城、营口大石桥市马圈子山山城、营口大石桥市茶叶沟村高丽城山山城，共计7座。

沙河流域：营口盖州市双台子镇城子沟高丽城山山城，共计1座。

熊岳河流域：营口盖州市杨运镇奋英村山城，共计1座。

大洋河流域：分别为鞍山市岫岩县杨家堡镇娘娘城山城、鞍山市岫岩县前营子镇马圈山山城、鞍山市岫岩县前营子镇老城山山城、鞍山市岫岩县哈达碑镇高丽城山山城、鞍山市岫岩县红旗营子镇二道岭山城、鞍山市岫岩县洋河镇老城山山城，共计6座。

哨子河流域（大洋河支流）：分别为鞍山市岫岩县韭菜沟镇土城山山城、鞍山市岫岩县黄花甸子镇松树沟山城、鞍山市岫岩县汤沟镇清凉山山城、鞍山市岫岩县黄花甸子镇老城沟山城、鞍山市岫岩县黄花甸镇南沟山山城、鞍山市岫岩县朝阳乡高丽城山山城、鞍山市岫岩县三家子镇古城村山城、鞍山市岫岩县黄花甸镇闹沟门山城、鞍山市岫岩县朝阳乡小茨山山城、鞍山市岫岩县大营子镇刘家堡山城、鞍山市岫岩县大营子镇石城山山城、丹东市凤城市青城子镇铅山山城、鞍山市岫岩县黄花甸子镇石门沟山城，共计13座。

海城河流域：鞍山海城市英城子山城，共计1座。

叆河流域（鸭绿江支流）：分别为丹东凤城市凤凰山山城、丹东凤城市青城子镇铅山山城、丹东凤城市通远堡镇山城沟村山城、丹东市宽甸县灌水镇高台堡山城、丹东市宽甸县灌水镇老孤山山城，共计 5 座。

鸭绿江干流流域：分别为丹东市虎山镇虎山村山城、丹东市振安区浪头镇娘娘城山城，共计 2 座。

浑江流域（鸭绿江支流）：丹东市宽甸县牛毛坞镇城顶山山城、丹东市宽甸县太平哨镇东山山城，共计 2 座。

上述河流均为单独入海或间接入海的外流河，从山城分布的数量来看，碧流河、大清河、大洋河、哨子河、鸭绿江 5 大流域附近分布的山城均在 4 座以上，且规模较大的山城也主要分布在这些区域，因此该 5 大流域应当是 5—7 世纪占据辽东地区的地方政权在辽东半岛地区的重点防御地区。那么，辽东半岛地区山城的选址对外流河如此注重的原因又是什么呢？

首先，辽东半岛的东、西两翼分别被渤海和黄海所环抱，其地势呈中部高，东、西低和北高南低的走势，因此，辽东半岛的河流多发源于中部和北部地区而直接或间接入海，绝大多数属于外流河。此为客观环境因素。其次，辽东半岛地区的古代民族多以兼营农耕和渔猎业为主要生产方式，河流不仅为其提供了生存和从事农耕必备的淡水资源，而且为其提供了丰富的鱼类、河虾等渔猎捕捞资源。另外，从军事防御的角度而言，辽东半岛由于山地和丘陵的阻隔，使得半岛上的河流蜿蜒穿梭于群山向峙形成的山谷之中，而这些河流和山谷通常是沟通辽东半岛东西、南北交通的要道。山城选址地近对外流河，便可以有效地加强对水陆交通枢纽的控制和防御。

总之，辽东半岛地区的山城遗址众多，类型多样，是 5—7 世纪占据辽东半岛地区的古代地方政权所遗留下来的代表性物质文化遗产，其所呈现出的建筑特色、分布特点等，对于研究该历史时期辽东半岛地区的历史文化、政治军事、历史地理等问题而言有着十分重要的学术价值。

原文《辽东半岛地区山城的初步研究》刊载于
《中国边疆史地研究》2016 年第 1 期

辽东半岛地区高句丽山城的防御体系与作用探析

迄今，在辽东半岛地区发现了大量的高句丽山城遗址，充分说明了高句丽对辽东半岛地区战略地位的高度重视。高句丽人对于辽东半岛的经营和军事布防，有着长期且整体战略上的考虑与部署。高句丽人为了争夺辽东半岛地区，几乎倾注了长达4个世纪的时间。公元5世纪初，高句丽人在将三燕政权驱出辽东后，便开始以辽东城为中心全力经营和打造这一关系到其政权存亡的军事防御重地。据此，辽东半岛地区的高句丽山城当修建于高句丽中后期（公元5—7世纪）。高句丽依托辽东半岛这一战略要地，构筑了针对辽西及中原方向的军事防御体系，在公元6—7世纪的高句丽抵御中原王朝的军事进攻中发挥了尤为重要的作用。因此，辽东半岛地区的高句丽山城是研究其中、后期军事防御战略的重要途径和载体。

一 辽东半岛是高句丽战略防御的缓冲地带及储备战略物资的重地

所谓的辽东半岛地区，就是中国东北大陆最南端伸入黄海与渤海之间的岬角地域。一般来说，划分辽东半岛北端的切线，是以辽河河口与鸭绿江江口平行的直线为标准。其行政区划包括辽宁省的大连市、营口市、丹东市和鞍山市所辖的海城市与岫岩满族自治县。在东北亚地域内，山东半岛、朝鲜半岛、辽东半岛共同构筑了一个特殊的山海半岛圈，辽东半岛居其中央部位，属于最为敏感的中枢区域，其战略地位十分突出。公元5世纪初，辽东半岛纳入高句丽的势力范围，在此后大约260年的时间里，辽东半岛不仅成为高句丽重要的战略防御缓冲地带，而且成为其获取战略物资的重要来源地。

从高句丽立国至公元4世纪末，高句丽的王畿地区主要位于今天辽宁省桓仁五女山城和吉林省通化市的集安地区，其南部疆域界线长期维持在辽东长城以北、以东和山地滨海的一线。高句丽修筑的长城在辽东地区的走向是：自今铁岭以北而东南，经抚顺大伙房水库以东的南杂木一带穿越浑江、苏子河而东南，越太子河中游一带，经宽甸县以东地区越鸭绿江而与朝鲜半岛的"大宁江长城"相接。[①] 在此期间，高句丽先后招致公孙氏政权、曹魏政权和前燕慕容氏政权4次[②]大规模征讨，高句丽的都城屡次被焚毁，每次都近乎是灭顶之灾。这4次对高句丽的征讨有一个显著的共同点，即对高句丽的进攻都是以辽东地区作为跳板，而高句丽在被征讨的过程中之所以迅速的崩溃瓦解，其最主要的原因就是缺乏纵深防御，尤其是其王畿地区缺少在南部的军事缓冲地带。

---

① 刘子敏：《高句丽疆域沿革考辨》，《社会科学战线》2001年第4期。
② 建安九年（204），高句丽内部出现内讧。公孙康于建安中，出军大破高句丽，焚烧其邑落。时高句丽故国川王男武因兵败而不得以还住沸流水，更作新国；正始五年（244），魏国派幽州刺史毌丘俭督率诸军步骑万人出玄菟进军高句丽，毁高句丽所都丸都城；次年（225），毌丘俭再征高句丽，位宫逃奔买沟，汉军玄菟太守王颀奉命追击至肃慎氏南界，重创高句丽；晋成帝咸康七年（341），慕容皝迁都龙城，并率劲卒四万以伐宇文、高句丽。南道先锋立威将军慕容翰大败高句丽故国原王于木底城，"乘胜遂入丸都，钊（故国原王）单马而遁。皝掘钊父利墓，载其尸并其母妻珍宝，掠男女五万余口，焚其宫室，毁丸都而归"。此役使高句丽的丸都城再次遭受灭顶之灾，损失惨重。

辽东"乃东北之雄藩，实国家之重镇"①，自秦汉以来就是兵家必争之地，其战略位置十分显要。战国时期的燕国在退出易水之后，曾经全力打造辽东城并以此为根据地建立了燕国末期的政治经济文化中心。秦汉时期，辽东又成为秦汉两朝的重要经略之地，五胡十六国至南北朝时期，这里又成为东北乃至北方各民族争夺的主要战场。高句丽灭亡后，渤海、辽、金、元时期这里又成为经略东北乃至远东地区的统治中心。明代曾把辽东视为"肘腋重地"②"京师左臂"③。朝鲜学者金景善在《辽东大野记》中更是肯定了辽东的重要性："天下安危常系辽野，辽野安，则海内风尘不动；辽野一扰，则天下金鼓互鸣。"④而辽东半岛地处辽东南部，北接辽东腹地，是辽东地区的战略前沿。其左翼隔鸭绿江、黄海与朝鲜半岛一衣带水，右翼隔渤海与幽燕地区遥遥相望，南端则与山东半岛一海相隔，遥相呼应。如果高句丽能够将辽东与辽东半岛地区纳入其疆域范围之内，便能够有效地延伸其王畿地区的防御纵深。这一战略构想最终在高句丽第 19 代王广开土王时期得以实现。

广开土王，讳谈德，亦名安。其谥号全称为"国岗上广开土境平安好太王"。在高句丽历史上，广开土王以武功显赫而闻名。在其执政初期，把主要精力都投入"以备百济之寇"⑤的战争中。由于当时控制辽东的慕容氏后燕政权还很强大，广开土王只好接受后燕政权的册封，向其称臣纳贡。晋安帝隆安四年，慕容盛以广开土王"事燕礼慢"⑥为由，亲统 3 万兵马讨伐高句丽，以骠骑大将军

---

① （明）毕恭等修、任洛等重修：《辽东志》，金毓黻《辽海丛书》，辽沈书社 1985 年版，第 348 页。
② （明）顾祖禹：《读史方舆纪要》卷 37，中华书局 2005 年版，第 1699 页。
③ （明）毕恭等修、任洛等重修，金毓黻《辽海丛书》，辽沈书社 1985 年版，第 346 页。
④ 参见黄斌、刘厚生《高句丽史话》，远方出版社 1999 年版，第 105 页。
⑤ 金富轼：《三国史记》卷第十八《高句丽本纪》第六，吉林文史出版社 2003 年版，第 223 页。
⑥ （宋）司马光：《资治通鉴》，中华书局 1956 年版，第 3507 页。

慕容熙为前锋，拔高句丽新城、南苏两城，拓地700余里，掳掠人口5000余户。当时，高句丽的实力仍然弱于后燕。然而，仅隔4年，广开土王便一反臣服后燕的策略，于元兴三年（404）大举侵燕，并最终将辽东地区据为己有。燕王慕容熙虽然分别于405年、406年两次出兵反击力图夺回辽东地区，但均未达到目的。辽东与辽东半岛自此为高句丽所据。

高句丽在据有辽东之后，其疆域进一步扩大，生存环境得以极大地改善。高句丽的经济形态以农业为主并兼营狩猎、渔捞、采集和手工业。然而，在高句丽前期，由于地域狭小，多大山深谷，因此，往往"少田业，力作不足以自资"①。另外，从高句丽遗物来看，不仅出土了大量的犁、铧、镰、锹等农业生产工具，也有铁镞、鱼钩锅、盆、刀、钉等渔猎捕捞工具和生活用具，以及作战使用的刀、矛、铠甲、头盔、马具等军事装备，其种类繁多，工艺精良，具有较高的冶铁技术水平。说明在高句丽的经济生活中，除了农业之外，其渔业、狩猎和手工业也占有一定的比重。发达的农业、渔猎业和手工业，势必造成对土地、河流、山林、矿产等资源的广泛需求。

高句丽占据辽东之后，辽东地区广袤的土地、广阔的森林、富饶的矿藏为其提供了丰富的资源储备和更为广阔的发展空间，特别是辽东地区丰富的盐、铁资源，更是为高句丽的发展提供了不可或缺的战略物资。据《读史方舆纪要》记载：慕容氏并有辽东之后，"盖其地凭恃险远，盐铁之饶，原隰之广，足以自封而招徕旁郡"②。由此可见，盐、铁对于古代政权的重要意义。辽东半岛作为辽东地区的重要组成部分，尽管地域狭长，但是气候适宜、资源丰富。既有适合农耕的平原、台地，又有适合渔猎的山林、河流和绵

---

① （南朝宋）范晔：《后汉书》卷85《高句丽传》，中华书局1965年版，第2813页。
② （明）顾祖禹：《读史方舆纪要》卷37，中华书局2005年版，第1699页。

延的海岸线。特别是辽东地区的盐、铁资源主要产自辽东半岛地区。今天大连、营口和丹东的沿海地区仍然是辽东地区最丰富的海盐产地，辽阳、鞍山、海城、营口、大连的铁矿石资源也十分丰富，尤其是鞍山地区的铁矿石储量约占全国的四分之一。因此，在高句丽的中后期，辽东半岛应是高句丽十分重要的战略物资来源地。

高句丽在辽东半岛地区大量山城的修建，其目的之一就是要加强对这一军事缓冲地带的防御，从而巩固其对该地区资源的控制，以及保护在该地区所获得的利益。

二 辽东半岛山城是高句丽中后期政治中心区的最重要的军事防御体系

在高句丽占据辽东后不久，北魏政权迅速崛起。也许是为了躲避强大的北魏政权的威胁，抑或是历史经验的沉痛教训。公元427年，高句丽将都城由集安地区迁移至朝鲜半岛的平壤。自此平壤成为其新的政治中心，而集安附近地区虽然失去了政治中心的地位，但是作为传统的政治中心以及高句丽在该地区的长期经营，仍然不失为高句丽的核心腹地。从高句丽迁都平壤到隋朝建立之前，高句丽一直通过采取向北魏、梁、北齐、东魏等南北朝政权朝贡和接受册封的方式来换取其政权的安全与稳定，其军事战略由军事扩张逐步转变为以军事防御为主。

高句丽在据有辽东和政治中心转移至朝鲜半岛之后，其最大威胁便是来自隔海相望的中原王朝。中原王朝的军队如果由水路进攻，从山东半岛出发一天之程便可到达辽东半岛，进而对高句丽的核心腹地和朝鲜半岛的王畿地区构成威胁。如果从陆路进攻，则可以绕经渤海沿岸的"辽泽"①之地进入辽东，然后南下进入辽东半岛北部地区，继续挥师东进便可进攻位于朝鲜半岛北部的高句丽王畿地区。从时间和历史背景上分析，辽东半岛地区的高句丽山城应主要修建于高句丽占据辽东到隋征高句丽这一历史时期，其目的就是为了加强对该地区的军事防御，特别是构筑其王畿地区在鸭绿江右岸的军事防御体系。

高句丽人通过在辽东半岛修筑大量的山城堡垒，加强对注入黄海、渤海的外流河防御，控制水陆交通要道，从而完成阻止来自山东半岛方向的中原水军在辽东半岛的登陆和北进。我们可以从辽东半岛地区高句丽山城的分布特点上看出，今大连市境内的高句丽山城是军事防御战略的前沿和桥头堡，而今营口市辖境内分布的高句丽山城，除了防御渤海方面的水军外，还兼具对辽河入海口及辽河下游区域的防御，同时又与分布在今鞍山、丹东市辖境内的山城遥相呼应，并一同拱卫辽东半岛北部的高句丽辽东城、白岩城等重要城池堡垒，形成由南向北的纵深防御。这些具有纵深防御功能的山城堡垒与辽东半岛地区的各江河水道，以及黄、渤海沿岸和绵延不断的山地共同构成了辽东半岛军事防御的整体。从而实现辽东半岛作为高句丽腹地和王城京畿地区防御缓冲地带的军事战略部署。这一防御战略在后来高句丽抵御隋唐两朝东征的过程中得以验证。

（一）辽东半岛地区的高句丽山城在隋征高句丽中的军事防御作用

隋朝时期，先后发动了四次对高句丽的军事征讨。其中隋文帝开皇十八年（599）对高句丽的征讨因高句丽的中途请降而告终，辽东半岛尚未成为双方的战场，而在炀帝时期，隋朝先后对高句丽

---

① 辽泽泛指辽东沼泽地区。《旧唐书·阎立德传》："十八年，从征高丽，及师旅至辽泽，东西二百余里泥淖，人马不通。"

发动了三次征讨，辽东半岛均成为隋军进攻的主要战略目标之一，而辽东半岛地区的高句丽山城则在高句丽抵御隋军的进攻方面发挥了重要作用。

1. 隋炀帝第一次征讨高句丽

陆路：公元612年春，隋军集结"一百十三万三千八百人"，从涿郡出发进攻高句丽。全军分左右两翼共二十四军。右翼十二军兵出长岑、建安、辽东、玄菟；左翼十二军兵出临屯、碣石、带方等地，总攻目标指向平壤。然而，隋陆军在兵围高句丽军事重镇辽东城之后，由于隋炀帝的专断和指挥失误而错失战机。其后，隋军精锐宇文述部孤军深入，在渡过鸭绿江和萨水后直趋平壤城，在距平壤30里之外，则遭到高句丽大将乙支文德的伏击，全军溃败，生还至辽东城者仅二千七百人。

水路：由右翊卫大将军来护儿指挥，经黄海绕过辽东半岛直驱大同江口进至朝鲜半岛。其既定战略是与宇文述部陆军会合，共同兵发平壤。但由于来护儿建功心切，未等与宇文述部到达会师地点，便亲率4万水军精锐孤军冒进。结果遭遇高句丽伏击，损失惨重，"士卒还者不过数千人"。

从隋炀帝首次亲征高句丽的进攻战略上不难看出，隋陆军分为南北两路，南路主要是进攻辽东半岛的北部，以策应隋军陆路的北路进攻。南路隋军的主要战略目标是进攻朝鲜半岛，并以辽东半岛为跳板直驱平壤城。虽然隋水军此次进攻高句丽是绕过辽东半岛直抵朝鲜半岛，但高句丽人则采取了各个击破的战略战术，而隋军则因主要将领邀功心切一味地冒进，成孤军深入大忌而被高句丽军击败。

2. 隋炀帝对高句丽的第二次征战

陆路：公元613年春，隋炀帝再次对高句丽动兵。隋军一路挺进，渡过辽河后，兵分三路：一路由皇帝亲率，围攻辽东城；第二路由光禄大夫王仁恭率兵向辽东城之北进军新城（今辽宁省抚顺市）；第三路由宇文述、大将军杨义臣等率领，为先遣部队，直驱平壤。

水路：由来护儿率领，出沧海道，开进东莱时，恰逢杨玄感反叛，进攻洛阳。来护儿闻之，即日回军救援洛阳。而当杨玄感叛乱的消息传至辽东城下时，隋炀帝也当即下旨全军退兵。于是，隋炀帝对高句丽的第二次征战便以隋军的中途退兵而告终。

3. 隋炀帝三伐高句丽

公元614年春，隋炀帝再次下诏东征高句丽。同年七月，隋军陆路在炀帝率领下进至怀远镇（今辽宁省辽中县）。隋水军在右翊卫大将军来护儿的率领下攻占了高句丽卑奢城（今大连市金州区大黑山山城）等城。高句丽举国来战，被来护儿击退，隋水军乘胜欲并发平壤。高句丽婴阳王得知此消息后，十分恐惧，急忙遣使至辽东城下请降。而隋炀帝也因国内爆发农民起义，形势危急，无心恋战，便接受了高句丽的投降，下令罢兵，草草结束了对高句丽的第三次征伐。

统观隋炀帝对高句丽的第二次和第三次用兵，两次征战依旧采取了水陆并进的进攻战略。第二次征伐其陆路进攻的重点是辽东城及与辽东城比邻的辽东半岛北部地区的高句丽城池。虽然文献中没有记载此次战争辽东半岛北部高句丽山城对辽东城的支援，但是，并不能因此否定辽东半岛北部高句丽山城对辽东城南线的防御作用。另外，虽然此次征战中隋水军没能发挥作用，但是已经说明了隋朝通过水军浮海进攻高句丽的战略意图，其进攻目标至少是辽东半岛或朝鲜半岛之一。隋炀帝第三次征伐高句丽时，水军则采取了直接奔袭辽东半岛南部高句丽卑沙城等城池的战法，使高句丽在辽东半岛的军事力量遭受了一次重创。尽管高句丽在辽东半岛南部的山城未能完全阻止隋朝水军进攻，但无疑延缓了其进攻的步伐。由此可见，高句丽在辽东半岛近海地区所修筑的山城，对黄、渤二海方向的军事防御是十分必要的。

（二）辽东半岛的山城在唐征高句丽战争中的军事防御作用

辽东半岛地区高句丽山城在防御唐朝征伐的过程中，多次阻止了唐军东征的步伐，使得岌岌可危的高句丽政权多次转危为安。虽然密集坚固的山城没有最终挽救高句丽走向灭亡的命运，但是无疑延缓了高句丽政权的存在时间。说明辽东半岛上的高句丽山城在军事防御方面起到了不容忽视的作用。

1. 唐朝第一次东征高句丽

陆路：唐贞观十九年（645）三月，由辽东道行军大总管李勣率军从柳城（今辽宁朝阳市）出发。四月初一，于通定（今辽宁新民县辽滨塔）渡辽河，次日，直至玄菟城（今抚顺劳动公园旧城址）。五日，江夏王李道宗将兵数千骑至新城（今抚顺高尔山山城）。营州都督张俭为前锋，率军进渡辽河趋建安城（今盖州市辖境内，具体城址位置有争议）。继而李勣、李道宗又率军南下拔盖牟城（今沈阳南陈相屯塔山山城）。盖牟城既下，李勣随即挥师至辽东城。五月十日，唐太宗率军渡过辽水。十七日，太宗与李勣等会师辽东城下，并亲自督战攻占辽东城（今辽阳市）。二十八日，唐军进攻白岩城（今辽阳东南太子河畔的燕州城）。二十九日，高句丽乌骨城守军派一万援军西援白岩城。六月初一，白岩城请降。六月二十日，唐太宗率军兵至安市城（今盖州青石岭高句丽山城）。六月二十一日，高句丽北部傉萨高延寿、南部傉萨高惠真率领高句丽、靺鞨兵共十五万增援安市城。九月十八日，唐太宗降诏班师。

水路：由张亮统率水军四万三千人，军舰五百余艘，从山东东莱出发，经大谢岛（今长山岛，在蓬莱北三十里）、龟岛（今陀矶岛）、乌胡岛（今隍城岛，在蓬莱北二百六十里），至都里镇（今旅顺）后沿海岸线东北行，水军先锋程名振引兵夜袭卑沙城（今大连市金州区大黑山山城）。五月二日，唐军占领卑沙城。张亮派遣总管丘孝忠、古神感等沿海东北行，至鸭绿江入海口，作兵出平壤之势，牵制高句丽向辽东城方面派遣援军。

　　从上述唐朝东征高句丽的路线可以看出唐朝第一次征伐高句丽采取的是水陆并进战略。陆路首先攻占高句丽在辽东腹地的辽东城等重要城池，继而挥师南下攻打安市城，由此进入辽东半岛地区北部作战。水陆则由辽东半岛南部地区登陆，挥师沿黄渤海海岸北上，牵制高句丽在辽东半岛的部分兵力无法北上或西进支援，从而配合陆路进军。

　　唐朝此次征讨虽然没有最终实现战略目标，但是却沉重打击了高句丽军在辽东乃至辽东半岛上的力量。在历史文献中，较之隋朝与高句丽之战的过程和路线更加明晰，尤其是为我们提供了一些有关辽东半岛高句丽山城军事防御方面的线索。首先，唐朝派遣水军进行必要的牵制，反映了唐军对辽东半岛地区高句丽山城之间相互支援的顾虑，说明了辽东半岛地区的高句丽山城并非孤立的军事防御，而是与辽东城及其他山城共同构筑了整体的防御体系，彼此呼应，相互驰援。这一点通过高句丽对白岩城和安市城的驰援可以得到印证，另外在高句丽山城中常见的烽火台遗迹也是有利的佐证。其次，唐军攻占盖牟城、辽东城、白岩城后，挥师南下进入辽东半岛进行重点攻伐，其目的就是要肃清辽东城南部，尤其是辽东半岛上的军事威胁，最终实现以辽东半岛为跳板，水陆并进，直捣朝鲜半岛的战略目标。唐太宗的这一战略企图，充分说明了辽东半岛地区高句丽山城肩负着拱卫朝鲜半岛高句丽腹地的重要作用。

2. 贞观末期唐朝对高句丽的骚扰战

（1）唐贞观二十一年（647）

陆路：以李勣为辽东道行军大总管，右武卫将军孙二郎、左屯卫大将军郑仁泰为副，率营州都督府之兵并配以三千内地兵马从新城道进入高句丽境内。先后攻略新城、南苏、木底等城后胜利班师。

水路：以左武卫将军牛进达为青丘道行军大总管，右武卫将军李海岸为副，发兵一万自莱州出发。七月，水军进入高句丽辖境，攻破石城（大连庄河市城山后山城），进至积利城（大连瓦房店市得利寺镇龙潭山山城），高句丽出兵万余人来战，被唐军大败，斩首二千余级。唐朝水军班师凯旋。

（2）贞观二十二年（648）

水路：以右武卫大将军薛万彻为青丘道行军大总管，右卫将军裴行方副之，将兵三万自莱州泛海进军高句丽，沿鸭绿水（鸭绿江）而上，奇袭大行城（丹东市娘娘城山城），继而兵发泊汋城（丹东市虎山山城）。唐军大败高句丽乌骨城（凤凰山山城）与安市城三万援军，攻克泊汋城班师。

陆路：唐朝出动一小支陆军配合水军作战，详细作战情况史料中没有记载。

贞观末期唐朝对高句丽的骚扰战在很大程度上扰乱了高句丽在辽东地区的生活、生产秩序，极大消耗了高句丽的人力、物力和财力，为唐军后来东征高句丽的胜利打下了重要基础。从贞观二十一年（647）和贞观二十二年（648）唐军的水陆伐丽战争可以看出，辽东半岛地区的高句丽山城是唐朝骚扰战的主要攻伐对象。其进攻力量主要为水军，其所攻伐的主要城池，也均是靠近河流或濒临海岸线的山城。这些城池虽然在阻止唐军进攻过程中败多胜少，但不可否认的是其对唐朝水军的骚扰战起到了一定的遏制作用，迫使唐军即使在取得一定的胜利后，不得不迅速班师，抑制了唐朝水军向辽东腹地的进攻。此外，在唐贞观二十一年、贞观二十二年对辽东半岛地区的骚扰战中，不见唐军攻打卑沙城的记载，说明早在唐贞观十九年（645）攻下卑沙城时，即毁灭其城。可以看出，从贞观十九年到贞观二十二年期间（645—648），唐军攻打辽东半岛高句丽山城的作战路线则是采取了攻其中坚（较大的城池），步步为营，沿着黄海海岸逐渐向鸭绿江方向进攻。卑沙城、石城、积利城、娘娘城、泊汋城基本上都是自西南向东北沿着黄海海岸一字排开的较大的高句丽山城。

3. 唐朝龙朔元年东征高句丽和李勣东征高句丽

（1）唐朝龙朔元年（661）东征高句丽

水路：苏定方率领唐朝水军从山东半岛登州出发，沿庙岛群岛至老铁山海域，唐军并没有进行半岛登陆作战，而是沿黄海分布的岛屿东进，并直驱朝鲜半岛。在浿江（今清川江）大破高句丽军，溯江而上，于当年八月，进逼平壤城下。

陆路：唐军按计划渡过辽河，直奔鸭绿江，一路几乎未遇到高句丽的抵抗。兵至鸭绿江时，遭遇高句丽将军泉男生所率的高句丽军顽强抵抗。九月，唐陆军在主将契苾何力的率领下，渡过鸭绿江，斩首高句丽军三万余级，并乘胜与苏定方会师于平壤城下。

此次东征高句丽，唐军因粮草短缺，后勤保障不畅等原因被迫中途撤军。然而，进攻高句丽的唐朝水陆两军之所以能够顺利进逼平壤城下，其主要原因则是因为唐贞观年间对以辽东半岛地区高句丽守军的骚扰战取得了绝对的优势而致。

（2）唐朝李勣东征高句丽

陆路：唐乾封元年（666）六月，契苾何力任辽东道安抚大使，为此次东征高句丽的前期主帅。十二月，李勣奉唐高宗之命到辽东节制诸军。李勣进入高句丽境内后，先遣郝处俊率偏师进军安市城，大败安市守军。李勣则亲率主力于次年二月，兵发至新城，九月攻克新城。唐军乘胜连下高句丽16座城池，开赴国内城（吉林省集安市）。其后，李勣派遣薛仁贵率三千兵马进攻国内城以北的夫余城，唐总章元年（668）二月，夫余城被攻克，随后其附近40余城主动降唐。高句丽为了夺回夫余城，派兵五万进至萨贺水，被唐军大败，斩首五千级，俘获三万余。唐军乘胜进军，攻克高句丽大行城（丹东市振安区浪头镇娘娘城山城）。至此，鸭绿江以北基本为唐军所控制。八月初，唐军诸路大军攻克平壤城，高句丽灭亡。

水路：由积利道行军总管郭待封率领兵发平壤，配合陆军进军，总章元年（668）八月初与陆军共同进攻平壤城。

唐朝龙朔元年东征高句丽及李勣东征高句丽均采取水陆并进的进攻方略。与之前征伐高句丽路线所明显不同的是其水军不再登陆辽东半岛，而是直接进军平壤城。其主要原因在于此前的太宗亲征及太宗时期的骚扰战术，使高句丽在辽东半岛的军事实力遭受了毁灭性打击。高宗时期的高句丽主力集中在鸭绿江以北和朝鲜半岛，消灭其主力则辽东半岛地区的高句丽残余力量就不足为惧了。因此，唐军的路陆进攻所采取的绕过辽东半岛肃清鸭绿江上游以北地区的高句丽势力，而后直捣高句丽京畿核心地区平壤城的战略非常有效。唐朝的水军则是直驱大同江口，溯流而上直捣平壤城下的战略战术也是赢得这次征伐高句丽胜利的重要步骤。另外，高句丽在辽东半岛地区的有生力量虽然遭受了严重打击，但是毕竟实力尚存，而前车之鉴证明，如果从辽东半岛登陆，与陆军共同进军朝鲜半岛，水军仍然会遭遇辽东半岛高句丽守军的抵抗，不可避免地造成人力和物力的损失，而直接进军平壤城一方面可以节省路途、物力、人力；另一方面还可以牵制高句丽朝鲜半岛的防御力量，从而为陆军的顺利进攻提供重要的配合。虽然，辽东半岛的高句丽山城在这两次唐朝东征高句丽的战争中并没有发挥明显的作用，但是通过李勣东征高句丽时对安市城和大行城的进攻，以及唐水军两次直接进军朝鲜半岛的战略选择来看，辽东半岛高句丽山城即便在高句丽末期仍然对朝鲜半岛具有重要的防御作用。

　　总之，高句丽在进入辽东半岛地区之后，分别利用当地山川河流的走向和地势，构建了以山城堡垒为主的军事防御体系。同时，辽东半岛地区所具有的丰富盐铁、农牧渔猎、手工业等资源，对于促进高句丽后期的发展都曾起到了十分重要的作用。特别是对于保障高句丽的政治统治中心——从鸭绿江上游迁往朝鲜半岛大同江流域以后的安全，应当说是至关重要的。

　　原文《高句丽在辽东半岛地区的防御战略——以辽东半岛地区的高句丽山城为中心》刊载于《大连大学学报》2012年第4期

辽阳白塔述考

辽阳白塔坐落于辽阳老城之西北，今辽阳市中华大街北侧白塔公园东南隅，是我国东北地区最高的砖塔，全国六大高塔之一，属于国家级文物保护单位。辽阳白塔不仅是舍利佛塔，而且是具有象征"保国宁边"意义的风水塔和具有城市地标性质的风景塔。据出土的永乐二十一年（1423）《重修辽阳城西广佑寺宝塔记》的记载，以及从其建筑风格等方面的推断，辽阳白塔应始建于辽代，并历经了金、元、明、清等朝代的多次重修。辽阳白塔之所以能够屹立千年，与辽代高超的建筑技艺密切相关，但同时也得益于金、元、明、清时期的多次维护。因此，辽阳白塔不仅是辽代建筑的杰作，也是辽、金、元、明、清时期我国东北古代劳动人民集体智慧的结晶。

一 辽阳白塔的修建年代

关于辽阳白塔的断代问题，大致可归纳为三种看法。

其一，始建于汉唐说。据明万历十八年（1590）《重修辽阳城西广佑寺宝塔记》载："辽阳城外西北隅有塔，考诸古传云：始建于唐贞观乙巳，再兴于国朝永乐癸卯，奉敕额名于正统初年。中间历宋金元，辽因坏增葺，代不缺人。"① 此为唐代说。又后金天聪九年（1635）《广佑寺重修碑记》载："寺始于汉，同时建塔，经唐尉迟恭重修，盖古刹也。"② 此为汉代说。另有清道光二十二年（1842）《修补广佑寺碑记》载："辽阳广佑寺建自汉唐，群招灵圣，我朝康熙年间，奉敕重修。"③ 为汉唐说。

以上史料均出于碑记。其中，明万历十八年《重修辽阳城西广佑寺宝塔记》的碑刻时间为最早，但其所据为"诸古传云"。既为"传云"，其准确性与真实性则存疑待考。而后两则史料的记载同样没有言明来源出处，特别是《修补广佑寺碑记》的"汉唐"一说，断代相对模糊。整体观之，后两则史料的记载，很可能是承袭了"诸古传云"的影响，故难为信史。

其二，始建于金代说。1922年，曾在辽阳老城外西北角出土一块《东京大清安寺九代祖英公禅师塔铭并序》石碑。该碑刻于金大定二十九年（1189），据其塔铭所记：

> 贞懿太后以内府金钱三十余万，即东都建清安寺，以祈冥福……以二十九年二月辛酉朔，建塔于东都之城。④

又《金史·后妃列传》载：

> 贞懿皇后，李氏，世宗母，辽阳人。……贞元三年，世宗

---

① 辽阳市修复广佑寺筹备委员会办公室编：《沧桑广佑寺》，辽市内出字〔2003〕第24号，第36页。
② 辽阳市修复广佑寺筹备委员会办公室编：《沧桑广佑寺》，辽市内出字〔2003〕第24号，第47页。
③ 辽阳市修复广佑寺筹备委员会办公室编：《沧桑广佑寺》，辽市内出字〔2003〕第24号，第43页。
④ 辽阳市修复广佑寺筹备委员会办公室编：《沧桑广佑寺》，辽市内出字〔2003〕第24号，第24—25页。

为东京留守。正隆六年五月,后卒。世宗哀毁过礼,以丧去官。未几,起复为留守。……大定二年,改葬睿宗于景陵。初,后自建浮图于辽阳,是为垂庆寺,临终谓世宗曰:"乡土之念,人情所同,吾已用浮屠法置塔于此,不必合葬也。我死,毋忘此言。"世宗深念遗命,乃即东京清安寺建神御殿,诏有司增大旧塔,起奉慈殿于塔前。①

成书于民国初年的《辽阳县志》依据上述史料认为:

> 白塔……有天聪九年重修碑记,谓寺始于汉,同时建塔,经唐尉迟恭重修,然他无所据。考之金英公塔铭及金史世宗诏有司增大旧塔之文,及塔铭所见之地,此塔当系金正隆六年建。②

罗哲文先生在《中国古塔》一书中亦将辽阳白塔的修建年代确定为金代。③

其三,始建于辽代说。自20世纪80年代以来,随着相关文物的出土,辽阳白塔始建于金代的观点则越发受到质疑,有研究进而提出了辽阳白塔的始建时间当为辽代的见解。④ 其理由概述如下。

第一,辽阳白塔属于舍利佛塔,辽、金时代佛塔舍利的由来源于中原的影响。金世宗之母不是高僧,其骨殖非为佛骨,且比丘尼历来无成为佛骨之先例,故不能断定辽阳白塔为金世宗母李氏埋骨之所。

---

① (元)脱脱:《金史》,中华书局1975年版,第1518—1519页。
② 辽阳市修复广佑寺筹备委员会办公室编:《沧桑广佑寺》,辽市内出字〔2003〕第24号,第47页。
③ 罗哲文:《中国古塔》,中国青年出版社1985年版,第157页。
④ 金殿士:《辽阳白塔创建年代质疑》,《辽宁大学学报》1985年第5期。

第二，现存的白塔遗址一带曾多次进行考古发掘，却从未发现任何殿址遗迹，既无"奉慈殿"址，也无"垂庆寺"址，与《金史·后妃列传》中"后自建浮图于辽阳，是为垂庆寺"和"起奉慈殿于塔前"的记载所不符。

第三，辽宁省现存及近年塌毁和拆除的古塔，多为辽代中晚期所建，而金代塔不多，且无此规模巨大者。

第四，辽阳是辽代东京道首府，又是东丹国所在地。辽代建塔"通布北中国各地"，岂能唯独东京辽阳没有？相反，若辽阳白塔为金代所建，怎能唯独东京辽阳建佛塔，而其他四京却一座佛塔也没有呢？

第五，1981年辽阳市文物普查时，发现金代《通慧园明大师塔铭》石刻一方。塔铭记载："师（指李后）乃建大道场于都城（辽阳）丹凤门之左，诏以大清安寺为额……正隆六年五月戊子，威微疾而逝。……师未病告诸禅侣曰：吾即将逝矣，乃命立浮图（墓塔）于都城之北，寺（清安寺）圃之东以为葬所。……六月庚中申，其子郑正（金世宗）奉迎其骨归其所而安厝之。"据此，研究者考证李后生前自建的浮图位于东京辽阳府城的东门道北，清安寺以东，在城的东北隅，而辽阳白塔位于城之西北隅，故辽阳白塔非李后墓塔，亦非金朝所建。

对于上述几种观点，笔者亦倾向于辽阳白塔始建于辽代一说，并有两点可作进一步补充。

其一，从辽阳白塔的建筑材料、砖雕纹饰等建筑风格来看，与沈阳塔湾无垢净光舍利塔、锦州大广寺塔、北镇崇兴寺双塔等辽代古塔建筑风格一脉相承，皆为压印大沟绳纹砖、兽面圆珠纹饰瓦当、仿木结构的砖雕斗拱、砖雕牡丹等，符合辽代同类建筑的基本特征。

其二，1988年维修白塔时，在塔顶须弥座下曾发现明代维修该塔的 4 块维修记铜牌和 1 块护持圣旨铜牌。其中,永乐二十一年(1423)《重修辽阳城西广佑寺宝塔记》刻文:"兹塔之重修,获睹塔顶宝瓮傍铜葫芦上,有镌前元皇庆二年重修记。盖塔自辽所建,金及元时皆重修。迨于皇朝,积四百年矣。"[①] 该"宝塔记"要早于万历十八年(1590)《重修辽阳城西广佑寺宝塔记》("唐代说"所出)100 多年,并且言明辽阳白塔"自辽所建""金及元时皆重修"。在 1990 年清理白塔铁刹杆须弥座时,工作人员在刹杆与砖缝间还发现了金、元时代的文字残片,证实金、元两朝的确重修过辽阳白塔,故永乐二十一年《重修辽阳城西广佑寺宝塔记》所记内容当更为可信。

永乐二十一年《重修辽阳城西广佑寺宝塔记》已经成为学界后续考证辽阳白塔始建于辽代的最直接和最具说服力的佐证依据,但以往研究大多忽略了对其中"迨于皇朝,积四百年矣"一语的探讨,而是基本依据辽道宗时佛教最盛,建塔最多的理由而将辽阳白塔推断为建于辽道宗朝。

"迨于皇朝,积四百年矣。"其言甚明,即到明朝时辽阳白塔已经有 400 年历史了。不过,"积四百年矣"应为约数。自明初上溯 400 年左右的历史,大致为辽穆宗、景宗或圣宗朝,而辽道宗朝初期距明朝还不及 320 年。即便"四百年矣"为约数,也不可能是近百年的误差。换言之,如果辽阳白塔修建于辽道宗朝,则所谓的"积四百年矣"就应记作"积三百年矣"了。因此,依据"迨于皇朝,积四百年矣"的推算,辽阳白塔不应修建于辽道宗朝,而是有可能修建于辽穆宗、景宗或圣宗朝。

---

① 辽阳市修复广佑寺筹备委员会办公室编:《沧桑广佑寺》,辽市内出字〔2003〕第 24 号,第 27 页。

二 辽阳白塔的功用与建筑结构

塔，最早起源于印度，梵语称"塔"为"STUPA"，"坟冢"之意。公元1世纪前后，"STUPA"随佛教传入中国后，被音译为窣屠婆、窣堵波、塔婆、浮图等称谓。据罗哲文先生在《中国古塔》一书中的考证，"塔"字最早见于葛洪的《字苑》："塔，佛堂也。"[1] 建塔的最初用途是为了纪念释迦牟尼，后来发展成为埋葬历代高僧舍利、供奉佛像和储藏经卷的建筑。经过上千年的发展，塔的用途有了极大地丰富，有登高远眺的瞭望塔、装点河山的风景塔、领航引渡的导航塔、祈求安境保民的风水塔等。

辽阳白塔依据其功用主要属于舍利佛塔和风水塔。例如，明万历十八年《重修辽阳城西广佑寺宝塔记》所载："夫天下有塔，各照方镇。惟辽阳塔，保国宁边。黎庶赖以安堵，塔修则地方宁，塔废则边惊动，斯塔不可不修也。"[2] 对辽阳白塔祈求"保国宁边"的功用给予极高的评价。时至今日，辽阳白塔不仅成为辽阳市乃至东北地区的著名佛塔和风水塔，而且成为辽阳市的主要地标性建筑，是辽阳市最具代表性和最重要的文物古迹风景之一，因而还兼具了风景塔的功能。

辽阳白塔为八角十三层实心密檐式砖塔，高约70米[3]，因塔身、塔檐的砖瓦上原来涂抹白灰，而被称为"白塔"。我国的舍利佛塔一般以7层、9层、13层最为常见。在印度，塔的层数为双数，而我国的古塔因受"五行阴阳说"双数为阴，单数为阳的影响，故改为单数。辽王朝长期据守我国的北方地区，北临荒漠，风

---

[1] 罗哲文：《中国古塔》，中国青年出版社1985年版，第2—3页。
[2] 辽阳市修复广佑寺筹备委员会办公室编：《沧桑广佑寺》，辽市内出字〔2003〕第24号，第36页。
[3] 不同资料记载的数据略有差异，有69.96米、70米、70.4米、71米等多种记录。

沙较大，为了避免风沙的侵袭，所以在北方的辽塔多为实心密檐式。辽代之前，唐代古塔多为方形塔，但是方形塔因受风力作用较大，不适宜北方的风沙气候，所以辽塔多为八角形，从而减小受风面积，以利于古塔的长久保存。

辽阳白塔由下至上分为塔基、基座、塔身、塔檐、塔顶五个部分。塔基分两层，叠涩内收，上部嵌短柱相隔的"双狮戏球"纹饰雕砖板，每面中间砌一弧形券门小龛，龛内雕一狮首卧兽。塔基之上为两层矮束腰须弥基座，须弥基座下部刻仰莲，每面镶嵌砖雕一佛二胁侍像五组，转角处雕金刚力士像。须弥座顶部是仿木结构的砖雕平座斗拱，每面补间铺作四朵，转角出斜拱。斗拱上承砖砌额枋，枋上砖砌万字不到头或棱格等纹饰的平座栏板。塔身以双层仰莲承托，转角处为砖砌圆倚柱。塔身每面砌筑有眉拱龛，拱龛门楣上为砖雕精美的缠枝牡丹、宝相花、双龙等图案。龛内雕坐佛一尊，背衬火焰纹。龛门左右两侧浮雕胁侍像，胁侍像披袈裟、戴璎珞，各面造型不同，分别作合掌、持莲、捧盘等姿态。坐佛、胁侍像头上皆有砖雕垂缨宝盖，宝盖附近镶有铜镜。塔身每面的左右上角浮雕两对飞天，作飞舞、持花、献果等姿态，形象优美生动。

塔檐十三层，由下向上逐层内收，使塔体轮廓曲线优美，刚柔并济、风姿古朴。第一层塔檐下边有砖雕斗拱补间铺作三朵，转角出斜拱承托檐枋，砖枋上为柏木檐椽和飞檐椽，朝南一面第一层塔檐下嵌有后世所加的"流""光""碧""汉"四个单子木匾。第二檐以上均为叠涩出檐，转角置柏木角梁，上砌垂脊，脊上覆以筒瓦，装战兽，梁头装套兽，悬有铁风铎。每层塔檐檐面用长方形大砖平铺而成，砖缝覆盖筒瓦，檐口砖打磨成半月形滴水瓦状，其边雕刻成麦穗纹辽代滴水瓦形状。带兽面的筒瓦上留有圆孔，用铁钉固定在砖缝中，防止滑落。每两层塔檐之间有一假立壁，每面立壁上置有铜镜一面。塔顶为八角斜山式，正中为塔刹。塔刹由砖雕刹座和鎏金刹杆两部分组成。刹座上段为一覆钵，下段为八角形双层仰莲底座。刹座中间竖一高约 9.5 米的铁刹杆。刹杆上装有铜制圆光、宝珠、相轮等。圆光上部的刹杆上有八孔铁铸件，挂八条铁链与塔顶垂脊上的八个铜宝瓶相连接。

辽阳白塔整体结构严整、比例匀称、构造坚固，具有较高的建筑和艺术水平。

三　辽阳白塔修建的历史背景

辽阳白塔大致修建于辽朝的中前期。辽朝是契丹族在我国北方建立的一个少数民族政权，从其太祖耶律阿保机建国到景宗耶律贤时期，辽朝一直处于多事之秋。其统治阶级内部，阿保机之子耶律倍和耶律德光两支皇室后裔，明争暗斗，权利更迭频繁。其外部，先后征邻族、灭渤海、掠中原，战火连年，征战不断。长期的政局动荡和对外战争，使生活在辽朝底层的人民饱受战乱的煎熬，而佛教随着被掠夺的中原人民传到了辽朝，佛教的因果报应等思想使生活困苦的人民找到了精神的寄托和慰藉。辽朝的统治者为了麻痹人民、稳定动荡的局势，也大力提倡和崇尚佛教，由此推动了佛教在我国北方地区的迅速传播和发展，一些庙宇、佛塔等佛教建筑也得以大肆修建。

辽阳白塔高约 70 米，建筑雄伟、气势磅礴，堪称辽代佛塔中的佼佼者。如此高级别的辽代佛塔在我国的东北地区并不多见，当初为什么会选址于此呢？这与辽阳的历史地位应当有着密切的关系。

辽阳为古代东北之重镇。战国时期，辽阳故称"襄平"，为燕国辽东郡郡治所在。秦、汉时期沿袭燕制，襄平仍为辽东郡治所。西晋时设平州，州府依旧设于襄平，辖五郡，设护东夷校尉，统辖东北诸夷。隋唐时期，辽阳一度是安东都护府的首府，辖9个都督府，42州，100个县，后为辽州都督府府治所在地。有辽一代，辽阳依然具有举足轻重的地位。辽神册三年（918），辽太祖攻占辽东城，置辽阳府，第二年修葺旧城，改为东平郡；天显三年（928），升辽阳府为南京，并迁东丹国首都于辽阳，天显十三年（938）改南京为东京。可见辽朝对辽阳的重视程度。因此，辽阳白塔的营建目的，当是辽代统治者寄望于通过修建一座"保国宁边"的佛塔和风水塔，以实现对辽阳这一重镇的庇佑，进而稳固其在东北地区统治。

继辽代之后，金、元、明三朝依旧视辽阳为东北之要地，国家之重镇。相继在辽阳设东京辽阳府、辽阳行中书省、辽东都指挥使司，而清太祖努尔哈赤更是于后金天命元年（1616）至天命十年（1625）定都辽阳。辽阳在历史上的显赫地位间接赋予了辽阳白塔非比寻常的地位与作用："宝塔十三层，崇修完美……耸一城之壮观，为十方之钦崇。旋绕者，弭灾免难。瞻礼者，致福臻祥。""独西北遥望无依，幸此塔存。高三十仞，阔数十围，巍然为之兆。所以镇边城者，端赖也。""夫天下有塔，各照方镇。惟辽阳塔，保国宁边。黎庶赖以安堵，塔修则地方宁，塔废则边惊动，斯塔不可不修也。""此一修也，地方藉以镇静，佛神恃以安妥。"凡此种种，辽阳白塔在人们心中的地位和作用，由此可窥一斑。

缘于对白塔的重视，金、元、明、清时期均对辽阳白塔进行了多次的维修，中华人民共和国成立后，出于对历史文物的保护也先后三次对其进行了修缮。这些修复工作不仅使得辽阳白塔屹立千年，而且基本保持了辽代的建筑风格，为今天的人们保存了一处弥足珍贵的文化瑰宝。

附表　　　　　　　　辽阳白塔重修时间表

序号	重修时间	佐证史料
1	金代	明永乐二十一年《重修辽阳城西广佑寺宝塔记》；1990年清理铁刹杆须弥座时，在刹杆与砖缝间发现的金元时代的文字残片
2	元皇庆二年（1313）	明永乐二十一年《重修辽阳城西广佑寺宝塔记》；明隆庆五年《重修辽阳城西广佑寺宝塔记》
3	明永乐十七年（1419）	明永乐二十一年《重修辽阳城西广佑寺宝塔记》
4	明正德戊辰年（1508）	明隆庆五年《重修辽阳城西广佑寺宝塔记》
5	明隆庆二年（1568）	明隆庆五年《重修辽阳城西广佑寺宝塔记》；明万历庚寅年《重修辽阳城西广佑寺宝塔记》
6	明万历十八年（1590）	明万历庚寅年《重修辽阳城西广佑寺宝塔记》
7	明万历二十六年（1598）	明万历二十六年《重修辽阳城西广佑寺宝塔记》
8	清康熙年间	清道光二十二年《修补广佑寺碑记》
9	清道光二十二年（1842）	清道光二十二年《修补广佑寺碑记》
10	1963年	我国先后于1963年、1972年和1982年对辽阳白塔的基座进行了维修，1963年被辽宁省人民委员会列为省级重点文物保护单位。1988年，被国务院列为全国重点文物保护单位
11	1972年	
12	1982年	

原文《东北古代建筑奇葩：辽阳白塔》刊载于《哈尔滨学院学报》2013年第5期

大连金普新区历史遗迹保护及其旅游开发的对策研究

目前，大连金普新区历史遗迹保护与旅游开发工作所面临的最主要问题是文物保护公众参与度不够、文物价值阐释的方式滞后、欠缺"因地制宜"的旅游价值评价标准以及大多数单体遗迹的旅游开发潜力有限等。对此，本文主要从完善新区的公众考古工作、发挥博物馆对遗迹历史文化价值阐释的引领作用、建立本土化的历史遗迹旅游资源评价标准、打造区域集合型历史遗迹旅游资源、推动历史遗迹与旅游产业的互动五个层面提出了具体的对策建议。

一 大连金普新区历史遗迹保护与旅游开发的基本现状

金普新区是大连市十分重要的经济引擎，其制造业、农业、商贸业、高新技术产业等在全市的经济产业板块中均占有举足轻重的地位。近年来，随着大连城市建设和旅游业的长足发展，金普新区的诸多自然景观和自然资源也得到较好的旅游开发，但其旅游黄金期往往较短，受制于季节性影响的特点十分突出。同时，随着广大群众文化和物质生活水平的普遍提高，城市历史文化体验的需求日益强烈，而新区旅游观赏内容相对缺少历史人文景观的支撑，很多具有观赏和文化价值的历史遗迹长期隐于山野地头却鲜为人知。另外，除了"五一""十一"旅游黄金周和寒暑假之外，金普新区的游客群体主要来源于本市地区。本市居民的"周末游"业已成为填补其旅游"空窗期"新的经济增长点，但固有景点难免会令人产生审美疲劳而缺失重复游览的兴趣。

相比之下，历史人文景观的优势之一便是不受时节的局限，不仅能够满足广大市民涉足田野、猎奇乡土历史的志趣，而且能够极大丰富新区周末游的内容，对于拉动其周边旅游产业和提升游览品味、城市文化形象等均有着不容忽视的作用与价值。长期以来，有关金普新区的历史遗迹研究工作主要以考古和文物保护工作为抓手，大体包括三大方面的内容。

其一，对民间偶然发现或基础建设临时发现的遗迹进行抢救性发掘。相关成果主要记录于考古报告或研究论著中，如《大连考古研究》《金州文物》《大连考古文集》等，为了解新区的历史以及研究大连的城史纪元等问题提供了资料支撑，具有辑佚存古之功和重要的学术价值。

其二，遗迹遗物的普查工作。以市、区两级文博系统的合作为主，通过不定期的阶段性普查摸排，适时更新文物保护信息，掌握遗迹遗物的保存近况，为文物保护部门申报、制定遗迹的保护级别等获取必要的资料数据。如20世纪50年代以来的三次全国文物普查和2012—2017年开展的第一次全国可移动文物普查工作。

其三，文物的保护、研究与展陈工作。据不完全统计，我市拥有各类博物馆达50余所。其中，大连现代博物馆、旅顺博物馆、大连自然博物馆、旅顺日俄监狱旧址博物馆、金州博物馆、普兰店博物馆、瓦房店市博物馆、大连大学博物馆、大连市文物考古研究所，这"八馆一所"不仅馆藏文物丰富，而且均具有长期从事历史和文物考古研究的专业人员。此外，辽宁师范大学、大连大学、大连民族大学3所高校，亦是我市历史、文物、考古研究的人才智库高地。良好的人才储备和长期的文物工作基础，是我市和金普新区从事文物保护与文物价值研究的优势所在。目前，新区出土的文物主要保存于金州博物馆、普兰店博物馆两个县级博物馆，也有部分重要的文物收藏于旅顺博物馆。这三大博物馆是全市人民了解新区乡土历史文化的重要窗口，其可移动文物的保存、展示功能十分突出。

总体上，有关金普新区历史遗迹的基础性研究工作具有较好的传统和根基，可移动文物也得到了较为切实可靠的保护。然而，对于新区的历史遗迹（不可移动文物）的保护工作仍然有待完善，特别是如何在对其保护的基础上合理地将其转化为社会经济效益仍是十分需要和值得深入思考的课题。

二 大连金普新区历史遗迹保护与旅游开发存在的主要问题

众所周知，中国近代史上诸多重大历史事件都曾发生在大连地区，尤其在今天大连市内四区和旅顺口区所遗留下来的一些著名历史遗迹成为游客竞相前往游览的景点。相比之下，金普新区的历史遗迹大多为古代遗址，尽管均已纳入考古学、历史学研究的范畴，但整体上重视程度不够，面向公众的宣传普及工作也更为薄弱，这就难免导致许多历史遗迹难以走进更多普通大众的视野，遗迹的保护也只能依赖于文物保护部门的单方面作为。此外，金普新区历史遗迹的分布较为分散，有的遗迹单体规模不大且地理位置较为偏远，若作为独立的旅游资源开发潜力有限。凡此种种，对金普新区历史遗迹的保护与旅游开发均产生了不容忽视的影响。下面分别从遗迹的文物保护与旅游开发两大层面，具体分析其存在的主要问题和导致的原因所在。

（一）文物保护方面存在的主要问题与原因

得益于我市对文物保护工作的重视，金普新区对遗迹保护的"硬件"配套工作得到了较好的落实，如通过文物普查对遗迹保护现状的跟踪、对文物保护级别的调整与申报、设立文物保护碑、对重要遗迹进行适时修复等。应当说，这些工作的推进和成绩的取得均是在政府的主导之下开展的。但不可回避的是，个别历史遗迹也不乏存在人为破坏的现象，如游客在遗址建筑上的乱涂乱画、当地居民对遗迹建筑石材的随手取用等现象也时有发生。这些问题的杜绝，仅仅依靠政府作为显然是不够的，必须让文物保护的意识深入群众。换言之，金普新区文物保护工作当下面临的主要问题实为文物保护的主体和文物价值的公众认识问题。

1. 文物保护的主体——公众参与度不够

目前，我国的公众考古学已经步入普惠大众的文物保护和利用阶段，考古学不再为大众所陌生，并且得到了越来越广泛的关注。然而，由于考古发掘工作的某些特殊性，我国公众介入考古现场的机会和途径仍然十分有限。长此以往，则不利于培养公众在文物保护方面的"主人翁"精神，并将考古学蒙上一层更加神秘的面纱。尤其是在某些以考古为题材的网络小说和影视剧的影响下，也很容易令一些受教育程度不高的公众忽视考古学的科学性、严谨性、专业性和法制性的特征与内涵。另外，随着公众对于考古关注程度愈发强烈，近年来，一系列考古事件也频频成为舆论的中心，特别是由于部分媒体的不当报道，甚至造成大众对考古工作的流程和性质产生了偏见和误解。这些问题可以说也是金普新区公众考古工作所面临或需要予以避免的。

2. 面向公众的文物价值阐释方式不足

遗迹文物价值的阐释与传播，不仅可以更好地实现其文明传承和服务公众的社会价值，而且可以让公众在了解的基础之上充分认识到文物保护的重要性。对于普通大众而言，博物馆通常是近距离"触摸"地方历史文化，了解和认识遗迹与文物价值的最便捷和最有效的途径，但我市大多数博物馆侧重文物展陈，而相对弱化了对本地遗迹的推介展示，在文物价值阐释的途径与方法上也存在诸多不足之处，县区级博物馆在此方面的问题尤为值得重视和完善。具体言之，则主要表现在以下几个方面。

其一，展示方式单一、乏趣。对于绝大多数参观者而言，博物馆参观时往往在感叹于文物的精美和神奇的同时，更多的感受则是"看不懂"。如此，又何谈吸引公众和有效地传播文物价值。导致这种现象的原因主要在于：我市的县区级和高校博物馆的文物展示普遍是一种简单、静态的陈列，而且大多数的文物身份只标识有年代、名称和来源信息。参观者对于文物的制作、工艺、功用、历史背景等方面的了解，基本取决于讲解者的"讲不讲"和"讲多少"（散客很少请讲解员的情况下，则更是无从所知）。特别是一些史前文物的陈列，鲜有"还原性"的立体化、多元化展示，导致普通大众对其制作、使用和功能的判断过多地依靠猜测和想象，故而兴趣寥寥。

其二，展览内容"年年岁岁花相似，岁岁年年人不同"。根据对我市博物馆展览现状的调研，旅顺博物馆、大连市现代博物馆两所国家一级博物馆既有长期、固定的主题展，还辟有临时展区用以举办专题展和馆界之间的文物交流展。得益于展览内容的不定期更新，受众群体也最为广泛。相比之下，我市其他级别博物馆的展览内容过于固定，甚至"十年如一日"者不在少数。长此以往，便很难吸引公众经常性光顾。虽然这与个别博物馆馆藏文物数量有限不无关系，但更普遍的原因在于大多博物馆（如县级、高校博物馆）的展览经费紧张，而且缺少临时展厅的规划或设计，进而导致大多数的馆藏文物实则被打入"冷宫",只能"养在深闺人未识"。

其三,博物馆讲解"死背硬记,不求甚解"。文物讲解人员作为博物馆与社会公众最为密切的接触者,在很大程度上代表了一所博物馆的公众形象。因此,讲解员的遴选十分注重对形象气质和语言表达能力的选拔,却往往忽视了对其专业背景和学历层次方面的考量,其讲解内容绝大多数也就局限于对讲稿的死记硬背。特别是为了便于记忆,讲稿内容除了相关历史背景的概要介绍之外,一般极少会涉及对文物价值的深层次解读。[①] 事实上,我市的公立博物馆基本都设有研究部,但县级博物馆的研究力量较为薄弱,一定程度上制约了对馆藏文物价值研究和发掘的能力;个别国家级博物馆的研究力量尽管相对较强,但文物研究人员又很少参与公众间的互动。这就难免导致文物价值研究与文物价值讲解、阐释之间存在一定的脱节。

其四,文物标识缺少对接国际社会的"世界观"。在推动全面对外开放、推进"一带一路"、构筑人类命运共同体的新时代背景下,文物是中华文明走向世界十分重要的"形象大使"。因地缘优势,大连地区自古以来便是东北亚地区经济、文化交流的枢纽。改革开放以来,随着大连城市国际化、现代化进程的发展,旅居大连的外籍人士、留学生和外国游客日益增多,其中又以日本人和韩国人居多。因此,我市的馆藏文物既肩负着向世界传播中华文明价值和中华民族精神追求的使命,同时也是向世界展示大连城市文化底蕴的重要窗口。"国之交在于民相亲,民相亲在于心相通。"可是,我们在文物价值的呈现方面,或多或少缺乏主动对接国际社会的观念。例如,我市国家级博物馆的文物标牌一般为汉英双语介绍,但

[①] 文物作为人类智慧的结晶和历史进步的标志,通常具有证史、补史的学术价值,体现审美志趣的艺术价值,承载人文精神的文化价值,以及标识时代科学技术和生产力水平的科学价值。只有具有一定专业素养的讲解,方能使文物价值的讲解更为深刻而生动。

缺少对日文、韩文的关照，其他级别的博物馆则英文介绍也十分罕见。

（二）遗迹旅游开发方面存在的主要问题与原因

1. 遗迹旅游价值评估：欠缺本地化的评价标准

旅游价值评估是对历史遗迹进行旅游开发的先决条件，而旅游资源等级评价又对旅游价值评估有着十分重要的参考价值与指导意义。根据现行的国家标准《旅游资源分类、调查与评价》（标准号：GB/T 18972—2017）中所制定《旅游资源评价赋分标准》（以下简称《标准》），国家对旅游资源项目的评价主要通过"资源要素价值""资源影响力"和"附加值"三大方面予以评估。其中，"资源要素价值"所占权重比最大，"资源影响力"次之，两者共计100分；"附加值"分为正分（3分）和负分（最高5分），主要以"环境保护与环境安全"为评价因子。具体分配概括如下。

"资源要素价值"满分为85分，评价因子包括"观赏游憩使用价值"30分、"历史文化科学艺术价值"25分、"珍稀奇特程度"15分、"规模、丰度与几率"10分、"完整性"5分；"资源影响力"满分为15分，评价因子包括"知名度和影响力"10分、"适游期或使用范围"5分。每一评价因子和分值划分对应为4档。单体项目总分在30分以上者，按照旅游资源评价等级的"得分区间"可区别为一级至五级旅游资源；得分小于或等于29分者则属于"未获等级旅游资源"。

对此需要注意的是，《标准》中各项评价因子的考量大多需要将旅游资源单体项目与全国范围内的同类资源加以横向比较，进而确定其"资源要素价值"和"资源影响力"的赋分。因此，一些旅游资源往往难以评价为高等级的旅游资源，甚至是无法纳入"普通级旅游资源"①的范畴，但是若将其目标游客的主体设定为本地市民的话，则仍然不乏旅游开发的潜力和价值。历史遗迹类资源尤是如此。仅就金普新区的历史遗迹而言，绝大多数者并不具备"举世闻名"的知名度，但一些遗迹却客观上表现出某些地方文化特征和承载着一座城市独有的历史记忆，相对于本地游客则有着无可替代的"乡邦情怀"的魅力。因此，对金普新区历史遗迹旅游开发潜力、价值的评估，当在参考《标准》的基础之上，结合本地区的实际情况予以适当地调整。

2. 遗迹旅游资源开发：遗迹分散，个体资源潜力有限

金普新区的历史遗迹大体可分为"聚落址""城址""墓葬""古战场及军事设施遗址""寺庙""石窟""碑刻""古建筑""窖藏"等九大类型。②其中，"聚落址""墓葬""窖藏"三类遗迹大多单体规模较小且考古发掘后均已回填；土城址（包括砖土混筑城址）均为平原古城址，除个别者在过往的城市建设过程中被拆除殆尽外（如"金州城"），更多的则是伴随历史变迁消逝于岁月的长河中，如今只有依靠田野调查和考古发掘方能捡拾起一些"文明的碎片"；余下的几类遗迹中，部分寺庙和古建筑类遗迹也因为种种原因而成为历史的背影，只是保留和辑录在相关的文献资料中。因此，金普新区的绝大多数历史遗迹其实并不具备旅游资源价值评估和旅游开发的条件。以此言之，那些为数不多、保存现状相对较好的遗迹，其旅游开发的价值就更加弥足珍贵。不过，金普新区历史遗迹的分布较为分散，有的遗迹单体规模不大且地理位置较为偏远，若作为独立的旅游资源开发潜力不足。

---

① 根据《标准》的制定，五级旅游资源又称为"特品级旅游资源"；五级、四级、三级旅游资源被统称为"优良级旅游资源"；二级、一级旅游资源被统称为"普通级旅游资源"。

② 参见徐建华《金州文物》，黑龙江人民出版社2009年版。

三 大连金普新区历史遗迹保护与旅游开发的对策建议

（一）历史遗迹文物保护方面的对策建议

1. 推进和完善公众考古工作，让公众成为遗迹文物保护的主体

在2003年举办的"新世纪中国考古学传播学术研讨会"上，学界即已初步达成了"全面结束孤芳自赏，建立公众考古学"的共识。[1]"公众考古"简言之，即考古的公众化。其最终目的和核心作用在于引导公众对文物遗迹的自觉地保护意识，进而实现文化遗产的传承，是历史遗迹保护与开发的重要途径之一。

为了能够让公众成为遗迹文物保护的主体，进一步提高普通大众对历史遗迹保护的自觉性和法制性意识，建议由文物主管部门牵头，遴选一批文化水平高、热爱考古的公众，以志愿者的身份参与到部分考古和文物保护工作中，从而扩大文物保护与历史文化宣传的队伍；县区级文化部门与旅游部门联动，通过公共媒体、自媒体、图书馆、博物馆等途径，进一步加大地方历史文化方面的宣传力度；在完善遗址保护设施的前提下，选择一批历史遗迹作为全市中小学生的实践教育基地（如春、秋游等方式），使得乡邦文化与爱国主义教育从青少年抓起；鼓励市、区级电视台拍摄地方历史文化和遗址遗迹方面的专题片，在尊重史实的基础之上充分挖掘相关历史背景的深度与广度；推进历史遗迹的信息化建设，可将遗迹的介绍与"二维码"这一自媒体形式相结合，便于游客对其历史背景、功用、价值等全面而深入的了解，而这一点对于那些分布于田野之中的历史遗迹尤为重要，否则对于大多数的游客而言无非就是一场"走马观花"和视觉上的"浅尝辄止"。

---

[1] 刘焱鸿：《全球化视野下的公众考古学新发展》，《惠州学院学报》（社会科学版）2014年第5期。

2. 进一步发挥博物馆对遗迹遗物历史文化价值阐释的引领作用

其一，展览要做到"以观众为中心"，让文物"活"起来。对于某些令人"匪夷所思"的器物，其制作和功用可充分利用背景板加以图文解构，重要者甚至要配合多媒体方式予以辅助展示和介绍；一些工具类文物应适当地"复原"展示。例如，对个别的石斧、石耜、箭镞、杖首等文物，完全可以安装执柄并固定于背板上，做到直观且立体，让观众一眼看破"天机"。此外，展馆中应当复原某些代表性的遗迹景观，不仅可让观众更容易产生时空的代入感，本身也是对历史遗迹的一种推介。这方面，旅顺博物馆的大连地方史分馆应当说为金普新区的各博物馆提供了很好的借鉴。

其二，保证展览和展品更新率，让文物"动"起来。博物馆应设计、划分临时展厅，不定期举办专题展，以增加馆藏文物的"出镜率"；文博系统之间可通过文物借展的方式，盘活资源，借鸡下蛋，让文物流转起来，尽可能使更多的参观者享受到博物馆的红利；大多数高校博物馆都有如下一些主管部门，如教育、科技、文物、文化、旅游等，博物馆要充分利用这些资源，主动出击，承担责任，为社会服务，靠作为赢取地位和获得资金等支持，实现可持续发展；要努力争取项目，包括科学研究、科学普及等，靠项目经费拉动博物馆建设。连续多年，大连大学博物馆就是依靠项目经费，建设了不少"馆中馆"，这些经验值得推广。

其三，打造专兼职相结合的过硬解说员团队，使文物"靓"起来。博物馆内部必须定期组织对讲解员的培训，倡导研究力量薄弱的博物馆聘请专家学者指导文物研究和讲解工作；建议大型博物馆的讲解以"分段式讲解"代替"一路式讲解"，从而有利于讲解内容的丰富和文物价值阐释的深入，进而吸引和加深公众对乡邦历史文化的关注与认识；县级博物馆可面向社会公众吸纳文化素养较高的志愿者，统一培训，以此扩充讲解员队伍和增加社会关注度；促进高校、考古研究所与博物馆之间的学术交流，推动历史、文物的共同研究与合作展览；加强我市县级、高校博物馆的人才梯队建设，适当增加研究岗位的编制和聘任，进一步提高其文物价值研究、阐释的软实力。

其四，文物标识和阐释要于"细节处见情怀"。参考俄罗斯远东地区一些博物馆的经验，因为当地的留学生、游客以中国人居多，所以其文物标牌通常会标注有俄文、英文、中文三种文字。这种对于文物展示细节的关照值得我们学习和借鉴。建议我市的国家级博物馆的文物展示可采取汉英、日韩语双牌；其他级别博物馆的文物标牌则建议至少采用汉、英两种语言文字。鼓励和支持各博物馆遴选出一批能够彰显中华文明精髓、具有大连和金普地域文化特色的馆藏文物（能够公开的），印制成汉英双语的对外文化交流图册，让文物"走"出去。

（二）历史遗迹旅游开发方面的对策建议

1. 参考国家《标准》，建立本土化的历史遗迹旅游资源评价标准

首先，建议将国家《标准》中评价项"资源要素价值"的评价因子调整为"完整性""规模、丰度""文物保护单位级别"三条。

第一，"完整性"。有鉴于金普新区历史遗迹的类型特点和保存现状，其旅游开发价值评估的先决条件便应是遗迹的保存现状具有一定的完整性。而国家《标准》中对评价因子"完整性"的赋分却只有5分，在"资源要素价值"所占分值比例最低。此项赋分比例在金普新区历史遗迹的旅游资源评价参考时显然需要有所提高。

第二，"规模、丰度"。国家《标准》中将此项评价因子称为"规模、丰度与几率"，并分别以"独立型旅游资源单体规模、体量""集合型旅游资源单体结构、疏密度""自然景象和人文活动周期性发生或频率"三项作为评价依据。从金普新区历史遗迹的分布情况来看，许多遗迹属于独立分布的个体，但也有部分遗迹在地理位置上呈现出"遗迹群"的分布特点，故而"规模、丰度"仍然需要作为旅游开发价值的评价因子。然而，"自然景象和人文活动周期性发生或频率"的客观评价，则必须以有长期的"大数据"积累作为支撑方能避免出现掺杂较多主观成分的判断。对于县区级文物保护部门或旅游主管单位来说，此项关于"几率"的数据统计无疑存在相当的困难。因而，不妨"宁缺毋滥"。

第三，"文物保护单位级别"。除了"规模、丰度与几率"和"完整性"两项评价因子之外，国家《标准》中对于"资源要素价值"的评价还包括"观赏游憩使用价值""历史文化科学艺术价值""珍稀奇特程度"三项。检视金普新区的历史遗迹，不乏有被列入全国、省、市、县级文物保护单位。所列入文物保护单位的级别可最为直观、简便、有效地反映出其"历史文化科学艺术价值"与"珍稀奇特程度"的高低，而未列入文物保护单位序列的历史遗迹在此两方面的价值显然要次之。因此，对金普新区历史遗迹的旅游资源价值评估完全可以"文物保护单位级别"来代替"历史文化科学艺术价值""珍稀奇特程度"两项评价因子。至于金普新区历史遗迹的"观赏游憩使用价值"取决于"完整性"程度较高，"文物保护单位级别"也可有一定的体现，故可省略不计。

其次，建议将国家《标准》评价项"资源影响力"调整为"资源旅游配套条件"，评价因子设为"交通条件"和"周边旅游产业"两条。

"资源影响力"是国家《标准》中的另一主要评价项目，并设有"知名度和影响力"与"适游期或使用范围"①两项评价因子。对于金普新区历史遗迹的旅游资源价值评估,前述的"文物保护单位级别"基本上即可视为"知名度和影响力"的镜像反映。而且,地方性历史遗迹旅游开发的主要社会价值和意义之一也在于将更多"名不经传"的文物遗迹纳入公众视野,从而实现乡邦历史文化的普及和传承。以此言之,"知名度和影响力"则需要专门列为金普新区历史遗迹旅资源评价的条件。另外,金普新区历史遗迹的"适游期"除了受天气条件的影响之外,基本不受季节制约;适宜游览人群的范围彼此也差别不大,故"适游期或使用范围"亦可不作评价参考。

事实上,许多地方性历史遗迹旅游开发的成功案例都表明,市民游览历史遗迹的参与度与资源旅游配套条件有着较为直接的关系。金普新区的实际情况同样如此。要之,可概括为"交通条件"和"周边旅游产业"两点。

第一,"交通条件"。金普新区位于辽东半岛南部,毗邻黄、渤二海,地处为丘陵地带。境内诸多历史遗迹不仅远离主城区,而且分布于丘陵、沟壑或田野之中。这也就意味着能否安全、便利地前往此类遗址难免会影响市民游览的意向及参与的广泛性。分布于主城区内的历史遗迹虽然相对具备更为成熟的道路、公共交通等条件,但随着城市发展和人民生活水平的日益提高,"停车难"同样在一定程度上影响了市民游览的热情。因此,"交通条件"可着重以"公共交通""路标""专属停车场"作为评价依据。

第二,"周边旅游产业"。从金普新区历史遗迹的规模和地理位置情况来看,抑或体量规模不大,抑或地处偏僻,有的则兼而有之。无论是就观赏性和趣味性而言,还是从游客的出行成本考虑,

---

① 《标准》中的"使用范围"主要指适宜游览人群的范围而言。

绝大多数遗迹作为独立景点很难具备广泛而持续的吸引力，其旅游开发的潜力自然也就不大。不过，随着近年来金普新区旅游事业的快速发展，一些历史遗迹周边地区的自然资源或自然景观得以开发，随之极大地推动了当地休闲娱乐产业的兴起。很多游客在享受大自然的恩赐和放松身心之余，往往也期盼能够再同时收获一种历史文化上的深度体验，但很多情况下由于不了解而导致不知所往。显然，金普历史遗迹旅游项目的开发在很大程度上便需要依赖于周边旅游产业的发展，则"旅游景区"和"休闲娱乐产业"应当作为"周边旅游产业"的主要评价依据。

综上所述，参考《标准》对大连金普新区的历史遗迹进行旅游资源评价时，"资源要素价值"方面的评价仍要保留"完整性""规模、丰度与几率"两项评价因子（只是"几率"作以省略），而"观赏游憩使用价值""历史文化科学艺术价值""珍稀奇特程度"三项评价因子可采取"文物保护单位级别"予以替代考量。同时，可将《标准》中的"资源影响力"这一评价内容调整为"资源旅游配套条件"，并以"交通条件"和"周边旅游产业"作为评价因子，分别以"公共交通""路标""专属停车场"，以及"旅游景区""休闲娱乐场所"作为评价依据。

2. 对历史遗迹进行旅游价值评估与资源整合

大连金普新区的历史遗迹考古和文物保护工作具有较好的基础。长期以来，以市、区两级文博系统的合作为主，一方面开展不定期的阶段性文物普查，适时掌握遗迹遗物的保存近况；另一方面，对历史价值较为重大的遗迹进行考古发掘或修复，以及对民间偶然发现或施工建设时发现的遗迹开展抢救性发掘。应当说，这些工作有力地推动了金普新区文物遗迹的保护与研究，并为金普新区历史遗迹旅游资源的调研与评估积累了较为丰富的资料。在此基础之上，本项目以前文所设置的评价条件作为依据，初步遴选出金普新区境内的卑沙城、朝阳寺、响水观、观音阁、金州副都统衙门旧址、梦真窟、小关屯石棚、关向应故居、永清寺、二十里堡烽火台、石河驿烽火台、巍霸山城、清泉寺、双塔石塔（2处）、望海寺摩崖石刻等16处具有一定旅游开发潜力和前景的历史遗迹。[①] 为其简要明了，按"资源要素价值"和"资源旅游配套条件"两项评价内容分别予以了统计列表（参见附表1、附表2）。

同时，从增加相关遗址的"丰度"和增强旅游价值的角度出发，我们认为可将其初步整合为6处区域集合型遗迹旅游资源。

大黑山历史遗迹团组：主要由卑沙城、朝阳寺（包括石鼓寺）、响水观、观音阁4处历史遗迹构成。4处遗迹同为大黑山景区的组成部分，本身即属于一种集合型遗迹旅游资源，也是目前金普新区历史遗迹中旅游开发较为成功的案例，具有较好的示范引领作用。

金州城区历史遗迹团组：主要由金州副都统衙门、梦真窟、金州博物馆3处历史资源景观构成。其中，金州副都统衙门旧址位于金州主城区，梦真窟位于其西北方向，两者相距约11公里，而金州博物馆大致位于两者中间位置（距梦真窟约8公里，距离金州副都统衙门旧址不到3公里），故三者亦具备构成区域集合型遗迹旅游资源的地域优势。[②]

关向应纪念馆历史遗迹团组：关向应纪念馆与小关屯石均位于金普新区向应街道，两者相距仅约4公里，且在历史文化内涵与价值方面各具特色，同样具有构筑区域集合型遗迹旅游资源的条件。此外，开发区大李家街道的永清寺于16处遗迹中距离最近的也是以上两处遗迹，虽然相距近25公里，但连接3处遗迹的道路交通

---

① 除此之外，有部分建筑类遗迹尽管"资源要素价值"较好，但因位于学校、医院等单位内不方便参观而不具备旅游开发的条件。

② 金州博物馆并不属于历史遗迹，故在附表1、附表2的统计中并未将其列入。

较为便利，将 3 处遗迹作为同一区域资源加以整合的话，可补充彼此的资源丰度、类型和游览内容。

小黑山区域历史遗迹团组：主要以小黑山的自然景观和温泉等社会旅游资源为中心，链接二十里堡烽火台与石河驿烽火台两处遗迹。尽管二十里堡烽火台与石河驿烽火台相距约 20 公里，彼此距离相对较远，但从大连市内或金州主城区前往小黑山景区均途经二十里堡，而石河驿烽火台距小黑山景区仅为 6.5 公里左右。而且，两处遗址均为明代烽火台，并在形制方面又有所差异，所以也可整合为区域集合型历史遗迹旅游资源。

巍霸山城历史遗迹团组：巍霸山城地处普兰店星台街道葡萄沟村，清泉寺即位于山城的山坳之中，两者位置、结构浑然一体，彼此即属于集合型资源的关系。

双塔石塔历史遗迹团组：普兰店双塔镇和墨盘乡的两座金代石塔，在地理位置、年代、性质等方面具有典型的集合型关系的特点，但规模仍然过小，故可与位于双塔镇境内的望海寺摩崖石刻合并为同一集合型遗迹资源。

当然，这一集合型资源的架构并不意味着会割裂或弱化各区域遗迹之间的联系。事实上，大黑山历史遗迹团组与金州城区历史遗迹团组在地理位置上便具有相对密切的关系；关向应纪念馆历史遗迹团组与小黑山区域历史遗迹团组、巍霸山城历史遗迹团组与双塔石塔历史遗迹团组，在地理分布方面的密切程度亦然。更为重要的是，这种历史遗迹区域集合型建构目标的实现极具操作的可行性，具体措施主要有三点：一是在每处遗迹的合适位置上树立设计精美又无明显突兀感的区域遗迹分布图，游客能够对周边代表性遗迹的分布一目了然；二是每处遗迹的介绍内容中（包括前述的扫码形式的遗迹介绍）可简明推介区域内的其他遗迹；三是毗邻的遗迹之间要沿途设置较为明显的路标指示。

3. 推动历史遗迹与旅游产业的互动

国内外大量的成功案例都表明遗迹与旅游产业的互动是对历史遗迹进行旅游开发的重要途径之一。近年来，卑沙城、朝阳寺、响水观、观音阁与大黑山景区的融为一体开发及其对周边旅游产业的拉动，可谓金普新区历史遗迹与旅游产业相得益彰发展的典范。附表2的统计结果显示，余下的12处遗迹周边通常也开发有自然观光风景区或有着较为成熟的休闲娱乐产业布局（个别者在此两方面甚至均具有一定优势），在资源旅游配套条件上是具有一定基础的。然而，从上述遗迹旅游开发的实际情况来看，大多并未发挥出应有的作用和影响力。尤其是梦真窟、小关屯石棚、永清寺、双塔石塔、望海寺摩崖石刻和两处烽火台遗迹，即便是金普新区的本地人也知之者甚少，就更不必言及助推旅游产业发展了。

在此情况下，这些遗迹的旅游开发途径除了在前述几项举措的实施过程中应当予以特别关注之外，也格外需要助推其与周边旅游产业的互动。例如，可在旅游景区和休闲娱乐产业中设立周边遗迹导览图、遗迹名牌；鼓励旅游产业在宣传网站、图册等内容中对周边的历史遗迹有所简略介绍或提及。这两项措施均简单易行，且能够起到提示和引导游客的作用，应当作为遗迹旅游开发前期工作的基本举措。作为历史遗迹对旅游产业的"反哺"，可在遗迹设立的"区域遗迹分布图"中同时标注周边的主要旅游产业；后期的开发过程中，也可以考虑在文物保护部门的督导和监管下适当开辟旅游产业与周边历史遗迹间的旅游专线。当然，其具体方式必须在不违背相关法律的前提之下，具体操作也还需要有关部门进一步加以磋商、论证和探索。

结　语

一座城市的可持续发展既需要具有竞争力的经济体量，也需要塑造与之匹配的文化形象。金普新区的历史遗迹不仅承载着地域文化的历史记忆，很多也成为大连这座滨城不可或缺的历史文化坐标，其旅游资源价值的评价与开发是实现文物保护、传承以及服务于地方经济发展的重要内容和途径。尤其是2020年初以来的新冠肺炎疫情使大连市的旅游业遭遇了前所未有的"寒冬"。然而，疫情阵痛之后，全市的旅游业也势必迎来较为持续的"井喷期"。趁此旅游"休眠期"，积极推动和筹备金普新区历史人文景观旅游价值的评估与开发工作则将有利于更为从容地应对即将到来的旅游高峰，并以此助力快速恢复新区的经济体能和城市文化建设工作。另外，金普新区与大连庄河、瓦房店地区的旅游业发展面临诸多的共性问题与挑战，以金普新区作为实践对象也不失为一种示范性的尝试。

附表1　　　　金普新区历史遗迹资源要素价值统计表

遗迹名称	地理位置	性质类别	年代	文保单位级别	体量规模	备注
卑沙城	大黑山南麓	古城址类	建于公元5世纪以后，具体始建年代不详	省级	较大	又名"毕奢城""大黑山山城"等，"金州古八景"之"山城夕照"
朝阳寺	大黑山西南麓	寺庙类	明清	市级	中等	始建年代不详，明清重修。史称"明秀寺"，"金州古八景"之"朝阳霁雪"，其中唐王殿又名"石鼓寺"

续表

遗迹名称	地理位置	性质类别	年代	文保单位级别	体量规模	备注
响水观	大黑山西北麓	寺庙类	清代	市级	中等	根据《金州文物》介绍，响水观始建于唐代，清代和民国时期均有重修。又名"响水寺"，"金州古八景"之"响泉消夏"
观音阁	大黑山东北麓	寺庙类	明清	市级	中等	始建年代不详，明清重修。又名"胜水寺"，"金州古八景"之"南阁飞云"
金州副都统衙门旧址	金州区拥政街道民主街255号	（官衙）建筑类	明清	省级	中等	
梦真窟	金州区大魏家街道前石村北屏山上	石窟	魏晋南北朝	市级	较小	《大连通史》认为是辽代遗址。又名"古佛洞""佛爷洞"，为一座天然石灰岩溶洞石窟，"金州古八景"之"佛洞滴泉"
小关屯石棚	金州区向应街道小关家屯村东山	（祭祀）建筑类	青铜时代	省级	较小	
关向应故居	金州区向应街道关家村大关屯	名人故居类	近现代	省级	较大	始建于清代，为关向应同志故居。被列为"全国爱国主义教育示范基地"
永清寺	开发区大李家街道太山村庙西沟屯	寺庙类	明清	市级	中等	相传始建于明末，民国时重修
二十里堡烽火台	金州区二十里堡街道二十里村东北台山顶	军事建筑类	明代	市级	较小	
石河驿烽火台	金州区石河街道石河村隋家沟屯东台山上	军事建筑类	明代	省级	较小	

续表

遗迹名称	地理位置	性质类别	年代	文保单位级别	体量规模	备注
巍霸山城	普兰店区星台镇郭屯村巍霸山上	古城址类	约始建于东汉，高句丽沿用	国家级（含清泉寺）	较大	又名"吴姑城"
清泉寺	位于巍霸山城内	寺庙类	约始建于唐代			被誉为"辽南第一刹"
双塔石塔	"一塔"位于普兰店区双塔镇唐屯村西山上；"二塔"位于普兰店区墨盘乡滕屯村滕屯塔山上	建筑类	金代	省级	较小	
望海寺摩崖石刻	位于普兰店区双塔镇九龙山风景区南坡	石窟类	金代	省级	较小	

附表2　　金普新区历史遗迹资源旅游配套条件统计表

| 遗迹名称 | 交通条件 ||| 周边旅游产业（半径15公里范围内） ||
	公共交通	停车场	路标	旅游景区	休闲娱乐产业
卑沙城		√	√	从属大黑山国家3A级旅游景区	周边的农家乐产业发达
朝阳寺		√	√		
响水观	√	√	√		
观音阁	√	√	√		
金州副都统衙门旧址	√		√	大黑山国家3A级旅游景区、金州滨海路	金州主城区休闲娱乐产业、魔幻岛主题公园、金州博物馆等
梦真窟	√				
小关屯石棚			√		范家大院、紫云花汐薰衣草庄园等
关向应故居	√	√	√		

续表

遗迹名称	交通条件			周边旅游产业（半径15公里范围内）	
	公共交通	停车场	路标	旅游景区	休闲娱乐产业
永清寺				大连城山头海滨地貌国家级自然保护区	
二十里堡烽火台					水云涧温泉度假景区、"黄毛鱼馆"等农家乐
石河驿烽火台				小黑山景区	东泉假日温泉酒店、石河东沟村农家乐产业
巍霸山城（清泉寺）		√	√	普兰店九龙山风景区	普兰店区安波镇的温泉产业在大连地区享有盛名，巍霸山城前往安波镇约40公里，双塔镇前往安波镇约20公里
双塔石塔					
望海寺摩崖石刻					

下编

地域文化与历史文献

东北地区的"辽"字地名文化研究

地名,素有"历史的活化石"之称。古往今来,在我国东北南部地区就存在一个热衷于以"辽"字冠名的特殊地名文化现象,如辽宁省、辽阳市、辽阳县、辽中县、辽源、辽河、辽山、辽东湾、辽东半岛、辽东、辽东省、辽左、辽西、辽中、辽北、辽南、辽东郡、辽西郡、辽海、辽海卫、辽阳行省、辽东国、辽东城、辽东属国、辽东都司、大辽水、小辽水、辽阴、辽队等。从分布的地域上看,这些"辽"字地名主要集中分布于我国辽宁省境内及其周边地区。这不禁令人好奇和思索,"辽"字及其相关地名到底蕴含着怎样的内涵与魅力,其中又隐含着哪些历史渊源呢?此外,随着近些年来学界对辽宁地域文化特征的探讨与凝练,社会各界也相继提出了"辽河文化""辽东文化""辽宁文化""辽海文化"等文化冠名符号,但究竟哪种文化最为适宜呢?有基于此,本文拟在对"辽"字本义考释的基础之上,通过对部分典型"辽"字地名的疏证,以探"辽"字地名之渊源及其命名规律、性质类别和分布特点,进而比较"辽海""辽东"等各文化符号冠名辽宁文化的合理性。

一 "辽"字释义

"辽"字古义多释为"远"。东汉许慎在《说文解字》中对

"辽"字的解释言简意赅:"辽,远也。"① 东汉王逸注《楚辞·九叹》"山修远其辽辽兮"之"辽辽"为"远貌"②。此外,在古典文献中,"辽"还常与"劳"相通,亦释为"远"。《诗经·小雅·渐渐之石》:"渐渐之石,维其高矣。山川悠远,维其劳矣。"东汉郑玄笺:"山川者,荆舒之国所处也,其道里长远,邦域又劳劳广阔,言不可卒服。"唐代孔颖达疏:"'维其高矣'还是'渐渐之石'高也,则知'维其劳矣'是'山川悠远'之'劳劳'也。故曰'山川者,荆舒之国所处,其道里长远,邦域又劳劳广阔'……广阔辽远之字,当从辽远之辽,而作劳字者,以古之字少,多相假借。"③ 清代段玉裁采各家之言对"辽"字作注曰:"《小雅》:'山川悠远,维其劳矣。'笺云:'其道里长远,邦域又劳劳广阔。'劳者,辽之假借也。"④ 而在《广雅》《经籍籑诂》等我国古代其他一些字书中,对于"辽"字的训诂也大都承袭了《说文解字》而将其释为"远也"。

不过,自魏晋以降,"辽"字的内涵也不断有所丰富。例如,魏晋时期的阮籍《咏怀》诗云:"人生乐长久,百年自言辽。"《辞源》《辞海》均将其"辽"释为"久远"⑤。唐白居易《截树》诗云:"开怀东南望,目远心辽然。"《辞海》释其"辽"为由"遥远"之义引申为"开阔"⑥。此外,《康熙字典》在采《说文解字》的解释基础之上,还进一步收录了宋元时期相关字书中的其他解

---

① (汉)许慎撰、(清)段玉裁注:《说文解字注》,浙江古籍出版社2007年版,第75页。
② (汉)王逸注、(宋)洪兴祖补注:《楚辞章句补注》,吉林人民出版社1999年版,第295页。
③ (汉)毛亨传、(汉)郑玄笺、(唐)孔颖达疏:《毛诗正义》,(清)阮元校刻《十三经注疏》,中华书局2009年版,第1074页。
④ (汉)许慎撰、(清)段玉裁注:《说文解字注》,浙江古籍出版社2007年版,第75页。
⑤ 《辞源》,商务印书馆1979年版,第3087页;《辞海》,上海辞书出版社2001年版,第1290页。
⑥ 《辞海》,上海辞书出版社2001年版,第1290页。

释:"《说文》:'远也。'《楚辞·九叹》:'山修远其辽辽兮。'又《集韵》:'水名。在辽阳县。'又《韵会》:'国名,契丹之后,至耶律德光,号大辽。'"① 除此之外,《金太祖实录》所载之"辽以镔铁为国号",则又为"辽"字增释了"镔铁"之意。②

从以上所举材料不难看出,"遥远"是为"辽"字之本义。尽管后世还有久远、朝代名、水名等解释,但均属于引申或派生之义。以"朝代名"为例,契丹族建立的大辽固然属于朝代名称,然而契丹为何取"大辽"之国号,其国号"大辽"之"辽"字又究竟有怎样的内涵和寓意呢?换言之,"朝代名"显然不能释其本义,至于"镔铁"之说则颇有异议。

从存世史料来看,关于辽朝国号"大辽"之"辽"含义的考释,大约最早见成书于皇统八年(1148)的《金太祖实录》,"太祖以辽天庆五年建国,曰:'辽以镔铁为国号,镔铁虽坚刚,终有销坏。'"③ 依其所释,"辽"为"镔铁"。其后,在元朝脱脱所撰《金史·太祖本纪》和清人张穆所著的《蒙古游牧记》中均有类似的记载。如,《金史·太祖本纪》:"上曰:'辽以镔铁为号,取其坚也。镔铁虽坚,终亦变坏,惟金不变不坏。金之色白,完颜部色尚白。'于是国号大金。"④《蒙古游牧记》:"按旧说,契丹建国号曰辽,译言镔铁,盖《尔雅》'白金美者谓之镣'。故女真抗辽,则名其国曰金。"⑤

---

① (清)张玉书:《康熙字典》,九州出版社1998年版,第2693页。
② 持此说者主要有冯家升先生及日本学者白鸟库吉博士。冯家升:《契丹名号考释》,《燕京学报》1932年第13期,以及参见王禹浪《契丹称号的含义与民族精神》,赤峰市北方国际研究中心《中国北方古代文化国际学术研讨会论文集》,中国文史出版社1995年版,第120—143页。
③ 参见(宋)李心传《建炎以来系年要录》卷1,建炎元年春正月,中华书局1956年版,第2页。
④ (元)脱脱:《金史》,中华书局1975年标点本,第26页。
⑤ (清)张穆:《蒙古游牧记》卷7,南天书局1981年版,第128页。

尽管上述四则史料均释"辽"为"镔铁"，但此说素有争议且着实值得商榷。首先，按《蒙古游牧记》所推断的"辽"通"镣"一说，镔铁之说其实并不准确。《尔雅·释器》称："黄金谓之璗，其美者谓之镠。白金谓之银，其美者谓之镣。"郭璞对此注曰："此皆道金银之别名及精者，镠即紫磨金。"①可见，"镣"实为白银之美者或称之"紫磨金"，而并非"镔铁"。其次，契丹语谓"铁"曰"曷术"，女真语谓"铁"曰"塞勒"②，即便采取音译亦不为汉字之"辽"。另外，据刘浦江先生所考，"大金"国号来源于按出虎水，《金太祖实录》的纂修者是为了表明完颜阿骨打起兵伊始即以取代辽朝为目的，于是杜撰了一个"辽以镔铁为国号""故女真称金以胜之"的话柄。③也就是说，《金太祖实录》中的"辽之镔铁说"并不可信。以此言之，释"辽"为镔铁则不免有牵强附会之嫌。

那么，大契丹国缘何于938年和1066年先后两次改国号为"大辽"呢？对此，王禹浪先生曾在《契丹称号的含义与民族精神》一文中指出，"太宗耶律德光在深受中原文化的影响下，于会同元年（938）十二月，将契丹国号改称为'大辽'"④。张博泉先生对此则进一步指出："辽，是中原固有的名称，其义为辽远。""契丹以辽为国号，标志着契丹在向中原化发展道路上走出了最关键一步。"⑤ 其后，刘浦江先生在《辽朝国号考释》一文中具体分析了契丹于天显十三年（938）改国号为辽的背景，认为此举与燕云十六州入辽有着直接的关系，特别是辽朝当时改元"会同"，实

---

① （晋）郭璞注、（宋）邢昺疏：《尔雅注疏》，（清）阮元校刻《十三经注疏》，中华书局2009年版，第5656页。
② 参见冯家升《契丹名号考释》，《燕京学报》1932年第13期。
③ 刘浦江：《关于金朝开国史的真实性质疑》，《历史研究》1998年第6期。
④ 王禹浪：《契丹称号的含义与民族精神》，赤峰市北方国际研究中心《中国北方古代文化国际学术研讨会论文集》，中国文史出版社1995年版，第120—143页。
⑤ 张博泉：《"契丹"、"辽"名称探源》，《黑龙江民族丛刊》1999年第4期。

则包含着"蕃汉一家"的寓意。① 笔者亦赞同三位先生的见解。我国东北地区少数民族的本民族文字均晚于汉字。契丹国改国号为辽是公元 10 世纪的事情,而早在成书于西汉时期的《管子》一书中就已经有"辽东"的明确记载,而且"辽东"一名早在公元前 7 世纪就已经出现。② 这足以说明,"辽"字并非来源于少数民族语系,即便在有些时候或场合"辽"字可能为其他语系语言的音转,亦不能从转写的角度解释其本义;契丹改国号为辽,实为受汉族文化影响,有"蕃汉一家"之寓意,以便于其在意识形态领域对燕云地区汉人的安抚和统治。

然而,汉字千万,契丹因何唯独选"大辽"命其国号呢?据《三朝北盟会编》所记:"大金以水名'阿禄阻'为国号。'阿禄阻',女真语'金'也。以其水产金而名之,故曰'大金',犹辽人以辽水名国也。"③ 另据《建炎以来系年要录》载:"爱新,女真语也。以其水生金而名之,犹辽以辽水名国也。"④ 按此,辽之国号源于辽水。⑤ 不过,应当明确的是"来源"很多时候并不能完全等同于"含义"。关于契丹以"辽水名国"的深刻内涵,张博泉、刘浦江两位先生亦曾分别在《"契丹"、"辽"名称探源》和《辽朝国号考释》中作过论述。在受两位先生观点的启发之余,笔者认为,其内涵应当从两个方面思考:

一方面,在契丹民族的历史传说中,"有神人乘白马,自马盂山浮土河而东,有天女驾青牛车由平地松林泛湟河而下,至木叶

---

① 刘浦江:《辽朝国号考释》,《历史研究》2001 年第 6 期。
② 参见后文有关"辽东"一名由来的考证。
③ (宋)徐梦莘:《三朝北盟会编》卷 3,上海古籍出版社 1987 年影印本,第 22 页。
④ (宋)李心传:《建炎以来系年要录》卷 1,建炎元年春正月,中华书局 1956 年版,第 1—2 页。
⑤ 即实先生在《契丹国号解》(《社会科学辑刊》1983 年第 2 期)一文中亦从音韵学的角度考证了辽朝是以"辽水名国"。

山,二水合流,相遇为配偶,生八子,其后族属渐盛,分为八部"①。辽水就是湟河和土河合流后的名称。同时辽水也是今辽河之旧称,其名由来已久,并为中原人士所熟知。② 因此,以"辽水名国"既不悖于契丹本民族情感,又有利于安抚和控制燕云地区的汉人,即刘浦江先生所指的意味着"蕃汉一家"。

另一方面,作为国家称号的命名或改称,其重要性和严肃性自是不言而喻的。契丹两次改国号为大辽,第一次时值辽太宗耶律德光统治时期;第二次时值辽道宗耶律洪基统治时期。契丹是一个受中原文化影响较早、较深的北方少数民族,辽太宗时正式建立了南北面官制,其南面官员多由汉人充当。至辽道宗时期,契丹民族的汉化程度更高。因此,在契丹改国号为大辽之前,契丹的统治阶级不可能不谙熟"辽"字"遥远、久远"之含义。基于这种考虑,笔者认为辽朝之国号"辽"很可能也寓意着"疆域辽阔,立世久远"。

总之,不论是辽朝之"辽",抑或是"辽水""辽河"之"辽",仅以朝代名或水名解释其含义,是不能解释个中"辽"字内涵的。不过,从"辽"字释义的发展历程中应当可以确定的是,"辽"字之本义应为"遥远"。当然,还需要注意的是,"辽"字含义在"遥远"之意的基础之上是有所丰富和变化的。尤其是在"辽"字地名当中,其含义非常复杂。即便是同一"辽"字地名,在不同历史时期或不同的语言环境中,其内涵也会有所差异。这一点在"辽东"一名中可谓体现得淋漓尽致。

---

① (元)脱脱:《辽史》卷37《地理志》,中华书局1974年标点本,第445—456页。
② 参见后文对辽水名称沿革的考证。

二 "辽"相关地名疏证及其分布与命名

(一)"辽"字相关地名研究综述

在我国东北地区存在着 40 多个以"辽"字命名的地名。择其要者,以"辽东""辽水"为最古、使用时间最长、稳定性最强、影响力最大。长期以来,学界有关"辽"字地名的研究主要集中在对"辽东""辽水""辽宁"和"辽阳"等 4 个地名的由来与含义的考证。

1. 有关"辽东"之名的研究

早在 20 世纪 20 年代,金毓黻曾就"辽东"一名指出:"盖古帝王宅京于冀、幽、并、雍,辽地适当其东,故以幽蓟以东之地被以是名,非以在辽水之东而名之也。"[①] 20 世纪 80 年代,"辽东"之名的由来和内涵问题再度受到学界的关注。[②] 其中,"辽东"作为地名在燕置辽东郡之前就已存在的观点基本得到了当时学界的认同,而有关其含义的认识却存在较大分歧,一说主张缘于"远在九州之东"而得名[③],一说则主张应释为地在辽河以东。[④] 21 世纪初,以《辽东地名考》[⑤] 一文为代表则进一步推进了"辽东"地名的研究,并在以往研究的基础之上取得了新的进展。首先,该文通过对相关文献的爬梳和考证,将"辽东"一名的初始时间追溯到至少在

---

① 金毓黻:《辽东文献征略》卷 1《郡邑》,徐丽华主编《中国少数民族古籍集成》(汉文版),四川民族出版社 2002 年版,第 31 册,第 10 页。
② 邸富生:《辽东考》,《地名丛刊》1985 年第 1 期;刘发:《释辽》,《地名丛刊》1988 年第 2 期;贺政权:《辽东一词的由来及其它》,《东北地方史研究》1987 年第 2 期;王成国:《关于"辽东"地名几个问题的探讨》,《地名丛刊》1987 年第 2 期。
③ 刘发:《释辽》,《地名丛刊》1988 年第 2 期。
④ 邸富生:《辽东考》,《地名丛刊》1985 年第 1 期;贺政权:《辽东一词的由来及其它》,《东北地方史研究》1987 年第 2 期。
⑤ 王禹浪、芦珊珊:《辽东地名考》,《黑龙江民族丛刊》2011 年第 1 期。

2600多年以前，并且早于"辽水"之名，其实也就否定了"辽东"缘于"辽河以东"而得名的说法。其次，该文通过对"辽东"最初地域概念的考证，对"远在九州之东"说予以了支持和补充，并在此基础之上，还从地名变迁的角度对"辽东"的地名含义进行了探讨和解析。

2. 有关"辽水"之名的研究

"辽水"一名最早见于《山海经·海内东经》："辽水出卫皋东。"① 在《吕氏春秋》《汉书·地理志》《通典》《通考》《大清一统志》等其他古籍中也有关于辽水的记载。而《水经》中最早有关于大、小辽水的记载："高句丽县有辽山，大辽水所出，西南至辽队县，入于大辽水也。"② 据《大清一统志》和《奉天通志》的考证，大辽水即今天的辽河，小辽水即今天的浑河。这一观点，为后来大多学者所认同，此处不再赘言。然而，关于《山海经·海内东经》"辽水出卫皋东"中的"辽水"当为哪一条水却一直存在着争议。一种观点认为，此辽水乃今天之辽河，如贺政权的《辽东一词的由来及其它》和邸富生的《辽东考》等文中均从此说；另一种观点则认为，此辽水应为今之浑河。③

3. 有关"辽宁"之名的研究

对于"辽宁"一名含义的探讨大体始于20世纪20年代至40年代。其间，《盛京时报》《中华最新形势图》《中国地理新志》《东北地理沿革及其民族》《辽宁省释名》对"辽宁"一名均有解释。暂且不论辽宁之"宁"字为"安宁"之意或是取"广宁镇"之"宁"字，仅言其对辽宁之"辽"字的解释可归纳为两种说法：一说为源于辽河之"辽"；一说为源自辽东、辽海之"辽"，为辽

---

① 袁珂：《山海经校注》，巴蜀书社1993年版，第386页。
② （北魏）郦道元：《水经注》，岳麓书社1995年版，第223页。
③ 刘发：《释辽》，《地名丛刊》1988年第2期。

域之"辽"。

20世纪80年代,"辽宁"之名再次得到学界的关注。其中,《辽宁名称考》一文称:"人们往往把辽宁称之为辽东……辽海,泛指辽河流域以东至海的广大地区,与辽东含义相同,是辽宁的另一个别称。如《唐书·薛仁贵传》:'仁贵威震辽海',即指今辽宁地区。"[1] 该文分别提到了辽东、辽海两个概念与辽宁、辽河之间的关系,但没有明确说明辽宁之"辽"字到底是源于辽地之"辽",还是辽河之"辽"。对此,刘发则先后在《辽宁省名称之考源与辨义》和《释辽》两篇文章中阐明观点,认为辽宁之"辽"应是取辽地之义。按《辽宁省名称之考源与辨义》一文的解释:"东周以来,王权凌夷,诸侯力政,燕亦自行拓地、设郡置守,名幽州之东为辽地,并列辽东、辽西二郡,秦汉因之,继续袭用至于清初而改奉天,故辽宁省之称辽或辽东,因袭古代之称,取辽地之义……故辽宁之辽,辽东之辽,辽域之辽皆应为同义人文地理名词。"[2] 总之,学界有关"辽宁"之辽的看法颇有分歧,且以辽河之辽和辽地之辽的争议最大。

4. 有关"辽阳"之名的研究

相关研究总体涵盖了"辽阳"一名的由来、初始时间和含义三个方面。其中,根据《浅谈辽阳地名》[3] 一文的总结,"辽阳"之名的由来主要分为两说:一种观点认为,辽阳故城的名字移到古襄平,成为辽阳新城,是为襄平、辽阳两地说;另一种观点认为襄平、辽阳本为一地,是为一地两名说。而有关"辽阳"初始时间的看法,则基本可概括为源于渤海国或始于辽代两种。[4] 有关辽阳地名含义的认识同样存在分歧:一种观点主张,"辽阳"之"辽"取

---

[1] 邸富生:《辽宁名称考》,《辽宁日报》1985年2月5日。
[2] 刘发:《辽宁省名称之考源与辨义》,《社会科学辑刊》1982年第4期。
[3] 王鼎:《浅谈辽阳地名》,《地名丛刊》1987年第1期。
[4] 参见王禹浪、王建国《古代辽阳建制沿革初探》,《大连大学学报》2005年第5期。

"辽地"之"辽",因辽地在海之北,因"山南水北曰阳"的传统而取"阳"字,合而为一即为"辽阳"①。另一种观点则主张今辽阳乃取汉代辽阳之义,即汉之辽阳县地处小辽水北岸,按"水北曰阳"之义而得名。②除此之外,还有学者认为:"太子河为辽河的支流,而古河道在城之南,首山以北,符合'山南水北曰阳'之例。"③

综上可见,辽东、辽水、辽宁、辽阳4个"辽"字地名是有关"辽"字地名研究的焦点,而其他"辽"字地名通常只是在此类研究中偶有涉猎或提及。从以往研究来看,"辽宁"和"辽阳"之名与"辽东"或"辽水"密切相关,而"辽东"和"辽水"两者又似乎存在千丝万缕的联系,并与"辽"字之内涵渊源颇深。换言之,"辽"字地名现象的探究,离不开对"辽东""辽水"之名以及"辽"字内涵的追本溯源。其中,王禹浪、芦珊珊的《辽东地名考》一文已对"辽东"之名予以了较为充分地研究,前文对"辽"本义的梳证,亦是对"辽东"地名缘于"远在九州之东"的补证,故不再赘述。相比之下,"辽水"之名的历史沿革和内涵仍有待进一步探讨。

(二)"辽水"地名考

1. "辽水"之名的沿革

辽水为我国古代六川之一,其名称最早见于《山海经·海内东经》:"辽水出卫皋东,东南注渤海,入辽阳。"④ 至东汉又有"辽

---

① (明)毕恭等修、任洛等重修:《辽东志》卷1,金毓黻《辽海丛书》,辽沈书社1985年版,第355页。
② 王绵厚:《西汉时期辽宁建置论述》,《东北地方史研究》1985年第1期;李景兰、金殿士:《古城辽阳与清初的东京城》,《东北地方史研究》1985年第4期。
③ 参见王鼎《浅谈辽阳地名》,《地名丛刊》1987年第1期。
④ 袁珂:《山海经校注》,巴蜀书社1993年版,第386页。

水"和"大辽水"之别。《汉书·地理志》:"大辽水出塞外,南至安市入海,行千二百五十里。""高句丽,辽山,辽水所出,西南至辽队入大辽水。"① 与此同时或稍后时期又见"小辽水"之称。《水经》云:"高句丽县有辽山,小辽水所出,西南至辽队县,入于大辽水也。"北魏郦道元注曰:"(小辽)水出辽山,西南流经辽阳县与大梁水会。""小辽水又西南经襄平县为淡渊,晋永嘉三年涸。小辽水又经辽队县入大辽水。"②

从文献有关大、小辽水的流经方向、流经地域等的记载不难判断,大、小辽水虽相汇但不同源,当为两水。据《读史方舆纪要》所考,"浑河在司西北,一名小辽水,源出塞外,西南流至沈阳卫合沙河,又西南流至都司城西北入于太子河"③。又有《奉天通志》考:"大辽水即今辽河,小辽水即今浑河。"④ 而辽河、浑河之称均始于辽代,《辽史·地理志》载:"辽河出东北山口为范河,西南流为大口,入于海……浑河在东梁与范河之间。"⑤ 总之,大辽水为辽河古称,小辽水为浑河古称已基本为学界所公认,但是关于《山海经·海内东经》和《汉书·地理志》中的"辽水"是否为同一河流则存有争论。

《汉书·地理志》中的"辽水",其发源地、流经路线与《水经》中关于"小辽水"的描述如出一辙,故而可以断定此"辽水"为小辽水(浑河)无疑。至于《山海经·海内东经》之"辽水",主要存在两种观点:一为大辽水(辽河);一为小辽水(浑河)。主张前者主要依据《水经》:"大辽水出塞外卫白平山,东南入塞,

---

① (汉)班固:《汉书》,中华书局1962年标点本,第1626页。
② (北魏)郦道元:《水经注》,岳麓书社1995年版,第223页。
③ (清)顾祖禹:《读史方舆纪要》卷37,中华书局2005年版,第1706页。
④ 金毓黻:《奉天通志》卷67,辽海出版社2002年版,第1452页。
⑤ (元)脱脱:《辽史》,中华书局1974年标点本,第456页。

过辽东襄平县西。"疑"卫白平"为"卫皋"之误写。① 主后者则认为"'卫皋'应读'窝集',乃古肃慎语,浑河上游女真人称纳鲁河,《盛京通志》所考纳鲁河'源出纳鲁窝集,流入安巴尼雅勒山',即为浑河"②。

上述两种观点显然是从语言学角度对史料的一种推断。前者是从字形的角度,后者则是从语音的角度,仅此是很难判断哪一种观点更具有说服力的。如果从河流的流经方向的角度来考虑就比较明朗了。古代浑河是从东北向西南流,于辽队(今三岔口)注入辽河,西南注入渤海,与《山海经·海内东经》"辽水"的流经方向相左。而辽河有东、西二源,其西源出今内蒙古境内的白岔山东南流,在辽宁省昌图县福德店附近与东辽河汇合后折向东南,至铁岭地区折向西南而注入渤海。因此,从辽河的大体的流经方向及其发源地与入海口的位置比较来看,基本为东南流,过辽阳,注渤海,符合《山海经·海内东经》关于"辽水"的记载。由此判断,《山海经·海内东经》之"辽水"当为大辽水(辽河),而其语序亦应当为东南入辽阳,注渤海。继《汉书·地理志》以后,"辽水"之称又再次发生变化而专指"大辽水",如北魏郦道元《水经注》之"大辽水"条:"辽水亦言出砥石山,自塞外东流。"③《大清一统志》记"辽河"条:"唐时,辽水已合东西二源言之"④ 等。

2. "辽水"地名释义

辽水一名虽然得名较早,但缺乏对其含义的考证和记载。有学者认为辽与潦古为同音通假字,而潦又有涝音,同涝,所以辽有涝之意,如"辽泽泥潦,车马不通"等。⑤ 笔者认为,即便辽与潦同

---

① 刘子敏:《关于"辽东"的考辨》,《中国边疆史地研究》1996年第1期。
② 刘发:《释辽》,《地名丛刊》1988年第2期。
③ (北魏)郦道元:《水经注》,岳麓书社1995年版,第221页。
④ (清)穆彰阿、潘锡恩等纂修:《大清一统志》卷59,四部丛刊续编影印本。
⑤ 邸富生:《辽东考》,《地名丛刊》1985年第1期。

liao 音，而潦与涝同 lao 音，却不能把"辽"简单地代换为"涝"，二者并非完全等量关系。如果可以代换，为何不见把"辽水"异写成"涝水"，或把"水涝"异写成"水辽"呢？而且，辽河自古中下游水量较为充沛，但其主源西辽河流经干燥的半荒漠、黄土地区，就其干流而言根本谈不及水涝。故此，把"辽水"的由来归结为水涝并不尽然。按新近研究对"辽东"内涵的考释，其含义有广狭之分，内涵虽源于方位名词，但却表示一地域概念，其范围西起努鲁儿虎山和滦河一线，东到清川江一带，即"辽地"①。在此基础上理解"辽水"，笔者认为，解释为"辽地之水"或"辽地之大水"更为贴切。

（三）"辽"字地名的分布与命名特点

"辽"字地名具有悠久的历史和丰富的内涵。据不完全统计，东北地区的辽字地名（行政建置地名为县级以上）多达 40 余个。统观这些地名，虽然其名称并非出现在同一历史时期，但却呈现出相近的分布特点和命名规律。首先，按其名称属性大致可以分为以下 3 种类别：

行政建置名称：辽宁省、辽阳市、辽阳县、辽中县、辽源市、辽东州、辽东省、辽西省、辽北省、辽东郡、辽西郡、辽海卫、辽阳行省、辽东属国、辽东都司、辽东国、辽东城、辽东道、辽州、辽阴、辽队、双辽市、通辽市、东辽县等。

区域名称：辽东、辽东外徼、辽左、辽西、辽北、辽南、辽海、辽东半岛等。

自然地理名称：辽河平原、松辽平原、辽河、辽山、辽东湾、辽水、大辽水、小辽水、辽泽、东辽河、西辽河等。

---

① 王禹浪、芦珊珊：《辽东地名考》，《黑龙江民族丛刊》2011 年第 1 期。

其次，通过对以上"辽"字地名的分类、比较，可以看出这些"辽"字地名的命名具有继承性和对称性特点。如大辽水、小辽水、辽河是对辽水一名的继承，辽东州、辽东省、辽东郡、辽东属国、辽东都司、辽东国、辽东城、辽东属国、辽东道等是对辽东一名的继承；辽东与辽西相对称，辽北与辽南相对称，辽东郡与辽西郡相对称，大辽水与小辽水相对称，辽东省与辽西省相对称，东辽河与西辽河相对称等。

最后，就其分布而言，这些辽字地名集中存在于今天的辽宁地区以及辽宁、吉林两省交界地区，如从流域的角度来看，则大多分布在辽河流域。

这些命名特点和分布规律不仅说明了人们对"辽地"这一地域概念的认知，也相对清晰地反映了"辽地"的地理范围。同时，上述地名分布情况又充分印证了"辽东""辽水"与其他"辽"字地名的渊源关系，即二者对其他辽字地名的分布和命名均产生了十分深远的影响。例如，在上述的44个地名中，有14个以"辽东"冠名，该名之影响力由此可窥一斑。以"辽水"冠名的虽然只有3个，远不及辽东，但许多"辽"字地名是直接或间接因其而得名，并多分布在其流域附近。如"辽河""东辽河""西辽河"即直接得名于"辽水"；"辽源"因位于东辽河之发源地而得名；"双辽"于1940年10月1日，按伪满洲国国务院勒令第5号命令，将双山、辽源两县合并，取两县县名之首字，称为双辽市；"辽阳"因遵循"山南水北"曰阳的命名规律，地处小辽水之北而得名，等等。

总而言之，辽字地名的命名与分布反映了"辽东""辽水"对众多"辽"字地名的命名和内涵的影响，也进一步说明了"辽地"这一地域概念的相对稳定性，并且为辽宁地域文化的命名提供了一个重要的参考数据，即辽宁地名文化对"辽"字的热衷和重视。

三 "辽海"地名渊源及其文化符号浅释

近些年来,地域文化的研究在一度低迷之后又逐渐重新得到人们的重视,"巴蜀""齐鲁""燕赵""吴越""荆楚""岭南""关中"等代表不同地域的文化符号也相继应运而生。而关于东北地域文化的命名,则有"关东文化""东北文化""白山黑水文化""辽海文化""辽东文化"等不同意见,却始终未能达成一致。为此,2004年10月、2006年11月,辽宁省历史学会曾先后两次在大连召开了"辽海历史文化学术讨论会"。两次会议的核心议题即是讨论以"辽海文化"冠名东北地域文化的原因及其文化特征。然而,从"辽海"一名的历史渊源及其内涵来看,以其冠名东北地域文化似乎值得商榷。

(一)对"辽海"冠名东北地域文化的讨论

当前,学界对采用"辽海文化"冠名东北地域文化原因的探讨,大体是从"辽海"地名的历史沿革、含义及其地域范围等角度加以论证。其实,金毓黻先生早在编辑《辽海丛书》时就曾在《辽海丛书刊印缘起》中对"辽海"作过考释:

> 命名辽海,何也?考《魏书·库莫奚传》云:"乃开辽海,置戍和龙。"《北史·突厥传》云:"其地东至辽海,以西至西海万里。"《唐书·薛仁贵传》谓,"仁贵威震辽海。"此辽海一名之所由出也。宋人之《乘轺录》载辽馆伴刘经之语曰:"辽海即辽东也,乐浪、玄菟之地皆隶焉。"此一义也。《辽东志》谓:"艾河源出那丹府,西流与土河会,别名辽海。"又谓:"辽海源接艾河,西流入梁房海口。"此云辽海即

指辽河，此又一义也。(《明史·地理志》："三万卫西有大清河，东有小清河流合焉，下流入于辽河，东北有艾河流合焉，谓之辽海。"此解较《辽东志》为尤晰）近人释辽海之义者，谓辽河上源之地有广大之沙漠，一望如海。然终不若刘经所释之明晰。金人张浩构"辽海亭"于辽阳。高士谈有诗咏之，又何尝限以辽河上源耶？《辽东志》之释辽东也，曰辽远也，以其远在九州之东，故曰辽东。明人于山海关外概称之曰辽东都指挥司，盖用是义。然则辽海之名义同辽东，又何疑乎？或谓辽海命名之义，敬闻命矣。若吉林、若黑龙江，似非辽海所能赅。抑又不然。前代之称辽东，未尝遗吉、黑之地而不数。且称名之例，往往以大赅小，如元人之称辽阳行省，非辽阳一地所能限也。清代之称奉天省，又非奉天一府所能限也。故称辽东而赅辽西可也，称辽海而赅吉、黑亦可也。①

按金氏所考，辽海之名由来已久，最早见于《魏书·库莫奚传》，且北朝以降曾长期使用，此为其一。其二，辽海之名内涵颇丰，至少有四层含义：1. 为"辽东"之别称；2. 指代"辽河"；3. 指辽河上源之沙漠地区；4. 义赅"东北"，这一点也是金毓黻先生在文中所主张和倡议的。应当说，金毓黻先生对"辽海"的考释，特别是相关史料和历史沿革的梳理，为我们今天认识和研究辽海文化奠定了十分重要的基础，对后世的影响也极为深远，但其中的有关问题却也值得进一步地思考和推敲。

首先，辽海之名在成书早于《魏书》（成书于北齐天保五年，554年）的《后汉书》（成书于南朝宋，424—445年之间）、裴松之《三国志注》（成书于南朝宋元嘉六年，429年）中就已经见于

---

① 金毓黻：《辽海丛书》，辽沈书社1985年版，第2页。

记载：

《后汉书》载："是岁，瓒破禽刘虞，尽有幽州之地，猛志益盛。前此有童谣曰：'燕南垂，赵北际，中央不合大如砺，唯有此中可避世。'瓒自以为易地当之，遂徙镇焉。乃盛修营垒，楼观数十，临易河，通辽海。"①

《三国志注》云："凶命屡招，奸威仍偪，身寄虎吻，危同朝露，而能抗节玉立，誓不降辱，杜门绝迹，不面伪庭，进免龚胜亡身之祸，退无薛方诡对之讥；虽园、绮之栖商、洛，管宁之默辽海，方之于秀，殆无以过。"②

在此需要特别指出的是，征引此二则史料，并非表明辽海地名始于南朝宋，而是为了说明"辽海"在这一时期已经使用，而且其出现很可能要早于此。

其次，关于"辽海"所指的地域范围问题。金氏所论的落脚点在于"称辽海而赅吉、黑亦可也"，即"辽海"可为东北地区之代称。按其论证依据和逻辑，主要可概括为：《辽东志》释"辽东"为"以其远在九州之东，故曰辽东"，而明朝又将山海关以外地区概称"辽东都指挥司"。是以，"辽东"可涵盖东北地域。同时"辽海之名，义同辽东"，故"辽海"可义赅东北。

然而，从整体行文上看，金先生所言的"辽海之名，义同辽东"，实则来源于北宋路振之《乘轺录》载辽馆伴刘经之语"辽海

---

① （南朝宋）范晔：《后汉书》卷 73《刘虞公孙瓒陶谦列传》，中华书局 1965 年标点本，第 2362—2363 页。
② （晋）陈寿撰、（宋）裴松之注：《三国志》卷 42《蜀书十二》，中华书局 1982 年标点本，第 1034 页。

即辽东也,乐浪、玄菟之地皆隶焉"①。尽管刘经称"辽东"与"辽海"相通,但就其地域范围而言在宋辽时期并不涵盖整个东北,否则就不必补充和强调"乐浪、玄菟之地皆隶焉"。又欧阳修等撰《新唐书》载:"仁贵曰:'在善用,不在众。'身帅士,遇贼辄破,杀万余人,拔其城,因旁海略地,与李勣军合。扶余既降,它四十城相率送款,威震辽海。"② 此段文字主要记载的是唐代名将薛仁贵在总章元年(668)东征高句丽过程中所立下的战功。因其以少胜多,取得了"扶余城大捷",并连下近40城,故而震慑和闻名于高句丽朝野上下。宋代史家也因此给予了"威震辽海"的高度评价和美誉。据之,宋人所谓的"辽海",其地域范围当与高句丽为唐所灭之前的势力范围内大体相当。而这同样印证了宋辽时期的"辽海"和"辽东"并不义赅东北。

另外,从金毓黻先生对"辽海"之名历史沿革的梳理来看,其所征引的《辽东志》和《明史·地理志》中的两则记载已然表明,明代所谓的"辽海"专指辽河,与明代的"辽东"之义相差甚远。

明晰了以上两点,如果取宋辽时期的"辽海"之义,固然可与"辽东"相通,但其所指地域范围则要明显小于东北的地理概念。其实,金毓黻先生亦应是有此考虑,故才有"若吉林、若黑龙江,似非辽海所能赅"之语,并随后通过列举"辽阳行省""奉天省"等"以小赅大"③之例加以进一步说明"辽海"可代东北,此番实为不得已而为之。④ 而取明代"辽海"之义的话,即便"辽东"此时的地域范围有所扩大,也不足以涵盖东北,特别是两者所指对象已截然不同。是以,"辽海"在辽金与明代两个时期的不同含义可

---

① (北宋)路振:《乘轺录》,贾敬颜《五代宋金元人边疆行记十三种疏证稿》,中华书局2004年版,第68页。
② (宋)欧阳修、宋祁:《新唐书》卷124《列传第36》,中华书局1975年版,第4141页。
③ 金氏原文的"以大赅小"当为笔误。
④ 参见后文对金毓黻先生以"辽海"赅东北背景的分析解读。

视为广义与狭义之别，但若兼而取之，则有"移花接木"之嫌，似为不妥。

事实上，金毓黻先生在《辽海丛书刊印缘起》中之所以将"辽海"引申为东北之别称，是有着特殊的历史背景。《辽海丛书》初名《东北丛书》，创议于20世纪20年代，由金毓黻先生主编。付印时改称《辽海丛书》，1933年至1936年刊印于沈阳，适逢1931年"九一八"事变后东北沦陷为日本的半殖民地。改《东北丛书》为《辽海丛书》实乃不愿触及国人之伤痛。在刊印《辽海丛书》之后，金毓黻先生又于民国三十年（1941）撰著完成《东北通史》上编六卷。在其总论之"东北之含义及其异名"中便对"辽东""辽海"予以了重新诠释。唯其明确，兹照录原文如下：

其一，东北之地，旧称辽东，其源甚远。《辽东志》谓："远在九州之东，故名辽东"，又兼辽西而言。恐为朔义。然自秦汉以来，已以辽东辽西二郡分治，即谓辽东一郡（附辽东属国），所辖者广，亦仅占今辽宁省大部之地，而于吉黑热三省之地，固无与也。辽东之称，扩大于明代所设辽东都指挥司，控制山海关以东之地。其后撰《辽东志》、《全辽志》，又以今吉黑二省之地，为东北诸夷占据者附入之。然其时已别设奴儿干都司于松花江下游之地，与辽东都司体制略等。故以辽东一词，包括今东北全部之地，似患其狭。其二，则辽海一词，自唐以来，诗人已尝用之，以概指辽东之地，其名甚古。然近人释辽海者，谓辽河上源之地，有广大之沙漠，一望如海，晋魏二书及《北史》所举，皆当作如是之释义。其次，则《辽东志》、《明史》之所云云，似以辽海为辽河之别名。凡此所释，皆不足概括东北之全部。惟《乘轺录》所释辽海即辽东也一语，含义稍广，与诗人所称之辽海，用义正同。惟辽东之名，既不足以括东北,而辽海一词亦同此旨,不待言矣。①

比照金先生关于"辽东""辽海"前后两番考释,所举史料基本一致,但此番结论"惟辽东之名,既不足以括东北,而辽海一词亦同此旨",其言甚明——辽东、辽海不足以涵盖东北地区。这与当初在《辽海丛书刊印缘起》中的观点迥异,显然是对此前扩大"辽海"内涵及其原因的一次更正与声明。既然"辽海"难以涵盖东北地区,则用辽海文化冠名东北地区的历史文化也就难免有所牵强了。其实,若将"辽海"作为地域文化的象征符号,笔者更加倾向于以其冠名辽宁地域文化,特别是相较于"辽东""辽河""辽宁"等更为适合。

(二)"辽海"更宜于冠名辽宁地域文化

观地域文化命名之惯例,如"齐鲁文化""巴蜀文化""燕赵文化"等冠名符号,通常具有历史悠久和地域认同度较高的特点。同时,其本身具有一定的文化韵味,通俗而不失文雅,并且指代较为明确,不易产生歧异。以此而言,倘若以"辽东""辽河""辽宁"冠名辽宁地域文化,其局限性就十分明显了。

辽东地名虽然古已有之,按其广义也足以涵盖今辽宁地域,但在燕置辽东郡以后至明朝设辽东都司前的这一漫长的历史岁月中,又一般泛指辽河以东或辽地之东。特别是这种理解已经直接影响了当代人对辽东地名的认知。因此,如果以"辽东"冠名辽宁地域历史文化,则很容易产生歧义,进而造成公众陷入理解上的误区。至于"辽河",尽管是辽宁境内最大的河流,但是其流域面积远不足以涵盖整个辽宁地区,以其冠名仍有地域过狭之局限。而"辽宁"

---

① 金毓黻:《东北通史》,五十年代出版社1981年翻印版,第11页。

作为行政区划名称，不仅所辖地域范围曾几经变化，而且得名始于现代，显然也不符合地域文化冠名的惯例。

再看"辽海"者。从前文所举史料来看，当以《乘轺录》中的"辽海"所指地域范围为最广。按刘经所言，辽海即辽东，并包括乐浪、玄菟之地，则其东可达日本海，其南可至黄、渤二海，其北可达今吉林省东南部一带。另据《辽史·地理志》载："幽州在渤、碣之间，并州北有代、朔，营州东暨辽海。"① 由此推断，当时"辽海"的西界当与营州相毗邻。其实，这与前文所考《新唐书》中的辽海地域范围不超过高句丽在被唐所灭之前的势力范围也是基本一致的。② 总之，广义之"辽海"，其所指地域多在今辽宁境内且占辽宁的绝大部分，则以其指代辽宁地区，首先，在地域范围上是较为适宜的。

其次，辽海之名的文化内涵也颇为丰富。据金明昌三年《宜州大奉国寺续装两洞贤圣题名记》碑文所撰："自燕而东，列郡以数十，东营为大，其地左巫闾，右白习，襟带辽海，控引幽蓟。""襟带"形容山川环绕，地势险要。从地理环境上看，东营③地区恰位于西辽河、下辽河与渤海的环抱之中。如此，该碑文中的"辽海"便不能理解为地域概念，而应是分别指代辽河与渤海，即为两者之统称。进一步而言，从"辽海"一词自身所蕴含的文化韵味加以揣摩，其"辽"字既可象征着辽地，又可代表辽河，而"海"则能够体现出辽宁的海洋文化。以此言之，"辽海"堪称辽宁地域文化、流域文化和海洋文化的集合体，能够较为全面地反映出辽宁地域历

---

① （元）脱脱：《辽史》，中华书局1974年标点本，第437页。
② 因为高句丽在隋末唐初并没有据有辽西之营州地区，而其北界也仅限于今吉林市至农安县一线以南地区。
③ 该碑文中的"东营"根据大连大学中国东北史研究中心2005级硕士研究生孙军在其《金明昌三年〈宜州大奉国寺续装两洞贤圣题名记〉碑考》（发表在大连大学东北史研究中心内部刊物《辽东史地》2006年第2期）中的研究，当是泛指辽西地区。

史文化的内涵和特点。

结 论

从古至今，在辽宁及其周边地区存在为数众多的"辽"字地名，但追根溯源，其命名大多与"辽东"或"辽水"有着千丝万缕的联系，并以二者的历史最为悠久、影响最为深远。前者最初因"远在九州之东"而得名，其义为"辽远的东方之地"，而后者当为"辽地之水"解。然而，时过境迁，在不同历史时期，其各自所指代的对象也有所变化，两者的内涵亦随之被丰富。同时，在"辽东""辽水"的影响之下，"辽"字地名总体上还呈现出继承性和对称性的命名特点，且相对集中分布于今天的辽宁地区和辽河流域。这种命名与分布特点，其实也在很大程度上反映出人们对"辽地"这一地域概念的认同与认知。

除"辽东""辽水"之外，"辽海"一名在近年来则颇受学界所瞩目。就其地名内涵而言，与前两者亦渊源颇深。尽管"辽海"之名出现的时间可能稍晚，但从地名指代的地域范围、名称本身所具备的历史悠久性和文化内涵等角度综合考量，"辽海文化"却最能够概括和彰显辽宁的历史文化，适合作为辽宁地域文化的象征符号。

"辽海"文化研究述略

21世纪初，辽海文化研究在辽宁史学界风靡一时，使得"辽海文化"产生了广泛的影响力。辽宁史学界对"辽海文化"的选择和认同，既缘于"辽海"地名所蕴含的文化内涵，更缘于学界长期以来对辽海文化认识的不断深入与追根溯源。本文拟就学界对辽海文化的认识和研究历程加以综述，以期廓清学界有关辽海文化研究所取得的成果、聚焦的热点和存在的薄弱环节等问题。

一 关于"辽海"地名内涵的研究

"辽海"地名内涵的探讨既是"辽海文化"研究不可或缺的内容之一，也是开展辽海文化研究的先决条件。学界关于此方面的研究主要集中对"辽海"一名的初始时间和"辽海"一名所指代的地域范围两个层面。

（一）有关"辽海"地名初始时间的探讨

金毓黻先生早在20世纪30年代初期刊印的《辽海丛书》的《刊印缘起》中，根据《魏书·库莫奚传》《唐书·薛仁贵传》《乘轺录》《辽东志》《明史·地理志》的相关记载粗略梳理了"辽海"之名的历史沿革，此后很长一段时间里，学界基本承袭了金氏的观点，即"辽海"之名初见于《魏书》。21世纪以来，学界对"辽海"之名的初始时间相继提出了不同的看法。《"辽"字释义及其相关地名的初步研究》① 一文主要依据《后汉书》卷七十三《刘虞公孙瓒陶谦列传第六十三》和《三国志》蜀书十二《杜周杜许孟来尹李谯郤传第十二注》两条史料进行考证，"辽海之名在成书早于《魏书》的《后汉书》、裴松之《三国志注》中就已经有所记载。"同时，该文进一步指出，虽然根据此两则史料并不能证明辽海地名始于南朝宋，但是可以说明"辽海"在这一时期已经使用，而且其出现可能要早于此。该文的相关内容和观点后来在《辽水、辽海地名考》一文中再次重申。② 该文虽然没有具体考订"辽海"之名的出现时间，但是纠正了"辽海"之名初始《魏书》之误，并且把"辽海"之名的初始时间下限追溯至南朝宋。

其后，陈浣先生则根据《三国志》卷42《蜀志·谯周传》裴注引《晋阳秋》云：（东晋穆帝）永和三年（347），桓温上表推荐谯周之孙谯秀，有"管宁之默辽海"之句，认为最早载"辽海"之称的文献是《晋阳秋》。③ 此文则将"辽海"之名的初始时间的下限进一步上溯至东晋时期。

2009年，田广林先生在《辽海历史与中华文明》④ 一文中，通过对《后汉书》卷七十三《公孙瓒列传》所载"破擒刘虞，尽有幽州之地，猛志益盛"，"盛修营垒，楼观数十。临易河，通辽海"之语的分析认为："尽管《后汉书》成书于南朝刘宋之际，但所记公孙瓒移镇易京，'临易河，通辽海'之语，宜有所本。因此'辽

---

① 王文轶：《"辽"字释义及其相关地名的初步研究》，硕士学位论文，大连大学，2007年。
② 王禹浪、王文轶：《辽水、辽海地名考》，《哈尔滨学院学报》2010年第12期。
③ 陈浣：《"辽海"古称由来考实》，《史学集刊》2008年第3期。
④ 田广林：《辽海历史与中华文明》，《光明日报》2009年12月29日第12版。

海'一词出现的时间,不应晚于东汉。"其后,《"辽海"考释》[①]一文从此说。

2011年,王绵厚先生在是年6月25日的《辽宁日报》刊发的《水陆并举四通八达,秦汉古道辽宁寻踪》一文中,依据曹植《曹子建集》卷8《谏伐辽东表》中"臣伏以辽东负阻之国,势便形固,带以辽海"的记载,则将"辽海"之名的初始时间的下限再次上溯至三国时期。

通过上述学者对历史文献的不懈发掘,使"辽海"之名的起源研究得以不断深入。目前来看,"辽海"之名不晚于东汉说,虽然上溯的时间最早,也有一定的可能性,但毕竟为推论之说。因此,如果仅就史料依据而言,三国时期当是"辽海"之名初始时间的下限。

(二)有关"辽海"指代地域范围的探讨

金毓黻先生《辽海丛书刊印缘起》中言:"然则辽海之名义同辽东……故称辽东而赅辽西可也,称辽海而赅吉、黑亦可也。"金毓黻先生的这一论证,简言之,"辽海"所涵盖的地域范围即为中国东北地区。应该说,因金毓黻先生崇高的学术名望和在《辽海丛书刊印缘起》中的考证,"辽海"义赅东北的影响十分深远,自20世纪30年代至21世纪初期基本成为"辽海"地域范围的主流说法。例如,1996年出版的《辽海文化》[②]一书中就明确继承金毓黻先生的这一观点,"近人金毓黻等辑东北古代文献大型丛书,即取名《辽海丛书》。我们今天把东北文化称为'辽海文化',是对前人所开创的东北史研究的继续"。21世纪初出版的《辽海历史文化

---

① 孙孝伟、王惠德、刘春福:《"辽海"考释》,《黑龙江史志》2013年第17期。
② 崔粲、杜尚侠:《辽海文化》,人民教育出版社1996年版,第2页。

研究》① 一书，"序言"及书中收录的《开放性是辽海历史文化的重要特征》《"辽海"文化符号释义》《从〈辽海丛书〉关照辽海文化》等文中，也均持此说。

然而，虽然金毓黻先生在《辽海丛书刊印缘起》把辽海引申为东北之别称，但并无直接的佐证材料。金毓黻先生之所以将"辽海"地域的外延扩大至东北其实是有特殊历史背景的。《辽海丛书》初名《东北丛书》，创议于 20 世纪 20 年代，付印时改称《辽海丛书》，1933 年至 1936 年刊印于沈阳，适逢 1931 年"九一八"事变后东北沦陷为日本的半殖民地。改《东北丛书》为《辽海丛书》实乃不愿触及国人之伤痛。在刊印《辽海丛书》之后，金毓黻先生于民国三十年（1941）撰著完成《东北通史》上编六卷。在其总论第一章"东北之含义及其异名"中作者对辽海予以了重新诠释，明确指出"惟辽东之名，既不足以括东北，而辽海一词亦同此旨，不待言矣"。但是，金毓黻先生此处对"辽海"地域内涵的重申往往被学界所忽略，直至 21 世纪初方有研究对此加以指出和强调："（金毓黻先生此处）与《辽海丛书刊印缘起》中对辽海的释义截然不同，实为对此前扩大辽海含义的更正和声明。"② 同文中，作者对"辽海"的地域范围同样做了考证，认为广义之"辽海"的四至大致为：其东可达日本海，其南可至黄、渤二海，其西界在营州之东，不包括大凌河流域之辽西地区，北界也仅限于今吉林市至农安县一线之南地区。据此，该文认为"辽海"不足以涵盖东北地区，但根据宋人对辽海的广义理解，倡议"辽海文化"比较适合冠名辽宁地域的历史文化。

陈涴先生后来在《"辽海"古称由来考实》③ 一文中虽然还坚

---

① 顾奎相主编：《辽海历史文化研究》，辽宁大学出版社 2005 年版，第 2—18 页。
② 王文轶：《"辽"字释义及其相关地名的初步研究》，硕士学位论文，大连大学，2007 年。
③ 陈涴：《"辽海"古称由来考实》，《史学集刊》2008 年第 3 期。

持以往其广义之辽海"涵盖渤海、黄海以北之整个东北地域"的观点，但是已经明确指出，"'辽海'是魏晋以降辽宁地域一贯的称谓"。"就狭义而言，相当于今山海关以东至渤海、黄海间的空间范围"，并在结论中肯定了"辽海"作为辽宁文化名称是恰当的。

田广林先生主要考证了早期的辽海地望，认为早期"辽海"地域范围基本今滦河中下游的河北东北部至辽宁中西部和内蒙古东南部一带。

《"辽海"考释》[①] 一文则认为"辽海"作为文化地理概念其边界是动态变化的。其变化大致为：东汉时，"辽海"一词所指，西拉木伦河和老哈河流域在其中。东晋时，"辽海"一词所指，浑河和太子河流域在其中。在北朝隋唐宋时期，"辽海"所指，兼及大凌河流域、鸭绿江流域、朝鲜半岛北部至日本海沿岸。至元明清时，渤海与黄海北水陆接合部是"辽海"所指。这种变化其实也是"辽海"地域内涵的沿革与变迁。

总体而言，学界关于"辽海"一名地域范围的研究，为"辽海文化"冠名辽宁地域文化奠定了学术理论的基础。

二 基于地域文化的"辽海文化"研究

进入 21 世纪以来，在辽宁省社会科学界联合会和辽宁省历史学会的主导和发起下，"辽海文化"在辽宁省历史学界一度成为研究的热点与焦点。从研究所关注的内容来看，主要集中于对"辽海文化"冠名辽宁地域文化缘由的讨论和有关"辽海文化"特征研究两方面。

---

① 孙孝伟、王惠德、刘春福：《"辽海"考释》，《黑龙江史志》2013 年第 17 期。

（一）有关"辽海文化"冠名辽宁地域文化缘由的探讨

2004年和2006年，由辽宁省历史学会牵头在大连先后召开了两次"辽海历史文化学术讨论会"，两次会议均以探讨"辽海"的文化特征和以其冠名东北地域文化为核心议题。但是在后续的研究过程中，相较于此前以"辽海"冠名东北地域文化的倡议，学界则越来越倾向于以其冠名辽宁地域文化。在2013年12月由《中国社会科学报》、辽宁省社会科学界联合会、沈阳故宫博物院三家单位联合主办召开的"辽海文化历史渊源与文化特征研讨会"上，与会专家就此再度进行了专题研讨，对"辽海"冠名辽宁地域文化基本达成了共识。

应当说，学界观点有此明显的变化与"辽海"地名文化研究的开展有着直接关系。特别是前文所介绍的有关"辽海"一名地域范围的研究，基本更正了"辽海"指代东北的传统认识，即其地域范围基本与今天的辽宁省地域大体相当。这是"辽海"冠名辽宁在地理概念方面的首要条件。亦如有学者指出，地域文化的冠名符号不仅应当具有历史悠久性，而且所指代的地域范围不宜于过分夸大或缩小，并需兼具文化韵味，通俗而不失文雅。在这些方面，以"辽海"冠名辽宁地域文化相较于"辽东""辽河""辽宁"等而言则更具综合优长。[①]

彭定安在《论辽海文化》[②]一文中同样从历史渊源与地域范围的角度肯定了"辽海文化"冠名辽宁文化的合理性，并且特别强调了"辽海文化"在标识历史与现实双重含义方面所具有的优长。"辽海"地域既可视为"襟带辽河，地濒渤海"的辽宁，同时也能够彰显出辽宁历史过往中游牧文化、农耕文化、海洋文化相混融的

---

① 王禹浪、王文轶：《辽水、辽海地名考》，《哈尔滨学院学报》2010年第12期。
② 彭定安：《论辽海文化》，《文化学刊》2013年第3期。

地域文化特色。

此外，也有学者在肯定"辽海文化"冠名辽宁文化的基础之上，论述了辽海文化与辽河文明的关系，以及两者各自所侧重的文化特质和彼此的互补性，指出"辽海"的命名主要来自方志学、地域文化学和人文地理学的概念，"辽海文化"是重在记述地域文化社会层面的表现形式、民族区域分布和地域文化符号。[①]

（二）有关"辽海文化"特征的研究

辽海文化特征的研究是对辽海文化内涵的一种凝练和总结，是地域文化研究的重要内容之一。在第一次"辽海历史文化学术讨论会"召开之际，董守义、张志强和顾奎相等先生便各自撰文对此进行了研讨，相关成果均收录在《辽海历史文化研究》一书中。

董守义在《从〈辽海丛书〉关照辽海文化》一文中重点论证了辽海文化所具有的再生性与断层性特点。张志强的《辽海文化散论》一文主要从多源一体、混合交融、传承方式多样化三个方面凝练了辽海文化的特色，并对辽海文化的底蕴、文化核心以及文化发端与发展动力等分别予以了解析和概括。顾奎相则从经济形态、政治形态、意识形态三大基本层面剖析了辽海文化的文化内涵，认为辽海文化最鲜明的特征即是开放性，而这种开放性特征是在规律的作用、权力的作用和基础的作用的三大力量作用下所形成的结果。不过，以上三位先生对辽海文化特征的探讨，基本是以东北作为"辽海"的地域范围，故在论证的视野均超出了辽宁地区的范围。尽管如此，由于地缘关系的相邻和历史上民族迁徙、交融等因素的影响，上述成果对辽海文化特征的探讨对其后关照辽宁地区"辽海文化"特征的研究仍然具有重要的参考价值。

---

① 王绵厚：《纵论辽河文明的文化内涵与辽海文化的关系》，《辽宁大学学报》（哲学社会科学版）2012年第6期。

继上述研究之后,叶立群和彭定安则在"辽海文化"冠名辽宁文化的前提下,从不同角度分别阐释了辽海文化的特征。在《论辽海文化的多元性特征——兼论辽宁人文化性格的形成》[①]一文中,叶立群侧重于从辽海文化与辽宁人性格的形成的关系以及两者之间的相互作用与影响角度透视辽海文化的特征,主要论证了在特殊的地理、经济、民族、政治等诸多因素的综合作用下,"辽海文化"所呈现出的多元性本质特征。具体表现在:多民族文化的聚合清晰地展现了辽海文化的生成脉络,并使得辽宁地区成为汉文化和土著文化交融最为强烈、最为深刻的地方;辽宁地区历史上的农耕经济、游牧经济、渔猎经济多元生业类型,渗透和影响了辽宁社会文化类型与人文性格的多重性。彭定安则从人文气质、文化心理结构、文学艺术等文化机制角度探析了辽海文化以汉文化为主体的多元构成、融化一体特征,并在此基础之上强调,相对于东北其他地区,辽海文化与中原文化的熔融也更为广泛和深入,且在区域文化总体中显现出大同中之小异的特点。

从目前的研究来看,学界对辽海文化特征的研究角度虽然各有异同,但"多元""开放""包容"基本成为辽海文化特征的关键词,也成为基本共识之一。

三 "辽海"的学术影响

"辽海"一名作为地理概念具有十分悠久的历史。20世纪30年代,《辽海丛书》的刊印发行,使得"辽海"成为诸多指代中国东北地区的代名词之一。在此不论其指代范围是否准确,无疑都开启了当代学人对"辽海"一名的关注。尤其是20世纪八九十年代

---

① 叶立群:《论辽海文化的多元性特征——兼论辽宁人文化性格的形成》,《辽宁经济职业技术学院辽宁经济管理干部学院学报》2008年第4期。

以来。一批以"辽海"冠名的学术研究成果，使"辽海"一名的影响力得以显现出来，并助推了"辽海"影响力的不断扩大。

在此期间，由辽宁省博物馆、辽宁省文物考古研究所共同主办的《辽海文物学刊》杂志对"辽海"知名度的提升起了重要作用。该杂志创刊于1986年，是20世纪80年代最早使用"辽海"冠名的学术载体，至1997年末停刊。经过十余年的出版发行，有力地推广了"辽海"之名。与此同时，《辽海文物学刊》的创刊在很大程度上引发了东北文史学界对"辽海"一名的共鸣。《辽海春秋》（1987年）、《辽海沧桑》（1989年）、《辽海奇观》（1989年）三部以"辽海"冠名的史学著作和《辽海景物诗选》（1988年）、《辽海新吟》（1988年）、《辽海古诗征》（1989年）三部同样以"辽海"冠名的文学著作相继在20世纪80年代出版，而同时期其他学术研究领域对"辽海"一名的关注相对较少。

20世纪90年代，以"辽海"命名的学术成果不仅在数量上更加丰富了，而且涉及的学科领域也更加广泛。其中，著作有历史类的《辽海纵横》（1995年）、《辽海文化》（1996年），文学类的《辽海联话》（1993年）、《辽海鹤鸣》（1994年）、《辽海诗词》（1996年）、《辽海诗家》（1998年），文化艺术类的《辽海名家书画展作品选》（1991年）。论文有历史类的《隋王朝对边疆辽海的经略》《论隋唐之际经略辽海地区的战争》，文物考古类的《辽海地区世存古代印玺概说》，文学类的《戎马跌宕辽海间——读〈东北军史〉》《辽海联坛举旗人——记辽宁省楹联学会会长尚文化先生》《辽海腾飞看今朝——辽海出版社巡礼》，文化艺术类的《振衣起辽海 一变争奇新——王庭筠及其书法艺术考》，建筑工程类的《辽海东部凹陷地震储层研究》，等等。

从上述20世纪80年代至90年代以"辽海"冠名的学术成果来看，"辽海"一名首先引发了史学界和文学界的关注和兴趣，随之又迅速扩大至考古学、文化艺术等社会科学领域，乃至在建筑工程等自然学科领域也产生了一定的影响力。这种影响力的延伸，在一定程度上映照了学界对"辽海"一名的思考。尽管这些成果所使用的"辽海"其指代的地域范围不尽一致，有的指代中国整个东北地区，有的指代辽宁地区，但至少使得"辽海"一名作为一种地域概念，抑或说是作为一种地域文化符号，已经在学界得到了越来越广泛的认同。应当说，正是有了这一时期的积累和沉淀，才有关于"辽海"一名内涵及"辽海文化"冠名地域文化的进一步探讨。特别是在辽宁省历史学会和辽宁省社会科学联合会的共同引领和推动下，关于"辽海"的研究在21世纪初期迅速达到了一个高潮，并产生了更加广泛的社会影响。具体主要体现在三个方面：首先，以"辽海"冠名的学术成果相较于上个世纪的相关成果来说，在数量上更加丰富，出版和发表的以"辽海"冠名的学术著作与论文近40部（篇），影响的学科领域方面也进一步延伸至社会经济学等领域。其次，发表了一批关于"辽海"及"辽海文化"的专题研究学术论文，本文前三节已经做了介绍，在此不再赘述。这些成果自21世纪以来相较于之前阶段是重要突破，开创和奠定了"辽海文化"研究的理论基础。最后，搭建了高水准的有关"辽海文化"研究的学术平台，客观促进了辽海文化的研究，并进一步有效提升了辽海文化的影响力。此间，由辽宁省历史学会、辽宁省社会科学联合会和中国社会科学报牵头组织召开的多次"辽海历史文化学术讨论会"，为辽宁省史学界首先搭建了共同研讨的会议平台；2006年，辽宁师范大学历史旅游文化学院还成功获批了辽宁省省级人文社科基地——"辽海历史与旅游文化研究中心"，由此建立了针对"辽海文化"研究的长效机制。2009年，"辽海历史与旅游文化研究中心"创办了《辽海学术研究》内部交流刊物。同年，辽宁省非遗保护中心还创办了全国首个省级非物质文化遗产双月刊《辽海记忆》。两个期刊均以"辽海"冠名，既成为辽海文化研究的学术阵地之一，也是推广辽海文化的重要媒介。

总之，"辽海文化"业已成为具有广泛影响力的地域文化符号。虽然学界关于"辽海"一名内涵的研究存在分歧和争论，但是对于"辽海文化"冠名辽宁地域文化的认同度越来越高，对辽海文化特征的探讨和凝练，也取得了阶段性成果。尤其是各类高水准学术平台的搭建，良好的学术氛围的形成，为辽海文化的深入研究夯实了基础。不过，从目前的研究来看，"辽海"作为文化特征的识别性尚不够鲜明，辽海文化的研究亟待在更加宏观的视域下考量辽海文化的形成、发展与历史作用。

原文《辽海文化研究综述》刊载于
《渤海大学学报》2015 年第 5 期

"满洲"称谓研究综述

有关"满洲"一名的来源、内涵、性质等方面的解释,在有清一代,便未能形成定论,进而引发了学界对"满洲"之名广泛而持久的关注与讨论。本文拟在对近百余年来国内外学界关于"满洲"称谓研究进行简要回顾的基础之上,分别从"满洲"之名的真伪问题、初始时间、来源和含义四个维度加以系统梳理,以呈现该问题研究的焦点与难点所在。

一 "满洲"称谓研究历程的回溯

清乾隆四十二年(1777)八月,弘历皇帝颁布谕旨授命大学士阿桂、于敏中等就"建州之沿革,满洲之始基,与夫古今地名同异,并当详加稽考,勒为一书",以"垂示天下万世"。次年,《满洲源流考》编撰成书。"满洲源流考"顾名思义,重点要解决的便是"满洲"的概念问题。据该书《部族一·满洲》的考证:

> 按:满洲本部族名。恭考发祥世纪,长白山之东,有布库哩山,其下有池,曰布勒瑚哩。相传三天女浴于池,有神鹊衔朱果置季女衣,季女含口中,忽已入腹,遂有身。寻产一男,生而能言,体貌奇异。及长,天女告以吞朱果之故,因锡之姓

曰爱新觉罗，名之曰布库哩雍顺。与之小舠，且曰："天生汝以定乱国，其往治之。"天女遂凌空去。于是乘舠顺流至河步，折柳枝及野蒿为坐具，端坐以待。时长白山东南鄂谟辉之地，有三姓争为雄长，日搆兵相仇杀。适一人取水河步，归语众曰："汝等勿争，吾取水河步，见一男子，察其貌非常人也，天不虚生此人。"众皆趋问，答曰："我天女所生，以定汝等之乱耳。"且告以姓名，众曰："此天生圣人也，不可使之徒行。"遂交手为舁，迎至家。三姓者议推为主，遂妻以女，奉为贝勒，居长白山东鄂多理城，建号满洲，是为国家开基之始。以国书考之，满洲本作满珠，二字皆平读。我朝光启东土，每岁西藏献丹书，皆称曼珠师利大皇帝。翻译名义曰曼珠，华言妙吉祥也。又作曼殊室利大教王。经云释迦牟尼师毗（同"毗"）卢遮那如来，而大圣曼殊室利为毗卢遮那本师，殊珠音同，室师一音也。当时鸿号肇称，实本诸此。今汉字作满洲，盖因洲字义近地名，假借用之，遂相沿耳，实则部族，而非地名，固章章可考也。①

另据该书《部族一·肃慎》所考：

宋刘忠恕称金之姓为朱里真。夫北音读肃为须，须朱同韵，里真二字合呼之音近慎，盖即肃慎之转音，而不知者遂以为姓。国初旧称所属曰珠申，亦即肃慎转音，汉人不知原委，遂歧而二之，犹之或为稷慎，或为息慎，其实一也。②

---

① （清）阿桂等撰：《满洲源流考》，孙文良、陆玉华点校，中国国际广播出版社2016年版，第2页。
② （清）阿桂等撰：《满洲源流考》，孙文良、陆玉华点校，中国国际广播出版社2016年版，第5页。

又同书《部族七·完颜》载：

  《大金国志》金国本名珠里真，（谨案：本朝旧称满珠，所属曰珠申，与珠里直音相近，但微有缓急之异，实皆肃慎之转音也。）后讹为女真。或曰虑真，肃慎氏之后，渤海之别族也。[1]

  从上述转引的《满洲源流考》中的部分内容来看，其有关"满洲"称谓的阐释可以归纳如下几方面的理解：其一，"满洲"源于部族名；其二，"满洲"称谓始于布库哩雍顺时代；其三，"满洲"原作"满珠"；其四，"满洲"为"曼殊室利"之"曼殊"二字的同音异写；其五，"满洲"为"肃慎""朱里真""珠申"的音转。在同一书中竟对"满洲"源流赋予了如此不尽相同的解释，可见该书虽开"满洲"渊源考证之先河，却未能形成定论。特别是《满洲源流考》系皇帝钦定，当时的官书私记皆对此讳莫如深，不便考究其讹谬，也就为后世留下了诸多疑问。不过，该书对"满洲"称谓从语音、语义、语源等方面所作的诠释和梳理，依旧为学界研究"满洲"称谓提供了诸多重要的线索和依据。

  学界开展这一论题的研究始于1909年市村瓒次郎在《东洋协会调查部学术报告》（第一册）所发表的《清朝国号考》一文。该文将取材范围扩大到清前期史料，指出后金朝之国号为"后金"或"金"，满洲之名始于清太宗时期，其名可能源于《论语》中九夷之一的"满节"，为勇猛之意。市村氏的观点部分为日本清史学者稻叶君山所接受，并在1914年出版的《清朝全史》一书中专门论述了"满洲国号系太宗之伪作"这一观点，并指出"满洲"一名

---

[1] （清）阿桂等撰：《满洲源流考》，孙文良、陆玉华点校，中国国际广播出版社2016年版，第87页。

可能包含"满住"和"文殊"两层含义①,其"伪作"的动因源于清太宗对外关系的考虑,即"满洲国号"实际源于清太宗实现政治抱负的需要。

日本学者所提出的"满洲国号伪作"之说,随即引发了 20 世纪 20 年代至 30 年代中国学界对这一问题的关注与回应。萧一山、宁恩承、孟森、冯家升、章太炎、金毓黻、傅斯年、凌纯声等前辈学者对此纷纷发声,虽然有关"满洲"源流或含义的见解也不尽相同,但均否认了"伪作"之说。特别是孟森的《满洲名义考》② 和冯家升的《满洲名称产生之种种推测》③ 两篇文章,对后世研究"满洲"成为的影响颇为深远。前者认为,"满洲"称谓直接来源于明代之时的"满住","满住"由隋唐之"满咄"演变而来,均为酋长之尊称,其根源为"曼珠"。概言之,可称为"满住"说、"满咄"说及"曼殊"说的复合说。但学界往往将其观点总结为"满住"说,且言"满住"说必提及孟氏该文,可见其影响之大。后者冯氏一文则主要从"满洲"的产生时间和字义两大方面,梳理归纳了 20 世纪 30 年代以前国内外有关"满洲"称谓的研究概况。其中,该文在"满洲字义之推测"小节中,对"满洲"含义总结了 11 种观点,在对每种观点予以详细介绍之余还分别进行了评述。该文对"满洲"含义的总结不仅为学界关于"满洲"名称的研究提供了诸多具有重要学术价值的资料和线索,而且基本成为关于"满洲"研究综述类文章的主要参考蓝本,其影响不可谓不大。但是,该文对"满洲"含义的归纳总结,一定程度上忽略了对"来源"与"含义"概念的区别,其中一些所谓的"含义"当属于满

---

① 严格意义上来说,应属于"来源"的探讨,而非"含义"。
② 孟森:《满洲名义考》,《明清史论著集刊正续编》,河北教育出版社 2000 年版,第 19—21 页。
③ 冯家升:《满洲名称产生之种种推测》,《东方杂志》,上海商务印书馆 1933 年版,第 61—74 页。

洲称谓"来源"的探讨，而这一点往往被后世学者忽视，甚至所承袭。另外，在这一时期，俄国学者也对"满洲"称谓给予了一定的关注，特别是史禄国《满族的社会组织：满族氏族组织研究》①一书，成为我国学者了解俄国学界关于"满洲"称谓观点的主要参考书。

20 世纪 40 年代至 70 年代，学界有关"满洲"称谓研究的成果相对较少，主要成果有日本学者鸳渊一的《清朝前纪社会杂考》（1948 年）、小川裕人的《关于女直国的建立》（1950 年）、神田信夫的《满洲 MANJU 国号考》（1972 年），中国学者范文澜的《中国通史简编》（1952 年）、陈捷先的《说"满洲"》（1963 年）、黄彰建的《满洲国国号考》（1967 年）等。其中，陈捷先在《说"满洲"》一文中首次提出了"满洲"由"婆猪"江名演变而来的假说。②黄彰建在《满洲国国号考》中主要依据《东国史略·事大文轨存》中所提及的努尔哈赤住地"万朱"，而在婆猪江有"曼遮"地名，且位于高丽和扶余之间，正是李满住的居地，进而认为"满洲"当源于地名"曼遮"③。神田信夫的《满洲 MANJU 国号考》一文，则首先回顾了日本有关"满洲"的研究，然后通过对《满洲老档》和《旧满洲档》等相关史料的对比和引证，阐述了其对满洲称谓的源流与含义看法。④

20 世纪 80 年代到 90 年代，学界再次掀起"满洲"称谓研究的热潮。20 世纪 80 年代的相关成果有王文郁的《满洲族称的由来》、滕绍箴的《试谈"满洲"一辞的源流》、傅朗云的《东北民

---

① ［俄］史禄国：《满族的社会组织：满族氏族组织研究》，高丙中译，商务印书馆 1997 年版。
② 陈捷先：《说"满洲"》，《幼狮学志》第 1 卷第 1 期。转引自王戎笙编《台港清史研究文摘》，辽宁人民出版社 1988 年版，第 66 页。
③ 黄彰健：《满洲国国号考》，《历史语言研究所集刊》第 37 本下册，1967 年版。
④ ［日］神田信夫：《满洲 MANJU 国号考》，原载于《山本博士还历纪念东洋史论丛》1972 年，刘世哲译，《民族研究》1990 年第 4 期。

族史略》、王锺翰的《从满洲的命名谈起》、孙文良的《满族的崛起》、马越山的《满洲族名研究综述》、意大利学者乔·斯达理的《满洲旧名新释》等。20世纪90年代的相关成果有姚斌的《李满住与满族族名》、薛虹与刘厚生的《〈旧满洲档〉所记大清建号前的国号》、乌拉熙春的《从语言论女真满洲之族称》、傅朗云的《一部介绍东北亚诸族族史的谱书——读〈八旗满洲氏族通谱〉》、王昊与张甫白的《满洲名称考释》、王俊中的《"满洲"与"文殊"的渊源及西藏政教思想中的领袖与佛菩萨》、王景义的《关于满族形成中几个问题的探讨》等。其中,乔·斯达理在《满洲旧名新释》[①] 一文中关于欧洲学者相关观点的介绍,进一步丰富了学界对这一课题研究的世界视野;乌拉熙春在《从语言论女真满洲之族称》[②] 一文中,通过语言学的考证提出"满洲"即"勇士""英雄"之意,本意为"猎手",构建了满洲含义研究的又一新说;王俊中《"满洲"与"文殊"的渊源及西藏政教思想中的领袖与佛菩萨》[③] 一文,则通过考证指出"曼殊"说实为乾隆朝对"满洲"来源的一种附会,对"曼殊"说提出了全新的认识。然而,该篇论文长期以来并未引起学术界的关注与重视,在当时和后来的有关"满洲"研究的成果中均未提及或介绍该文。总体而言,这一时期关于"满洲"的研究成果较多,研究角度也更具多元化的特点,既有缘于历史学、民族学方面的研究,也有从语言学和宗教、文化方面着手的考证,虽然不乏个别新观点,但多数研究成果的结论基本没有超越出先前研究成果范畴,基本是对以往某一观点的补充、完善抑或质疑。但也正是由于这些补充和质疑,才不断推动学界对"满

---

① [意]乔·斯达理:《满洲旧名新释》,李文瑾译、王锺翰校,《中央民族大学学报》1988年第6期。
② 乌拉熙春:《从语言论女真满洲之族称》,台湾《满族文化》1990年第14期。
③ 王俊中:《"满洲"与"文殊"的渊源及西藏政教思想中的领袖与佛菩萨》,《"中央研究院"近代史研究所集刊》第28期,1997年版,第93—132页。

洲"相关史料解读以及"满洲"称谓认识的深入思考。

21世纪以来,学界仍不乏对"满洲"称谓的讨论。其中,王锺翰在《谈谈满洲名称问题》中,依据冯家升《满洲名称产生之种种推测》一文,简明总结了有关"满洲"名称的15种观点,并提出"满洲一名当由靺鞨而来"的观点。① 邱永君《关于汉语"满洲"一词之由来》一文,主要介绍了学界关于"满洲"的研究状况,尤其对冯家升《满洲名称产生之种种推测》一文的介绍所占篇幅较大。② 张云霞的《"满洲"族名管窥》一文,则侧重于从清太宗更改族名的背景和动机的角度探讨了满洲称谓的含义,认为"满洲"一词其音为满语所固有,其汉译"满洲"二字暗寓"充盈九洲"之意。③ 陈鹏的《"满洲"名称述考》一文,将学界有关"满洲"的考证归纳为"来自人名诸说""来自音转诸说""来源于地名诸说""来源于部落名诸说"和"其他诸说"五大类别。④ 该文是继冯家升《满洲名称产生之种种推测》一文后的又一篇综述较为全面的文章,其综述和归纳的角度也比较新颖,但该文仍然忽略了对"满洲"称谓在"来源"与"含义"层面的区别和梳理。另外,个别研究还将"满洲"一名的初始时间推断到北魏时期,但北魏时期的"满洲"究竟为何地并不清楚。同时,该研究还指出:满洲作为部族名称,主要源于明朝万历中后期,这一点在《满洲实录》《旧满洲档》中已露端倪,并进一步阐述了"满洲"先有族名而后逐渐演变成地名的过程。⑤ 然而,上述诸说,依然缺乏实证,尤其是"满洲"一词始于北魏的观点值得商榷。

---

① 王锺翰:《谈谈满洲名称问题》,《王锺翰清史论集》第一卷,中华书局2004年版,第11—16页。
② 邱永君:《关于汉语"满洲"一词之由来》,《满语研究》2005年第1期。
③ 张云霞:《"满洲"族名管窥》,《哈尔滨学院学报》2010年第12期。
④ 陈鹏:《"满洲"名称述考》,《民族研究》2011年第3期。
⑤ 马伟:《满洲:从族名到地名考》,《东北史地》2013年第3期。

二 "满洲"称谓研究的四个内容

不难看出,目前有关"满洲"名称的研究现状基本处于研究成果较多、观点纷杂,有共识、更有分歧的局面。就研究内容而言,主要涉及四个方面:其一,关于"满洲"名称真伪之争;其二,关于"满洲"一词初始时间的探讨;其三,关于"满洲"称谓来源的考证;其四,关于"满洲"称谓含义的考证。

(一)"满洲"称谓真伪之辨

日本明治末期的学者市村瓒次郎在《清朝国号考》一文中,根据当时在奉天宫殿新发现的汉文旧档和明、朝鲜的文献,确认清在天命、天聪年间是使用"后金"或"金"为国号,断定"满洲"的名称系太宗伪造。[①] 其后,日本学者稻叶君山在《清朝全史》中亦主张"满洲国号系太宗之伪作"[②]。大约受此影响,朱希祖在《金国汗姓氏考》一文中认为,"满洲"系太宗避讳"建州"而伪造。[③] 不过,"满洲"之伪造说随后便受到冯家升、三田村泰助、鸳渊一、小川裕人、神田信夫等中日学者的反对。对此,冯家升在《满洲名称产生之种种推测》一文中曾有较为详尽的介绍,故本文就不再赘述。在此,仅就冯氏对"满洲"伪造说的总结和驳论依据作以扼要介绍。

稻叶君山认为,太宗伪造"满洲"主要出于避讳"后金""金"的政治目的。弃"后金"或"金"而改"满洲",一方面有

[①] 参见[日]神田信夫《满洲 MANJU 国号考》,原载于《山本博士还历纪念东洋史论丛》1972年,刘世哲译,《民族研究》1990年第4期。

[②] [日]稻叶君山:《清朝全史》,中华书局1915年版,第60—61页。

[③] 朱希祖:《后金国汗姓氏考》,历史语言研究所《庆祝蔡元培先生六十五岁论文集》,"中研院"历史语言研究所1933年版,第19—63页。

利于消弭明朝汉人承继的宋人仇金心理；另一方面有利于博得一般女真、蒙古等部的拥戴。冯家升对此征引崇德元年朝鲜文书中尚称"金国汗"，以及《满文老档》崇德元年十月亦有"金"之字样等史料，证明涂改档卷中"后金""金"为"满洲"并非太宗所为，应为世祖以后之事。因此，稻叶君山之说不免有附会之嫌。

朱希祖认为，"满洲"实为太宗避讳"建州"而改之。其理由为"建州为女真族，仍恐引宋金仇敌之观念，且避去以属官而反叛宗国之恶名"。冯家升对此认为，建州并无可讳之理。因为建州之名早见于《唐书·渤海传》，其后辽、金、元史仍有其名，明朝所设建州卫乃沿用其字面而已。即使清以"建州"为讳也应当在世祖入关以后，而非在太宗朝。另外，清人在天命元年（1616）以后常以"南朝"称明朝，说明清人与明地位对等之观念，故"属官反叛宗国"之说难以立足。

总之，"满洲"之名的历史真实性，目前已基本为国内外学界所承认和达成共识。

（二）"满洲"称谓初始时间的探讨

1. 始于远祖布库里雍顺说。《皇朝文献通考》《皇朝通典》《东华录》《吉林通志》《大清一统志》《满洲源流考》均持此说，其根据均源于《太祖实录》中有关远祖布库里雍顺息三姓人之争的记载，特别是其中"其国定号满洲，乃其始祖也"的记载，当是该说的直接依据。[①] 冯家升对此认为，《太祖实录》中关于该段文字的记载怪诞不经，极具文学传说色彩，并且与《史记·殷本纪》中记载的简狄吞玄鸟之卵而生殷契之故事相类似。很有可能是修《清太祖实录》时，为了"神乎其事"而参取《史记·殷本纪》。另外，

---

① 参见冯家升《满洲名称产生之种种推测》，《东方杂志》，上海商务印书馆1933年版，第61—74页。

三姓人应当是三个小部酋，尚不足以称国，《清史稿》因而特改云"号其部族曰满洲"①。

2. 始于清太祖说。此说主要见于魏源《圣武记·卷一开创·开国龙兴记二》："太祖高皇帝天命元年，受覆育列国英明尊号，国号满洲，时明万历四十有四年。"冯家升认为，魏源生于乾隆之世，去太祖天命元年已百数十年，则其所记依据应为太宗以后的史料而非太祖朝的第一手资料，而《太祖实录》丙辰年有"建元天命"之语，却无建号之文。此外，根据《满文老档》、朝鲜文书等档案文献的记载，太祖曾以"后金"或"金"为国号，而非"满洲"。另据《清史稿·太祖本纪》的记载，太祖定国号为"金"恰为天命元年。因此，冯家升认为此说仍不足信，当为魏源推测之说。②

在此还需补充介绍的是，章太炎曾在《与弟子吴承仕论满洲旧事书》中称："窃疑此名乃剌麻以'曼殊师利'宠锡之，非其本称。今奉天旗族尚多，除官僚外，只自知为旗人，不知为满洲人，若果为部落之称，何以其人绝不能晓？"又云："其名既自番僧与之，则太祖初建国，尚无此名可知也。"③按章氏之观点，"满洲"之名来源于"曼殊师利"，而西藏上"曼殊师利"佛号尊称发生在太祖建国以后。所以，太祖以前和太祖建国初期应均无"满洲"之名。这一观点亦成为后世学者反对满洲源于"曼殊"说的主要论据。冯家升对章氏的观点则提出了不同看法。冯家升认为，普通旗人不知满洲就如当时中国乡野农民不知自己为何国何族人一样，当情有可原，此为其一；其二，据文献和历史遗迹可考，早在建州女真人间便有佛教传播，故"曼殊师利"佛号的传入并不一定始于太祖建国后番僧上佛号之时。

---

① 参见冯家升《满洲名称产生之种种推测》，《东方杂志》，上海商务印书馆1933年版。
② 参见冯家升《满洲名称产生之种种推测》，《东方杂志》，上海商务印书馆1933年版。
③ 章太炎：《与弟子吴承仕论满洲旧事书》，《华国月刊》1923年第2期。

3. 始于清太宗说。该说主要源于前文所介绍的太宗伪造"满洲"说,即日本学者市村瓒次郎、稻叶君山和我国学者朱希祖,"断定满洲为晚出之名称,至早不出太宗天聪之世"①。

4. 汉译之"满洲"始于清太祖、太宗间,清音之"满洲"早于清太祖、太宗以前。持此说者主要为冯家升。冯家升在《满洲名称产生之种种推测》一文的结论中指出,《满洲老档》中天命元年(1616)之前三年已载"满洲"之名。"建州女真"为明人称满洲民族之名,而非自称。"满洲"如果为部族自称,那么始于远祖布库里雍顺亦无可厚非。需要格外指出的是,冯氏在结论中的这一推测与其之前对"始于远祖布库里雍顺"说的驳论并不矛盾,因为其反驳的是"始于远祖布库里雍顺"说的神话色彩和"国号"说,而所倾向和强调的是"满洲部族"说。

5. 始于天聪九年说。王锺翰在《从满洲的命名谈起》一文指出,根据《实录》和《旧档》的明确记载,满洲命名具体日期应始于天聪九年(1635)十月十三日,即公元 1635 年 11 月 23 日。② 邸永君亦在《关于汉语"满洲"一词之由来》中考证,汉语"满洲"一词,见于《魏书》,乃地名。但是用"满洲"取代"女真"而用作全族名称,则始于清天聪九年(1635)十月十三日。在此需要说明和注意的是,前述四种对"满洲"出现时间的探讨对象是作为部族或国号之"满洲",而王锺翰与邸永君探讨的则是作为"民族"称谓的"满洲"出现时间。因此,其探讨对象看似相同,实质上是有所区别的。所以,王锺翰与邸永君的结论与前文介绍的几种观点并不抵牾。

6. "满洲"地名起源于北魏说。主要见于《满洲:从族名到

---

① 参见冯家升《满洲名称产生之种种推测》,《东方杂志》,上海商务印书馆 1933 年版,第 61—74 页。
② 王锺翰:《从满洲的命名谈起》,《满族研究》1985 年第 1 期。

地名考》一文。① 该文认为,"满洲"作为地名源于北齐魏收所撰的《魏书》的记载:北魏时,司马绍"将刘遐、苏峻济自满洲"。

(三)"满洲"称谓的源流之辩

地名、国号抑或族名的含义是有别于其来源的。其中,"来源"是对名称源起的追溯,而"含义"则是对名称自身内涵的一种诠释。两者虽有一定的联系,但彼此之间的区别更加不宜忽视和混淆。从学术界对"满洲"称谓的研究来看,有关其来源的考证,基本可以概括为以下 15 种观点。

1. 因地产珠而得名。此说见于史禄国的《满族的社会组织》一书。谓"满洲"古产名珠,输入中国后,中国人甚为羡慕,遂名"满珠地"(the land plenty of pearls)。冯家升指出,此说系由乾隆四十二年之谕旨误会而来。谕旨原文云:"我朝肇兴时,旧称满珠,所属曰珠申,故改称满珠。"史禄国的解释堪为对谕旨记载的望文生义。②

2. 为"蛮主"之音转。如宁恩承《满洲字义考》一文认为:"现在吾人每呼南人为蛮,有时用于北夷。有明典籍尝称清人为土蛮,称其主为蛮主。清主或先称蛮主,及入关后觉欠雅,遂改为满珠,其后用为地名,乃改满洲。"③

3. 因夷酋得救于猪而得名。相传古时东夷与汉人的一次战斗中,东夷酋长因战败而逃入一猪圈藏于猪群之中,追兵追至,见圈中全是猪而没有看见隐藏其中的东夷酋长,因此高喊"满猪"(意思是全是猪),随后退去。故此,夷酋长获救后建立一国,号其国曰"满猪"。"洲"与"猪"音近,讹转为"满洲"。此说亦见于

---

① 马伟:《满洲:从族名到地名考》,《东北史地》2013 年第 3 期。
② 冯家升:《满洲名称产生之种种推测》,《东方杂志》,上海商务印书馆 1933 年版,第 61—74 页。
③ 宁恩承:《满洲字义考》,《东北丛刊》第 1 期。

史禄国的《满族的社会组织》一书,据云乃出自汉族的故事,但未具其名。宁恩承在《满洲字义考》中指出,此说为俄人之讹说,牵强附会。冯家升亦认为此说为无稽之谈。

4. "满仲"之重出。日本学人伊文贞夫在其《随笔》中据《中外经纬传》称:

> 清之先出自源义经,义经从虾夷渡金国,以功起家,嗣奴儿干酋。及其子孙孟特穆为建州都督,所谓清之肇祖也。义经于文治五年闰四月从虾夷渡金国,时当南宋之世,大金甚盛之期。义经姓源,正与孟特穆之谥原皇帝合,盖原、源通用也。义经之先有名满仲者,为满洲所自出矣。

此说见载于市村瓒次郎的《清朝国号考》,冯家升在介绍该说时指出,此说系日本人因垂涎东北地区而不惜捏造事实之谬说。[①]在此需要格外指出的是,有研究曾在归纳该说时称,"日本伊文贞夫据《义经》之先有满仲者,为'满洲'所自出"[②]。然而,从冯家升介绍该说之原文来看,此说并非出自所谓的《义经》,而当是源出于《中外经纬传》。而且,从"义经姓源"等上下文判断,"义经"为人名而非书名。在此予以纠正。

5. 由"肃慎""珠申"之音转。此说最早见于《满洲源流考》:"乾隆四十二年八月十九日谕旨云:我朝肇兴时,旧称满珠,所属曰珠申,后改称满珠,而汉字相沿讹为满洲。其实即古肃慎,为珠申之对音。"同书又载:"《大金国志》金国本名珠里真,(谨案:本朝旧称满珠,所属曰珠申,与珠里真音相近,但微有缓急之

[①] 参见冯家升《满洲名称产生之种种推测》,《东方杂志》,上海商务印书馆1933年版,第61—74页。
[②] 邱永君:《关于汉语"满洲"一词之由来》,《满语研究》2005年第1期。

异,实皆肃慎之转音也。)后讹为女真。或曰虑真,肃慎氏之后,渤海之别族也。"

6. 由"勿吉""靺鞨"之音转。此说见于市村瓒次郎《清朝国号考》中所载,即"勿吉"音转为"靺鞨","靺鞨"转为"满殊",再转为"满洲"。有研究在介绍该说时称,"市村瓒次郎亦持此说"①,当为误解。事实上,市村瓒次郎在《清朝国号考》中只是列举该说,而并非主张此说,特别是市村瓒次郎因主张"满洲"出自太宗崇德以后还驳斥了此说。冯家升对此说的看法是,"唐代东北有一大国名'渤海','渤海'或即'勿吉'、'靺鞨'之音转,又与东海国之'渥集'为对音(见《圣武记》卷一),而'渥集'既不在'满洲'五部内,则'满洲'为'勿吉'、'靺鞨'音转之说不无牵强之嫌也"②。

不过,此说亦不乏支持者,王锺翰在《谈谈满洲名称问题》一文中便认为:

> 满洲称谓当由靺鞨而来:一则满洲(Manchu – Manju – Manjei)即与靺鞨拼音相一致,换言之,"满洲"与"靺鞨"本为一字。靺鞨自隋唐以降,直至明中期即已散居于今吉林长春市以南迄于今辽宁新宾县一带长达一千年之久,历史事实可为佐证。二则新兴之满族,本为女真人之一支,至努尔哈齐始大,而自明初始终被编于建州左、右卫之列,为明帝国之藩属,一代未之或改。清天聪十年(1636)十月改国号为满洲,而不用女真旧称者,以明人对女真人之仇视故也。而满洲本即靺鞨之一音异译,故采用旧称"靺鞨"改作"满洲",即前此

---

① 陈鹏:《"满洲"名称述考》,《民族研究》2011 年第 3 期。
② 冯家升:《满洲名称产生之种种推测》,《东方杂志》,上海商务印书馆 1933 年版,第 61—74 页。

所谓"满洲"名称原于本土,而非来自外地,故对内或对外,各得其所,莫此为甚者此也。

7. 源于"满节""满饰""满番"。主"满节"说认为,"满洲"一词来源于北宋经学家邢昺所疏的《论语注疏》中九夷之一的"满节","满节"音读"man‐chieh",转为"满珠",再转为"满洲"。据冯家升介绍,该说仍举例于市村瓒次郎《清朝国号考》中,市村氏比较倾向于该说,其依据为:

> 天聪二年十一月,太宗与朝鲜书云:"闻贵国有金元所译书诗及四书,敬求一览。"朝鲜来书云:"第金元所译,则曾未得见;国中所有,只是天下通行印本。虽非来书所求,而不欲虚厚望,聊将各件,通共三十六册呈似,只领情也。"则清太宗天聪二年已有四书,由此可以证明。而范文程辈颇能通经史,或据《论语注疏》建号"满节",讹转而为"满洲"诚为可能之事。

然而,冯家升对此从三个方面予以了反驳和质疑:其一,不论"满节"或"满饰"与"勿吉""沃沮""靺鞨""渤海""渥集""窝稽"俱为对音,而为一贯之名称,与"满洲"终当各别;其二,朝鲜所进四书,实未明指为注疏本,而只云"天下通行印本";其三,范文程辈果能通经史,何以舍"渤海"大国之称不用而必搜求注疏中乖僻之名。[①]

此外,傅朗云、杨旸在《东北民族史略》中认为,"满洲"是由"九夷"之一的"满饰"演变而来的。"饰"切为"州",与建

---

① 参见冯家升《满洲名称产生之种种推测》,《东方杂志》,上海商务印书馆1933年版,第61—74页。

州之"州"同，再加三点水，为有意修饰，寓意水德，相克明朝之火德。而建州女真活动地区正是古代满饰族人居住地，秦汉时称"满番"①。而王昊、张甫白则认为，"满饰"抑或"满番汗"，地在辽东，非满族初兴之地。清太宗不可能把其族初兴时的"满珠"追溯到自己不曾到过的辽东。即便清太宗改"珠申"为"满洲"（不称"满珠"）与入辽东后有关，但已非原来取名"满珠"时之本义，当有其他更深层次的历史原因。② 对此，王景义在《关于满族形成中几个问题的探讨》一文中分析指出，尽管秦汉时期满番人的活动区域在辽东，但金末蒲鲜万奴建立东真国时，曾把在辽东地区的女真人大部迁徙到吉林东部和黑龙江南部，而三姓（今依兰）正是蒲鲜万奴当初安置从辽东迁来的女真人的地区范围。所以，三姓的土著居民中有大量的满番人的后裔，而布库里雍顺在三姓调解械斗之后被推选为首领，以满洲之名定为部族之名，既能够表达怀祖念祖的感情，也能够体现出民族发展的渊源关系。由此认为，"满洲"由"满番"演变的说法较为贴切。③

8. 由"婆猪"江名演变而来。陈捷先在《说"满洲"》中指出，"满洲"应同"哈达"等名称一样，是缘于这个部落居住过的山川而得名，并提出始于李满住时代，由其所居的"婆猪江"演变为"满洲"④。

9. 由"瞒咄"而名。最早主此说者为苏联学者哥尔斯基（V. Gorsky），"以'满洲'为东胡名族之尊号，如室韦、靺鞨呼其酋长曰'瞒咄'，此'瞒咄'即今之'满洲'也"。冯家升在《满洲名称之种种推测》一文中，依据《隋书》中《室韦传》及《靺

---

① 傅朗云、杨旸：《东北民族史略》，吉林人民出版社1983年版，第151—152页。
② 王昊、张甫白：《满洲名称考释》，《史学集刊》1996年第3期。
③ 王景义：《关于满族形成中几个问题的探讨》，《满族研究》1999年第2期。
④ 陈捷先：《说"满洲"》，《幼狮学志》第1卷第1期。转引自王戎笙编《台港清史研究文摘》，辽宁人民出版社1988年版，第66页。

鞨传》的相关记载，对此说作了进一步解释：

> 《室韦传》云"南室韦……分为二十五部，每部有莫弗瞒咄"，犹酋长也；"北室韦……分为九部落，其部落渠帅号乞引莫弗瞒咄。"又《靺鞨传》云"渠帅曰大莫弗瞒咄"。此"莫弗瞒咄"、"乞引莫弗瞒咄"、"大莫弗瞒咄"一望而知为缀合词。《室韦传》云，"每部有莫何弗三人，以贰之"。则此"莫何弗"即"乞引莫弗瞒咄"、"大莫弗瞒咄"之"莫弗"，而为副首领也。加"瞒咄"则为酋长，故知"瞒咄"为东胡民族之一种尊号。

此外，冯家升对该说进一步补充认为，"瞒咄"音近满洲语"乌珠"，"乌珠"按《钦定金史语解》为"头"之意，亦可以理解为"领袖"，且古音"乌""瞒"通用。因此，"满洲"一词的源流可能为由"瞒咄"转为"乌珠"，然后转为"满珠"，再转为"满洲"。凌纯声①和干志耿、孙秀仁②均从此说。

意大利学者乔·斯达理在《满洲旧名新释》一文中，则对此观点有所异议，其反对理由是只有在近代北京话中，汉字"咄"才读作"chu"③，而《北史》时代读作"tu"，《康熙字典》也只读作"tu"或"to"。

10. 出自梵文"曼殊"。此说最早见于《满洲源流考》。据其卷1《部族一·满洲》载：

> 以国书考之，满洲本作满珠，二字皆平读。我朝光启东

---

① 凌纯声：《松花江下游的赫哲族》，"中研院"历史语言研究所1934年版，第44页。
② 干志耿、孙秀仁：《黑龙江古代民族史纲》，黑龙江人民出版社1987年版。
③ 笔者不知"chu"音的根据，当代普通话读"duo"。

土,每岁西藏献丹书,皆称曼珠师利大皇帝。翻译名义曰曼珠,华言妙吉祥也。又作曼殊室利大教王。经云释迦牟尼师毘(同"毗")卢遮那如来,而大圣曼殊室利为毘卢遮那木帅,殊珠音同,室师一音也。当时鸿号肇称,实本诸此。今汉字作满洲,盖因洲字义近地名,假借用之,遂相沿耳,实则部族,而非地名,固章章可考也。

从此说者主要有魏源①、吴振棫②、章太炎③、汪荣宝④、稻叶君山⑤等。

反对此观点者则认为:"满洲这个名称当源于本土,而非外来。其籍贯名称在东土,不会舍此东土内的固有名称,而用已自称为满洲后的曼殊为满洲名之所本。"⑥此外,"满洲"族名在1635年就已正式被采用,而达赖喇嘛尊奉满洲汗为"曼珠室利"菩萨称号发生在1642年,源于"曼殊师利"说在时间上则不符合逻辑。⑦

另外,关于"满洲"与"曼殊"关系的研究,有一篇论文在此有必要作一介绍,这就是王俊中的《"满洲"与"文殊"的渊源及西藏政教思想中的领袖与佛菩萨》⑧一文。该文并非对"满洲"称谓源流的探讨,诚如作者在文中所言:

本文并非加入究此公案(满洲一名的源流)何者为实的讨

---

① (清)魏源:《圣武记》。
② (清)吴振棫:《养吉斋余录》卷1,《养吉斋丛录》,中华书局2005年版。
③ 章太炎:《与弟子吴承仕论满洲旧事书》,《华国月刊》1923年第2期。
④ 萧一山:《清代通史》卷上,中华书局1925年版。
⑤ [日]稻叶君山:《清朝全史》,中华书局1915年版。
⑥ 王昊、张甫白:《满洲名称考释》,《史学集刊》1996年第3期。
⑦ [意]乔·斯达理:《满洲旧名新释》,李文瑾译、王锺翰校,《中央民族大学学报》1988年第6期;王景义:《关于满族形成中几个问题的探讨》,《满族研究》1999年第2期。
⑧ 王俊中:《"满洲"与"文殊"的渊源及西藏政教思想中的领袖与佛菩萨》,《"中央研究院"近代史研究所集刊》第28期,1997年版,第93—132页。

论，而是想从蒙藏文资料的角度，探究清乾隆年间为何官方出版的《满洲源流考》会将"满洲"名号考证为西藏献丹书所称的"曼殊师利大皇帝"，并检验是否在皇太极及顺治初年，蒙藏人士即以"曼殊师利"来称呼清帝。

根据该文考证，顺治十年（1653），五世达赖在长城以北受到清朝册封"达赖喇嘛"的名号与金册金印之后，才使用"文殊"名号还赠清帝。此是蒙藏领袖使用"文殊"名号来书最早记录。此时距西藏首次遣使前往盛京的清太宗崇德七年（1642），以及清首次使用"满洲"为号的崇德年间均有很长时间。据此，该文推断"乾隆君臣关于'满洲族号取自西藏来书'之称是为一无资可据的考证。"但在该文的第二部分，作者通过论证指出，这一考证的误差是有意而为之，是乾隆时期一连串拉近满蒙藏关系政策的一个重要环节，即通过称号赢得笃信佛教的蒙藏民族的好感和亲近。如果王俊中这一探讨确凿无疑的话，也就是说"曼殊"晚于"满洲"之名了，"曼殊"说实为乾隆朝对"满洲"来源的一种附会，那么"满洲"源于"曼殊"一说即不能成立了。因此，该文虽如作者所言非对"满洲"源流的探讨，但至少是不赞同"满洲"源于"曼殊"一说的。

11. 源于"蔓遮"。孙文良在《满族的崛起》一文中指出：

蔓遮之地，相当于今吉林省集安县境。这里成为女真诸部的故乡，就是在明代建州女真南迁之时。所以我个人看法是满洲为明代女真的部落名称，起源于他们居地蔓遮山、川，长期在民间流传，至努尔哈赤时见诸满文，朝鲜人发音蔓遮，皇太极写成汉文满洲。①

这一论点的主要根据是朝鲜人申忠一的《建州纪程图记》中所记的蔓遮岭、蔓遮川、蔓遮洞等多次出现的"蔓遮"一词。孙氏的这一新见，曾引起学界的高度重视。依其观点，"满洲与蔓遮可能就是一个名称。二者在朝鲜的发音大约是相同的"。

12. 源于建州女真酋长尊号"满住"。此说影响较为广泛。冯家升称此说"自丹阳唐邦治始，孟森继之为之考证，颇中肯要"。冯家升、金毓黻、谢国桢、萧一山、滕绍箴、姚斌、德国学者郝爱礼（Erich Hauer）等均持此说。其中，孟森关于"满洲"称谓的考证主要见于《满洲名义考》一文，历来为学界所重视。同时，因受冯氏之影响，学界多习惯将孟森关于"满洲"的探讨归纳为"满住"说，此种归纳不无道理，故本文亦在此采之。不过，观《满洲名义考》原文，笔者认为如将之称为"复合说"，其实更为贴切。而且，冯家升、谢国桢、滕绍箴的观点也兼具复合说的特点。现分而述之：

孟森在《满洲名义考》一文中对《满洲源流考》关于"满洲"与"曼珠"源流关系的考释是予以认同的。在其对"满洲""文殊"是否为清先世君主之美称的考证中指出：

> 女真呼长老曰"马法"，今满语犹然。《武皇帝实录》载，朝鲜国王与太祖书，犹称"建州卫马法足下"。犹言建州卫酋长云"马法"，即《隋书》、《北史》及《唐书》之"莫弗"或"莫拂"。"大莫弗"，犹汉南粤尉陀自称蛮夷大长，而"瞒咄"则其尊称。隋唐时已有佛号，夷俗信佛尤笃。"文殊"之

---

① 孙文良：《满族的崛起》，《民族研究》1986 年第 1 期。

称，信为佛之最尊，而即以尊其渠酋。"瞒咄"即"曼殊"，是其时已有"满洲"之对音，为酋长之尊称。至明而建州卫最大之酋长为李满住。李为明廷所赐之姓，满住则明代皆认为其酋之名，其实非也。①

要之，所述观点有三：其一，满语之"马法"源于"莫弗"；其二，认为"文殊"之称隋唐时已经为东北诸夷所熟知，并用以尊称其酋长，而"瞒咄"为"曼殊"的对音；其三，至明朝时，建州卫的最大酋长为李满住，但此"满住"非人名。对此，孟森在其后文中又另据《栅中日录》的记载，对"满住"非人名的看法予以了补证，进而得出"满住"是建州最尊贵之称号，即为建州酋长之称谓的观点。据此，孟森认为明时之"满住"即隋唐时的"瞒咄"，同为"君之尊称"。并且明确表示，"高宗所谓满洲即'文殊'，其言可信"。

概言之，孟氏之观点可归纳为："满洲"称谓直接来源为明代之时的"满住"，"满住"由隋唐之"瞒咄"演变而来，均为酋长之尊称，然其根源为"曼珠"。因此，孟森之"满住"说实为对"瞒咄"说与"曼殊"说的补充，亦可说是"满住""瞒咄"与"曼殊"说的复合说。

冯家升在《满洲名称之种种推测》中指出：

后二说（曼殊说与满住说），则证据确切，甚中肯要。"满洲"蜕化之由来，历历可见。然余意"满洲"一名称，与其谓出自梵文"文殊师利"，或出自建州女真尊号"满住"，无宁谓为原出自梵文"文殊师利"，更转而为建州女真之尊号；

---

① 孟森：《满洲名义考》，《明清史论著集刊正续编》，河北教育出版社2000年版，第19—21页。

二者之间，有因果关系，不能摒甲，亦不能斥乙也。

可见，冯氏之主张实为"曼殊"与"满住"的复合说，与孟森的观点并无根本上的区别。冯氏之所以将孟森的观点单列入"满住"说，当是因其对孟森所述理解有所偏颇而导致。

谢国桢在《清开国史料考》之《叙论订补编》中称：

"满洲"之称，日人为"文殊"之对音，孟莼孙（孟森）则以"满洲"亦称"满珠"，明代书作"满住"，系最大酋长之称。又，李显忠之子为李满住，"满住"与"满殊"之音略同。桢意：自太宗合并插汉，佛教东渐，观明袁崇焕尝遣喇嘛问吊，则清初之迷信佛教可知。"满洲"之名，盖由其习俗"满珠"之称，其祖为李满住，又与佛氏"曼殊"之音相合，辗转而成者也。[①]

按其主张，满洲为"满住"与"曼殊"的复合辗转而成，亦为"满住"与"曼殊"的复合之说。

滕绍箴在《试谈"满洲"一辞的源流》一文中的看法，总体上与孟森的观点近似，认为："'满洲'一辞当来源于'建州酋长之尊称'，并因外族或他部将'瞒咄'、'满珠'、'满住'这些'尊称'异读成'满洲'所致。"具体而言，"满洲"最早当与"瞒咄"有关，不仅与"瞒咄"同音，而且也包含有"大莫弗"之意，是"满住"一辞变为酋长之尊称而沿袭下来。到明代晚期，努尔哈赤成为建州卫大酋长，部人也以"满住"一辞相称，"满住"此时则成为对酋长的尊称。不过，该文在对"瞒咄"一名溯源时，

[①] 谢国桢：《清开国史料考》，北京出版社2014年版，第273页。

通过对相关史料的分析指出，"瞒咄"是隋朝突地稽之兄的名字，并作为靺人中受尊重的、有名望的大酋长而见载于史籍。这一考证和观点则是颇具创见的。简言之，该文有关"满洲"来源的观点，可称之为"瞒咄"与"满住"复合说。

当然，学界也有对"满住"说持反对之态度，如意大利学者乔·斯达理认为，李满住在朝鲜人的一次讨伐中被斩首之后，其家系已经断绝。因此，用其名字来称呼一个民族很难被人接受，只能是一种推论。① 王景义在《关于满族形成中几个问题的探讨》中也对此提出了反对意见，其理由主要有三点：首先，"'满住'来源于建州卫第三代指挥李满住之名。李满住系火儿阿部酋长第一任建州卫指挥阿哈出之孙。而努尔哈赤是斡朵里部人，两部关系密切，但两部之间无从属关系"；其次，"李满住是世袭建州卫指挥，努尔哈赤自六世祖孟特穆始则是建州左卫和右卫的世袭首领，与建州卫之间无从属关系"；最后，"努尔哈赤被明朝委以建州卫都指挥时，辽东地区女真族已分成八部，而努尔哈赤是苏克苏浒河部，火儿阿部的成员则成为哲陈部、王甲部等，八部之间无从属关系"②。因此，王景义认为皇太极定族名时，不可能抛开斡朵里部而去选择外部的酋长之称作为统一的族称。王昊、张甫白则认为："满住即满洲，于音求之不能说无据，但谓为部酋之称，则未必然。……故以满住之酋长名为满洲，难以成立。"③

13. 源于"建州"。主张此说的学者虽然不在少数，但对于"满洲"源于"建州"的具体方式或理由的看法不尽相同。清代肃亲王七世孙盛伯希（昱）认为，"满洲"二字实由建州而改，"故

---

① ［意］乔·斯达理：《满洲旧名新释》，李文瑾译、王锺翰校，《中央民族大学学报》1988年第6期。
② 王景义：《关于满族形成中几个问题的探讨》，《满族研究》1999年第2期。
③ 王昊、张甫白：《"满洲"名称考释》，《史学集刊》1996年第3期。

前无所本；或以曼殊译之者，附会之词耳"。① 傅斯年认为，"满洲"为"建州"之误读：

> 最初本《太祖实录》以满洲建州为一名，而以建州为汉语之误，此大可注意者。考建州一词之成立，最后亦当在唐渤海时。……据此，渤海之建州为一地名，历辽金元而未改……建州之称既远在先代，满洲之称尚不闻于努尔哈齐时，两字若为一词，只能满洲为建州之讹音，决不能建州为满洲之误字。②

日本学者三田村泰助、鸳渊一、小川裕人等认为，"满洲"（MANJU）一词完全是努尔哈赤统一建州女真以后所起的新国名。而神田信夫在《满洲 MANJU 国号考》一文中，则以《满文老档》与《旧满洲档》对勘，认为至少在天聪六年以前，已把这时的努尔哈赤国称为"满洲"。满洲国是和乌拉、辉发、叶赫、哈达等海西女直的扈伦、四国同时存在的，而努尔哈赤统一了的建州女直就叫满洲国。③

除此之外，薛虹、刘厚生在《〈旧满洲档〉所记大清建号前的国号》④ 一文中，通过校勘《旧满洲档》中的"女真""诸申""爱新""建州""满洲"诸名词的各种用法，认为"满洲"代替了"建州"。满洲地方就是建州地方，满洲国号源自建州卫号。其理由有二：一是在《建州纪程图录》和《旧满洲档》中分别记有"女直国建州卫管束夷人之主佟努尔哈赤"和"女直满洲国的淑勒

---

① （清）文廷式：《闻尘偶记》，《近代史资料》编辑组《近代史资料》总第 44 号，中国社会科学出版社 1981 年版，第 32 页。
② 傅斯年：《东北史纲》，上海古籍出版社 2012 年版，第 8—9 页。
③ 参见［日］神田信夫《满洲 MANJU 国号考》，原载于《山本博士还历纪念东洋史论丛》1972 年，刘世哲译，《民族研究》1990 年第 4 期。
④ 薛虹、刘厚生：《〈旧满洲档〉所记大清建号前的国号》，《社会科学辑刊》1990 年第 2 期。

昆都仑汗"。两条史料均将"女真"记作"女直",一个全称"女直建州",一个全称"女直满洲",因而可理解为:女真国人的努尔哈赤就等同于女真国人的满洲汗努尔哈赤。二是在《武皇帝实录》和《满洲实录》的"其国定号满洲"均外加注"南朝误名建州",其实等于说满洲即原来的建州。因此,该文主张对于"满洲"之名的溯源,不必另求繁解。

14. 源于"满洲部"。王景义在《关于满族形成中几个问题的探讨》一文中认为,历史上确实存在"满洲部"。《武皇帝实录》记载的"满洲"并不是虚构伪造。《清史稿·太祖本纪》叙述布库里雍顺的情况虽然具有神话色彩,但依然含有历史的真实成分。布库里雍顺创建的"满洲部",即是后来的斡朵里部。满族先世发祥于长白山及牡丹江上游地带,由布儿湖里泊乘舟顺流而下至三姓(今依兰)定居下来,在这里被当地居民推为首领,建立起满洲部。从其部族发展变化的情况看,即是斡朵里部。元朝在满洲部故地置斡朵里万户府,代替了"满洲"原名,明朝又在这里置建州卫,因而建州女真成为统一的名称。但世代斡朵里人并没有忘记他们原来是满洲人,因而在《满文老档》中常常记有"满洲"人的情况,其他部族也把斡朵里人看成满洲人,斡朵里部人是建州三卫的核心部族之一,所以有人则把建州女真称为满洲。《武皇帝实录》中记载"时各部环满洲国扰乱者……"这里"满洲国"主要是指建州女真各部扰乱努尔哈赤世系家族斡朵里部人(如其祖父觉昌安、父塔克世被害)而言,努尔哈赤自称本部族是满洲部。清朝皇帝宗室出自满洲部,努尔哈赤、皇太极统一女真诸部之后,以本部族原名"满洲"代替女真诸部族之称,这既反映了女真族的统一,又反映了几经分化、融合,再分化再融合之后而形成新的民族共同体。

15. 源于满语与阿尔泰语复合说。长山在《族称 manju 词源探析》一文中,从语言学角度对"manju"一词予以解析,并最终得出结论认为:"manju 一词为复合词,由 man-+-ju 而构成,第一构词成分 man-由满语 mangga'硬、强'一词演变而来,第二构词成分-ju 是原始阿尔泰语 * goroa'箭'一词的词首辅音腭化演变的同时词尾语音连续脱落的结果。"① 该文是我国学者首次从语言学角度对"满洲"一词词源所进行的专门探讨。

(四)"满洲"称谓含义的考证

学界有关"满洲"名称含义的看法,主要有以下八种理解。

1. "清亮"之意。据冯家升《满洲名称之种种推测》一文介绍,该说始自罗斯牧师(The Rev, J. Ross),见其著作《满洲人》(*The Manchus*)一书第 7 页中,将"满洲"解作"清亮"(Pure and clear)。其后,和司勃特牧师(The Rov. F. L. Hauspott)之《中国史节要》(*A Sketch of Chinese History*)与寇林牧师(The Rev. S. Couling)之《支那百科全书》(*Encyclopedie Sinica*)均采用此说。冯家升对于这一观点学说的介绍,很可能是参见了俄罗斯学者史禄国于 1924 年出版的《满族的社会组织:满族氏族组织研究》一书。史禄国在该书的补充注释四《关于"满洲"这一名称》中最早介绍了该说,但其并不认同这一说法,认为"这一观点很可能基于对包含'清纯'之意的'大清王朝'这一名称的误解"。冯氏同样认为此说为谬解,因为"满洲"一词不论在满文或汉文中均无"清亮"之解,罗斯牧师之解释缘于其误以为"满""清"二字通用,遂以"清"字而解"满洲",导致铸此大谬。

2. "勇猛"之意。日本学者市村瓒次郎在《清朝国号考》里提出,蒙古语中"mong",即女真语中之"满洲",其意为"勇猛",就字义而用为国号。市村瓒次郎的这一说法在文中并未注明

---

① 长山:《族称 manju 词源探析》,《满语研究》2009 年第 1 期。

出处和依据。冯家升对此则认为,"岂有蒙古、满洲俱出一源之理? 恐市村氏妄说耳"①。

3. "神箭"或"强悍的箭"之意。王文郁在《满洲族称的由来》一文中认为,"满洲"汉译应为"神箭"之意,并与牛录(niru)有联系。② 长山在《族称 manju 词源探析》一文中认为,"manju'满洲'一词为复合词,由 mangga'难、硬、强、刚强、优秀、高贵、善于'和 ju∠﹡goro'箭'的组合演变而来,其语义为'强悍的箭'"。此外,由于满族及其先世肃慎、挹娄、女真自古生活在中国东北地区,主要从事狩猎经济,故弓箭在满族及其先世的经济生活中具有非常重要的地位。并且,满族"以造箭、射箭技术高超而闻名于世,是周围的民族认识他们的主要特征。"所以"皇太极以'强悍的弓箭'——manju 来命名本族也是非常合理的"③。

4. "勇士""英雄"之意。乌拉熙春在《从语言论女真满洲之族称》中,从语言角度指出"满咄""满住""满洲"皆是"paqat'or",即"勇士""英雄",本义为"猎手"④。

5. 含"水"意,寓克火。主张此说者,主要从满族汉化的角度出发,并从汉字的含义释读"满洲"的寓意。例如,《中国通史简编》中所释,"满字取满住第一字,洲字取建州第二字,州边加水成洲字。满、洲、清都有水义,谓明朝姓朱,朱明二字有火义,符合五行相克的学理。"⑤《东北民族史略》一书同样认为,满洲有"水"的寓意,以克明朝之火德。⑥

邸永君在《关于汉语"满洲"一词之由来》的观点与此大致

---

① 冯家升:《满洲名称产生之种种推测》,《东方杂志》,上海商务印书馆 1933 年版,第 61—74 页。
② 王文郁:《满洲族称的由来》,《南开史学》1981 年第 2 期。
③ 长山:《族称 manju 词源探析》,《满语研究》2009 年第 1 期。
④ 乌拉熙春:《从语言论女真满洲之族称》,台湾《满族文化》1990 年第 14 期。
⑤ 范文澜:《中国通史简编》,人民出版社 1952 年版,第 875 页。
⑥ 傅朗云、杨旸:《东北民族史略》,吉林人民出版社 1983 年版,第 151—152 页。

相同，但阐释更为具体。该文认为"manju"来自本土，选取"满洲"一词与之对译，有着深刻的文化内涵。中国古代十分重视"五行生克"说，当时关内由汉族建立的大明帝国国号有三重"火"之内涵：汉人之称，源于汉代。汉以火德王，用赤帜，称炎汉。"炎"字乃是由双火组成，此二火也；"明"字乃日月二字组成，日有火意；而皇室为朱姓，朱乃赤色，亦有火意，故朱明相合，亦一火也。因五行生克，水可克火，故用满洲族名之双水以灭"炎汉"之二火，用大清之新水以灭大明之旧火。

6. 含义为"金"。日本学者神田信夫在《满洲 MANJU 国号考》中指出，"爱新"是汉语"金"的本源，应将其看作为"满洲"的语译。

7. 含义为"黑龙江上的人"。据乔·斯达理《满洲旧名新释》一文的介绍，辛休斯（V. I. Cincius）曾将"满洲"解释为"黑龙江上的人"的意思。但乔·斯达理本人认为，满族人称黑龙江为"萨哈连乌拉"，进而否定了该说。[1]

8. "伟大""力量"和"权威"之意。乔·斯达理在《满洲旧名新释》一文中对"满洲"称谓的考证的结论是：族名"满洲"在努尔哈赤时开始使用，"manju"一词是一个一般的通古斯字，古已有之，表示成长伟大、力量和权威之意。努尔哈赤之所以采用这个词，是因为当时建州女真人确实发展"强大、有力"，变得"manju"了。[2]

---

[1] ［意］乔·斯达理：《满洲旧名新释》，李文瑾译、王锺翰校，《中央民族大学学报》1988 年第 6 期。

[2] ［意］乔·斯达理：《满洲旧名新释》，李文瑾译、王锺翰校，《中央民族大学学报》1988 年第 6 期。

结　语

20世纪初期，以日本学者为主所提出的"满洲"名称系清太宗伪造一说，曾一度引发了中外学界对于"满洲"称谓研究的广泛关注与重视。由于该说难以经得起推敲，目前已被国内外学界所摒弃。此后，学界有关"满洲"称谓的研究主要集中于对其初始时间、来源和含义三个层面的考证。

其中，有关"满洲"初始时间的看法，尽管具体观点有所不同，但更多的学者倾向于在进行此方面的考证时，应注意到汉语"满洲"和汉语音译"满洲"之间的差异，以及"满洲"在作为部族名、国号和民族名称等不同对象考察时所存在的差别。

相较而言，学界在关于"满洲"称谓源流问题的考辨上，观点尤为繁杂，经初步统计有15种观点之多。说明该问题不仅是"满洲"称谓研究的焦点，也是"满洲"称谓研究的难点所在。总体来看，早期的因地产珠而得名的"满珠"说、"蛮主"之音转说、因夷酋得救于猪而得名的"满猪"说、"满仲"之重出说堪称昙花一现，基本不为学界所认同。而源自梵文"曼殊"一说，主要为清代和民国时期的学人所主张，今人则对其颇存异议。余者之中，"勿吉"和"靺鞨"之音转说、源于"满节"（包括"满饰""满番"）说、由"瞒咄"而名说，源于建州女真酋长尊号"满住"说（或称之为"满住""满咄"与"曼殊"复合说）、源于"建州"说等5种观点，尽管也不乏质疑的声音，但均有拥趸，且影响相对更加广泛。

此外，对于"满洲"称谓含义的释读，也是该问题研究的难点所在。而且，有关此方面的考究或梳理，很容易与其来源、由来的探讨相混淆。对此，本文基于对"满洲"这一词汇本意和内涵的辨识，将学界关于"满洲"称谓含义的探讨归纳总结为"清亮""勇猛""神箭""勇士英雄""寓意水克火""金""黑龙江上的人""伟大、力量、权威"等 8 种观点。当然，也不排除在今后的研究中，可能还会产生一些新的学术观点。

总而言之，"满洲"称谓的探讨是满学与满族史研究中的重要与难点问题。"满洲"一名涉及诸多的研究领域，如历史地理学与文献学、民族史与民族学、地名学，以及语言学中的语音、语义、语境、语辞性质、语源等诸多方面。目前，学界虽然在"满洲"称谓的初始时间、源流及其语义问题上仍然存在较大的争议，但已在很大程度上深化和拓展了研究视角，对于"满洲"之名的客观认识具有重要的启发意义和参考价值。

原文刊载于《黑龙江民族丛刊》2013 年第 6 期

高句丽历史文献述要

有关高句丽历史的记载主要见于中国和朝鲜的古代典籍文献之中。其中，中国古代典籍文献对高句丽历史的记载多以传记为主要形式。此外，在一些史书的本纪、人物列传、地理志、天文志、食货志，以及诏书、金石碑文等中也散见有关高句丽历史的记述。朝鲜古代典籍文献对高句丽历史的记载主要见于《三国史记》《三国遗事》《东国通鉴》和《朝鲜史略》4部史书之中。本文即以中国古代典籍文献中的高句丽传记以及上述朝鲜四部史书为主要综述对象，而其他散见的高句丽史料因为十分零散、冗杂，故暂且不在综述范畴之内。

一 正史高句丽传记

我国的正史为高句丽立传者共12家，按成书时间排列依次为：《三国志·高句丽传》《后汉书·高句骊传》《宋书·高句骊传》《南齐书·高丽传》《魏书·高句丽传》《梁书·高句骊传》《周书·高丽传》《隋书·高丽传》《南史·高句丽传》《北史·高丽传》《旧唐书·高丽传》《新唐书·高丽传》。其中，《三国志》《后汉书》《梁书》《隋书》《南史》《旧唐书》和《新唐书》7部史书的高句丽传记均从属于其《东夷传》；《宋书·高句骊传》则附属于《夷蛮传》,《南齐书·高丽传》附属于《蛮东南夷传》;《魏书》则将《高句丽》与《百济》《勿吉》《失韦》《豆莫娄》《地豆于》《库莫奚》《契丹》《乌洛侯》并列为该书《卷一百·列传第八十八》,《周书》将《高丽》与《百济》《蛮》《獠》《宕昌》《邓至》《白兰》《氐》《稽胡》《库莫奚》并列为该书《卷四十九·列传第四十一》,《北史》将《高丽》与《百济》《新罗》《勿吉》《奚》《契丹》《室韦》《豆莫娄》《地豆干》《乌洛侯》《流求》《倭》并列为该书《卷九十四·列传第八十二》,而高句丽传记在排序上均居所属列传之首。

《三国志》与《后汉书》分别由西晋史学家陈寿和南朝刘宋时期的历史学家范晔编撰,两书与《史记》《汉书》并称为"前四史",为纪传体史书。从记述内容来看,两部史书的高句丽传主要分为高句丽概况与史事两大部分。因《三国志》的成书时间早于《后汉书》。因此,《三国志·高句丽传》开创了中国正史为高句丽纪传的先河,并在编撰体例上对《后汉书》等后世史书有关高句丽历史的记载产生了重要的影响。

《三国志》与《后汉书》对高句丽概况的介绍内容大致相同,主要介绍了高句丽的地理位置、地理环境、民族源流、主要官职、宗教祭祀、衣着服饰、丧葬风俗等,但《三国志》的个别记载较为详尽。例如,关于高句丽的官职,《后汉书》中仅见职名的记载,而《三国志》不仅记录了职名而且对"沛者""对卢""古雏加"等高句丽官职的设置做了进一步的说明。此外,《三国志》中关于高句丽"大家"与"下户"的关系及仓廪习俗的记载,也是《后汉书》中没有提及的重要史料。

史事部分,《三国志》不仅记载了高句丽与东汉(高句丽琉璃王至新大王伯固时期)的主要历史事件,而且记载了高句丽与三国时期的辽东地方政权、曹魏的主要事件,以及高句丽继新大王伯固之后的伊夷模（故国川王）和位宫（山上王）时期的主要史事。《后汉书》则主要记录了王莽时期至建宁二年高句丽与汉朝的主要事件，其中高句丽的寇边事件和汉军对高句丽的征讨占据了该部分的主要篇幅。《后汉书》此部分的记载与《三国志》相应时期的史事记载大体一致，但《后汉书》的记载更为详尽，并有所订正。如《三国志》载："宫死，子伯固立。"① 而《后汉书》载："是岁宫死，子遂成立。""遂成死，子伯固立。"② 根据《三国史记》《通典》《通志》《文献通考》等史料的校雠，伯固当为遂成子，遂成为宫之子。因此，《后汉书》的记载应为准确，而后世成书的《梁书》《北史》则承袭了《三国志》这一讹误。

另外，《三国志》与《后汉书》对高句丽史事的记载也存在个别的异议，如《三国志》载："莽大悦，布告天下，更名高句丽为下句丽，当此时为侯国。汉光武帝八年，高句丽王遣使朝贡，始见称王。"③ 而《后汉书》载："莽大说，更名高句丽王为下句丽侯，于是貊人寇边愈甚。建武八年，高句丽遣使朝贡，光武复其王号。"④ 按《三国志》的记载，高句丽在汉光武帝八年之前均为侯国，其最高统治者为侯，此后才称王。而《后汉书》的记载则表明高句丽的最高统治者在王莽改高句丽为"下句丽"之前已经称王。这两种观点在后来的史书中各有坚持，莫衷一是。至于哪种观点更为合乎史实，还有待于学界的进一步研究。

《宋书·高句骊传》主要记载了刘宋高祖朝、太祖朝、世祖朝与高句丽往来，并以宋对高句丽的封赐和高句丽对宋的朝贡记载为

---

① （晋）陈寿：《三国志》卷30《东夷·高句丽》，中华书局1982年标点本，第845页。
② （南朝宋）范晔：《后汉书》卷85《东夷列传·高句丽》，中华书局1965年标点本，第2815页。
③ （晋）陈寿：《三国志》卷30《东夷·高句丽》，中华书局1982年标点本，第844页。
④ （南朝宋）范晔：《后汉书》卷85《东夷列传·高句丽》，中华书局1965年标点本，第2814页。

主。而太宗朝与后废帝时期，则以"贡献不绝"一言以蔽之。

《南齐书·高丽传》因其原稿的佚失，全文仅存 390 余字。其内容以太祖朝与高句丽的封赐往来以及世祖朝永明年间的使者外交史事为主，约占全文篇幅的四分之三，而建武三年（496）以后南齐与高句丽的往来历史全部缺失。

《魏书》由北齐魏收编撰，内容行文"婉而有则，繁而不芜"。《魏书·高句丽传》在文字与史料剪裁方面将这一特点体现得淋漓尽致。《传》之开篇，介绍了高句丽先祖朱蒙及其立国的背景。因前代的高句丽传均无此记载，所以记述较为详尽。虽然其描述在一定程度上充斥着神话传说的色彩，但对后世研究高句丽的源流等仍然有着十分重要的价值。在对高句丽地理、风俗等概况介绍方面，该传则巧妙借用北魏世祖时期派遣至高句丽的使者李敖之口加以转述。或许因《三国志》和《后汉书》中的相关记载已经较为翔实，故编撰者对此所施笔墨相对凝练，但也不乏补充之处。如《三国志》载："其马皆小，便登山。"[1] 而《魏书》则载："出三尺马，云本朱蒙所乘，马种即果下也"[2]，对高句丽所产之马的品种、外形等作出了进一步地补充描述。该传的史事记载仍然侧重于当朝与高句丽的关系史，始于北魏世祖朝而终于出帝朝，内容亦以封赐和贡献的记载为主。

《梁书》《周书》《隋书》《南史》《北史》皆成书于唐代。其中，《梁书》《南史》和《北史》此三部史书的高句丽传记虽然篇幅较长，但所记史事内容基本为前代高句丽传的汇总。其中《梁书·高句骊传》有关当朝与高句丽册封、朝贡的记录主要为梁武帝天监七年至太清二年（508—548）期间的史事。而《周书·高丽传》所记北周与高句丽交往的史料仅 30 余字，其余基本为高句丽

---

[1] （晋）陈寿：《三国志》卷 30《东夷·高句丽》，中华书局 1982 年标点本，第 844 页。
[2] （北齐）魏收：《魏书》卷 100《高句丽列传》，中华书局 1974 年标点本，第 2215 页。

四至、城邑、官职、刑法、服饰、书籍、兵器、赋税、丧葬风俗和宗教等高句丽概况介绍。《隋书·高丽传》所记高句丽概况依其内容来看，主要借鉴了前代高句丽传，其史事部分则重点记述了隋朝对高句丽的征讨。

《旧唐书》《新唐书》分别成书于五代后晋时期和北宋时期。两部史书均修《高丽传》，其内容均主要涉及高句丽概况和唐朝与高句丽史事两部分。两部传记的高句丽概况记述内容相近，但均避免与前代史料的重复而着重体现了唐代时高句丽的风貌，如"耨萨""诸兄""过节"等诸多官职以及诸如高句丽"长炕""投壶""蹴鞠""叛者丛炬灼体乃斩之"等记载均为前代高句丽传所无，反映了高句丽发展至唐代时期在官制、文化娱乐、风俗等方面的发展与变化。尤其是两部传记均有关于高句丽中央官职与地方官职的介绍，并将其职能品级与中原官职相比较，更加便于中原人士和后人对高句丽官制的理解。

在唐朝与高句丽关系史的记载方面，两唐书的高句丽传记均将唐朝对高句丽的征讨作为记述的重点。其中，贞观十九年（645）唐太宗亲征高句丽，因为帝王的亲征，所以记述得也最为详尽。两部传记相较，《新唐书·高丽传》记述的脉络更具条理，史事也更为详细。如《新唐书·高丽传》关于贞观二十一年（647）牛进达等对高句丽的征讨，以及显庆三年（658）薛仁贵对高句丽的征讨等记载，均为《旧唐书》所忽略。

二　诸史高句丽传记

除了上述 12 部正史之外，一些政书、别史、地理类史书和类书等中国古典史籍文献中也有对高句丽专门立传者，这些史料是校雠、补充正史高句丽传记的重要史料，主要有《魏略》《翰苑》

《通典》《通志》《唐会要》《文献通考》《太平御览》《太平寰宇记》等。

《魏略》系魏郎中鱼豢私撰，因其"殊方记载，最为翔实"，故历来被史家所重视。裴松之注《三国志》所引用之书即以《魏略》为最多。不过该书早已亡佚，只有部分内容作为征引之文而见于《后汉书》《翰苑》《北户录》《三国志》《太平御览》等。王仁俊、张鹏一等清代史家曾分别辑佚此书，素以张鹏一辑本最受青睐，共辑有25卷，并附有遗文6条。《魏略》有关高句丽的传记仍见于《魏略辑本》，传名曰《高句丽国》。其内容主要为高句丽的地理环境、官职、习俗等概况记述，与《三国志》《后汉书》的高句丽传概况介绍大致近似。

《翰苑》唐张楚金撰，共30卷。该书首卷《蕃夷部》列《高丽传》，文言十分简洁，所述为高句丽概况之梗概，语言虽凝练优美，但缺乏史料的翔实。唐雍公睿因而大量参阅《魏书》《汉书·地理志》《高丽记》《魏略》《十六国春秋》等文献为其作注，其注文数倍于原文，比原作呈现了更多的史料价值。

《通典》唐杜佑撰，共200卷，是中国历史上第一部体例完备的政书。宋代史学家郑樵、元代史学家马端临各自以《通典》为楷模，分别撰成《通志》和《文献通考》，"然郑多泛杂无归，马或详略失当，均不及是书之精核也"[①]。《通典》第186卷为《东夷·高句丽传》，其传记内容堪为中国首部高句丽通史传记。《通志》和《文献通考》亦专设《高句丽传》，其内容基本《通典》为蓝本，记述了高句丽自源起至灭亡的历史。从此三部高句丽传记的史事记载来看，基本为前代史料的汇总和整理，其特点和贡献在于"通"，有利于完整地呈现高句丽历史发展脉络。

---

① （清）纪昀：《四库全书总目提要》卷81，史部37。

《唐会要》北宋王溥撰，共 100 卷，专门记唐代各项典章制度之沿革变迁。高句丽传记见于该书第 95 卷，其内容对唐朝东征高句丽的史事详加记述。与两唐书相较，《唐会要》对唐太宗亲征高句丽的史事记载更为凝练，而对贞观二十一年（647）、二十二年（648）、龙朔元年（661）、乾封三年（668）唐征高句丽史事的记述则更为详尽，许多记载是对两唐书的重要补充。因此，其传是研究唐朝东征高句丽历史的重要史料。

《太平御览》宋李昉等奉敕编修，共 1000 卷，所记内容始于太平兴国二年（977），初以《太平总类》为名。太平兴国八年（983）书成之后，因宋太宗日览三卷，一岁而读周，故更名为《太平御览》。《太平御览》之《东夷·高句丽传》主要节录《后汉书》《魏略》《魏书》《北史》《南史》和《旧唐书》的《高句丽传》而辑成。

《册府元龟》宋王钦若、杨亿等奉敕编纂，原名《历代君臣事迹》，所载内容涉及政治体制方面的重要资料，属大型类书。该书卷帙浩繁，共 1000 卷，规模居"宋四大书"[①]之首。《册府元龟》列《高句丽传》于其"外臣部"，其内容无史事而专为高句丽概况记述，无出于正史高句丽传之范畴。

《太平寰宇记》宋乐史撰，编撰撰于宋太宗太平兴国年间（976—983），为北宋初期著名的地理志书。前 171 卷依宋初所置河南、关西、河东、河北等十三道，分述各州府之沿革、户口、风俗、人物、土产及所属各县之概况、山川湖泽、古迹要塞等。幽云十六州虽未入宋版图，亦在叙次之列，以明恢复之志。十三道之外，又立《四夷》29 卷，记述周边各族。高句丽传即见于《四夷》之《东夷传》。该传在史事记述方面亦属于高句丽通史范畴。然而，

[①] 《册府元龟》与《太平广记》《太平御览》《文苑英华》并称"宋四大书"。

作为地理志书,其特点在于对高句丽史事涉及的地理有所考证,此为中国历代高句丽传记所无。

三　朝鲜的高句丽文献

除了上述中国典籍之外,《三国史记》《三国遗事》《东国通鉴》《朝鲜史略》4 部朝鲜古代典籍文献也有关于高句丽历史的记载。

《三国史记》是一部记述新罗、百济、高句丽的纪传体断代史史书。高丽仁宗二十三年（1145）,金富轼等以汉文编撰,共 50 卷,分为《本纪》《年表》《志》《列传》4 部分。具体包括本纪 28 卷:《新罗本纪》12 卷、《高句丽本纪》10 卷、《百济本纪》6 卷,按照王系和年代分别记述新罗、高句丽、百济 3 个政权的历史;《年表》3 卷,主要为新罗、高句丽、百济诸王在位年代的对照表;《志》9 卷,"祭祀"与"乐"合记于第一卷,"色服""车骑""器用""屋舍"合记于第二卷,其余 7 卷《志》分记新罗、高句丽、百济的"地理"与"职官";《列传》10 卷,按新罗、高句丽、百济三政权分述,主要记以重要大臣之生平事迹。

《三国史记》在编撰过程中主要参考了《魏书》《三国志》《晋书》《旧唐书》《新唐书》《资治通鉴》《册府元龟》《古今郡国志》等中国古代典籍文献,以及《三韩古记》《海东古记》《新罗古记》《花郎世纪》《鸡林杂传》等朝韩古代文献。根据《玉海》所记:"淳熙元年（1174）五月二十九日,明州进士沈忞上《海东三国史记》五十卷,赐银币百,付秘阁。"① 由此推断,《三国史记》在成书 28 年后应已流转至中国。

---

① （宋）王应麟:《玉海》卷 16,文渊阁《四库全书》影印本,子部,第 943 册,第 16 页 b。

《三国史记》中的高句丽史料绝大部分记述在《高句丽本纪》中，按照各王的年代、月份为条目，分别记述高句丽各王在位期间的事迹。按其内容主要可划分为四类：其一，有关高句丽政权形成与发展状况的记述，包括高句丽政权的内部事务、王位承袭以及高句丽政权与周边民族关系等。一些内容可补我国史书所缺，尤其是关于高句丽政权本身在南北朝时期以前的记载大多为我国史书所无。其二，有关高句丽政权与中原王朝、周边割据政权之间关系的记载。此类内容亦多为我国史书所记，但彼此在某些细节的记述上不尽相同。其三，对于自然现象中的星象、异象及灾害等的记载；其四，是作者金富轼的"史论"，以"论曰"的形式穿插在正文之中，共7条。

此外，《三国史记》中的《列传》与《地理志》也保留了许多高句丽的史料，其中《列传》为高句丽的乙巴素、密友、纽由、明临答夫、乙支文德、温达、仓助利、盖苏文8人立传；《地理志》则在对新罗大量州、京、郡等地名考证中对比了高句丽时期的地望，如"汉州，本高句丽汉山郡"，"中原京，本高句丽国原城"等。①

《三国史记·高句丽本纪》的史料价值近年来逐渐得到学界的关注与重视，但看法不一。有的学者将其完全作为信史加以使用，有的学者则认为其史料价值不高，不足为证。②李大龙先生对此认为，应客观看待其史料价值：

> 《三国史记·高句丽本纪》中的史料虽然存在着问题和不足，但对于高句丽的历史研究不失为重要的史料……第一，明

---

① 金富轼：《三国史记》，孙文范等校勘，吉林文史出版社2003年版，第427页。
② 参见李大龙《〈三国史记·高句丽本纪〉史料价值辨析——以高句丽和中原王朝关系的记载为中心》，《东北史地》2008年第2期。

确《三国史记·高句丽本纪》中的问题史料，认真分析和对待其史料与中国正史史料的不一致现象；第二，重视《三国史记·高句丽本纪》史料的独特性，看到它在高句丽政治、外交、文化以及考古方面的史料价值，清醒地认识和辨析史料的真伪，使它更好地为高句丽的历史研究服务。[1]

《三国遗事》是由高丽时代僧侣一然所编撰，以高句丽、百济、新罗三国为记述对象的史书。一然为高丽王朝后期的名僧，俗姓金，名见明，字晦然，出家后改名一然，号无极、睦庵。著有《三国遗事》《普觉国师语录》等，但只有《三国遗事》保存下来。《三国遗事》由5卷、9篇、144个条目所构成。9篇的篇目分别为王历、纪异、兴法、塔像、义解、神咒、感通、避隐、孝善。《三国遗事》的成书年代不确。不过，该书所载最晚的史事为高丽忠烈王七年（1281），而一然在此7年之后谢世。所以，其成书时间一般认为应在1281—1289年之间。

《三国遗事》中有关高句丽的史料大致分为三方面内容：其一，高句丽传说。其《卷第一·纪异第二》中所记《高句丽》条目满篇皆为高句丽始祖朱蒙身世的介绍，充满了神话传说的色彩，应其《叙》所言："然则三国之始祖，皆发乎神异，何足怪哉！"[2] 其二，有关高句丽与新罗、唐朝关系的史事。如《卷第一·纪异第二》中的《奈勿王·金堤上》条目中记录了长寿王将新罗奈勿王之弟宝海纳为人质的史事；《卷第一·纪异第二》中的《太宗春秋公》条目则记录了唐高宗派遣左卫大将军苏定方等东征高句丽、百济的历史。其三，高句丽佛教方面内容。主要记述了顺道肇丽和阿道基罗

---

[1] 李大龙：《〈三国史记·高句丽本纪〉史料价值辨析——以高句丽和中原王朝关系的记载为中心》，《东北史地》2008年第2期。
[2] 一然：《三国史记》，孙文范等校勘，吉林文史出版社2003年版，第29页。

两位著名的高句丽僧侣、"宝藏奉老"典故以及辽东城育王塔和高丽灵塔寺两处高句丽佛教遗迹,分别见于《卷第三》的《兴法》与《塔像》两篇中。

《东国通鉴》为徐居正、郑孝恒等奉朝鲜成宗之命编撰的汉文编年体史书,历时近40年完成。该书也是朝鲜半岛历史上第一部通史类著作,所记内容上自檀君朝鲜,下迄高丽王朝末期。其中有关高句丽史事的记载采用中原王朝纪年与高句丽纪年对比的形式按编年体记述,自汉建昭二年(高句丽始祖元年)至唐总章元年(高句丽宝藏王二十七年),故又堪为高句丽之通史。

《朝鲜史略》一名《东国史略》,共20卷,作者不详。"乃明时朝鲜人所纪其国治乱兴废之事。始于檀君,终于高丽恭让王王瑶。"[①]《朝鲜史略》关于高句丽的记载主要见于《卷一·三国》。其记述以中原王朝纪年为序,采用编年体对新罗、高句丽、百济三国予以统一叙述,史事简略凝练,充分体现了"史略"的特点。

总而言之,中国古代的正史一般将高句丽作为东夷的一支而予以列传。然而,由于非正史记载的主要对象,故其传记中多侧重对中原王朝或当朝与高句丽之间关系史的记载。其中虽然不乏对高句丽的概况介绍,但多简略扼要,因此仅可窥其概貌而难以了解其全貌。朝鲜史书则往往将高句丽视为朝鲜历史上的"三国"之一而纳入其正史的范畴。其内容相较于中国史料有许多补充之处,但更多史料因参考和抄录了中国史书的高句丽传记而与中国史书的高句丽传记有所重复,特别是其编撰由于缺乏严谨的考究而存在诸多前后矛盾之处,有的记载则"专事异端虚诞之说",因而其史料的真实性往往有待认真的校雠,去伪存真。尽管如此,由于高句丽史料的相对匮乏,中国古代典籍中的高句丽传记以及《三国史记》《三国

---

① 《朝鲜史略·提要》,文渊阁《四库全书》影印本,史部,第466册,第1页a。

遗事》《东国通鉴》《朝鲜史略》中有关高句丽历史的记载仍然是今天从事高句丽历史研究的基础性资料，具有十分重要的学术价值。

原文《高句丽历史文献研究综述》刊载于《旅顺博物馆学苑》，吉林文史出版社2013年版

王颀之战东川王奔退方向考辨

——以《三国志》《三国史记》为线索

公元 3 世纪中叶，魏蜀吴三足鼎立。景初二年（238），曹魏通过覆灭公孙氏政权而将势力范围进一步延伸至辽东地区，但因疲于应对蜀、吴的南线战争，对新攫取地区的经略和实际控制能力相对薄弱。当时，东北腹地的高句丽政权为东川王统治时期，在魏、吴之间摇摆不定，并于正始三年（242）伺机袭破辽东西安平。为了彻底剪除后顾之忧，曹魏先后于正始五年（244）和正始六年（245），派幽州刺史毌丘俭率大军征伐高句丽。正始六年，王颀奉命对高句丽东川王及其余众的追讨，则是毌丘俭征高句丽第二阶段战役的重要内容和举措。然而，检索相关史料记载，有关王颀大军追击过程和东川王一路奔退踪迹的记述，抑或语焉不详，抑或有所差异，客观造成了今天对王颀追击东川王之战研究的困难。从目前的研究来看，东川王奔退方向的确定，对于王颀追击东川王之战过程及相关细节的研究，意义十分重要。因此，本文拟在对学界有关东川王奔退方向主要观点的梳理和辨析基础之上，结合现有的文献资料，对东川王的奔退方向予以考证和探讨。

一 王颀追击东川王之战研究综述

20世纪90年代，耿铁华（笔名：范犁）先生有关毌丘俭征高句丽时间的考证，以及毌丘俭征高句丽战役"二阶段"说的观点[①]，在学界得到了普遍的共识。此后，王颀追击东川王之战作为毌丘俭征高句丽的后续（第二阶段）战役，虽然在毌丘俭征高句丽的相关研究中有所提及，但长期以来并未有专门和系统的研究。

2018年上半年，梁文力《王颀追击高句丽王位宫相关史事考辨》[②] 和王长印《毌丘俭征高句丽战争过程考补六则》[③] 两篇论文，则在一定程度上丰富了我国学界对王颀之战的研究。

其中，梁文力于《王颀追击高句丽王位宫相关史事考辨》一文中对王颀追击高句丽川王一役的时间、东川王奔退方向及王颀进军路线予以了重点考证，概括如下。

1. 关于此役的时间：该文基本承袭了我国学界关于毌丘俭征高句丽战役的"二阶段"说，进而以毌丘俭征高句丽第二阶段的时间作为王颀追击高句丽东川王之战时间，即正始六年（245）的二月至五月之间。

2. 关于东川王奔退地点：该文认为东川王在王颀大军的追讨之下，乃溯鸭绿江河谷北上，穿过长白山区之孔道直奔图们江流域的北沃沮，而非《三国史记》所记的"奔南沃沮"。其相关论证，将在后文中予以具体介绍和讨论。

3. 关于王颀追讨东川进军路线：该文在学界有关"买沟""置

[①] 范犁：《毌丘俭征高句丽的几个问题》，《高句丽研究文集》，延边大学出版社1993年版，第263—276页。

[②] 梁文力：《王颀追击高句丽王位宫相关史事考辨》，《通化师范学院学报》（人文社会科学版）2018年第2期。

[③] 王长印：《毌丘俭征高句丽战争过程考补六则》，《古籍整理研究学刊》2018年第3期。

沟溇"以及"肃慎南界"地望考证的基础之上,以《山海经·大荒北经》"不咸山"条有关"肃慎国"的记载为补充线索,认为王颀所达的"肃慎南界"为"北沃沮所在平原与挹娄部族所居山地交界之处,即图们江三角洲以北的老爷岭山脉之东南缘"。

王长印的《毌丘俭征高句丽战争过程考补六则》一文,则主要在文中"二战魏军行军路线"部分,对毌丘俭征高句丽战役的第二阶段予以了解析。该文与众不同地将乐浪太守刘茂和带方太守弓遵平濊韩之战从属为毌丘俭对高句丽"复征"之役,认为文献所记载的正始六年五月对濊韩的进军时间,当为破敌还军时间。故而,该文将毌丘俭"复征"之役分为北、南两路分别予以考证,北路军为王颀率领,追击东川王;南路军由刘茂与弓遵率领,在朝鲜半岛南部收复岭东并平定旧韩之乱。

在关于北路军进军过程的讨论中,该文承认《三国史记》记载的"南沃沮之战",并认为东川王是先奔南沃沮,再奔北沃沮,但其中高句丽杀魏"别将"于南沃沮的地点有误,当发生在北沃沮,并通过对"竹岭之战"后魏军的进军路线的分析,作为对东川王"先奔南沃沮,再奔北沃沮"观点的佐证。为其明确,摘录如下:

> 范犁认为王颀为追击东川王先破关马山城、夹皮沟与大川哨卡等,至竹岭时终于追及东川王、二者在此有一战,东川王得以脱身后辗转"至南沃沮",魏军随后即至。按《东夷传》魏军大破南沃沮,于是"宫奔北沃沮",魏军至北沃沮后"王颀别遣追讨宫,尽其东界。"由"别遣"二字可知,此后在北沃沮追击东川王的是王颀所遣别将、已非北路军主力,后王颀之别将在北沃沮东部为高句丽所败,时王颀当正引主力直至北沃沮北界——"过沃沮千有余里,至肃慎氏南界"。最终,北路魏军从北沃(沮)"遂自乐浪而退。"王颀不由玄菟而从乐

浪还军，当是为寻击藏匿于北沃沮东部的东川王。

对于上述所摘录的王长印关于魏军北路军进军路线的考证，亦可另做以下几方面的归纳：

1. 高句丽东川王自"竹岭之战"后，又于南沃沮被魏军所败，之后奔北沃沮。

2. 魏军在北沃沮追击东川王余众过程中，曾兵分两路：一路由王颀率主力被追至北沃沮北界；另一路由"别将"率领追至北沃沮东部，并被高句丽所败。

3. 《三国史记》所记自乐浪退军的魏军乃王颀所率主力。

从目前的研究来看，学界将王颀之战作为毌丘俭征高句丽战役的后续战役，以及有关此战时间问题的讨论已经十分充分，并基本达成共识，但关于东川王在王颀大军追击之下奔退方向及相关细节问题的看法方面，仍存较大争议。比较梁文力和王长印二文，均认为东川王最终奔退至北沃沮之地，王颀所率之军亦曾追至北沃沮之境，但对于东川王是否曾逃奔过南沃沮的意见相左，在对乐浪所退魏军将领身份的看法等方面也存在较大异议。

二　对东川王奔退方向两种观点的辨析

正始六年（245），魏将王颀奉毌丘俭之命率军对高句丽东川王余众予以追剿。东川王闻讯而动，据《三国志·毌丘俭传》记载，高句丽王宫率众"奔买沟"，而同书《乌丸鲜卑东夷传·东沃沮》则记载为"奔沃沮"，《三国史记》中则记为"奔南沃沮"。显然，"买沟""沃沮""南沃沮"当为东川王的撤退方向。由于史料记载的差异，导致学界有关东川王所奔之地的意见不尽相同，主要分为两种：一种认为奔北沃沮，"南沃沮"为"北沃沮"记载之失误；

另一种认为先奔南沃沮，再奔北沃沮。

（一）对"东川王奔退北沃沮"观点的辨析

《王颀追击高句丽王位宫相关史事考辨》一文即持第一种观点，认为东川王并没有逃奔过南沃沮，而是逃奔至北沃沮。其主要依据有三：

其一，该文转引了日本学者津田左右吉对《三国史记·东川王本纪》中有关王颀追击东川王之战记载的真实性质疑的观点，认同"魏将"、纽由身份以及相关记载很可能为后人杜撰的看法。

其二，通过对东沃沮和南沃沮的辨析，认为魏晋时期的南沃沮不应为东沃沮之异称，且"南沃沮"之地早已为濊人所据，因此东川王如果曾有奔至"南沃沮"之地，那么史籍中则应当记为"奔濊"。

其三，认为如果东川王逃至濊地（南沃沮），则毌丘俭无需舍近求远遣玄菟太守王颀追讨，而完全可遣乐浪太守刘茂和带方太守弓遵二人或其中一人领军讨之即可。并据史籍中所记的正始六年五月刘茂、弓遵征濊之事，将《三国史记》所载的从乐浪所退之魏军推断为乐浪太守刘茂等所率之师。

对于上述三条依据，笔者认为尚存讨论之余地。

首先，虽然学界公认《三国史记》中不乏记载有失准确之处，但在尚无确凿证据证明之下，难以言其真伪。《三国史记·东川王本纪》中有关王颀追击东川王之战的记载亦是如此，在某些方面可能有失准确，但尚不能证明其为子虚乌有。

其次，梁氏一文结合相关历史文献指出，东沃沮当包含北沃沮与南沃沮，因此，魏晋时期的南沃沮不应为东沃沮之异称，并且以日本学者池内宏和《释文汇编》关于南沃沮在咸兴一带的考证作为对南沃沮之地望的判断。因此，该文对魏晋时期"南沃沮"的存在并无异议。那么,既然"南沃沮"之地属实,即便其地所居者为濊人,但以所奔的地域为记载对象而记为"奔南沃沮",又有何不可呢?

最后,梁氏一文认为如果东川王逃至濊地(南沃沮),毌丘俭不遣乐浪和带方太守领军讨之,而舍近求远地遣玄菟太守王颀进军,则有不合逻辑之嫌。殊不知,其忽略了《三国史记》中关于王颀进军伊始至东川王奔至南沃沮之前的记载。在此过程中,东川王在王颀大军的追讨之下,曾先奔至竹岭,后于竹岭辗转至南沃沮。也就是说,东川王在至南沃沮之前,尚有一段逃奔的距离,并且史料中也没有关于东川王在毌丘俭正始五年(244)破丸都城后隐匿地点的记载。因此,在东川王奔至南沃沮之前,尚无法明确判断其最初隐匿之处到底是距离玄菟较近,还是距离乐浪和带方更近。如从毌丘俭遣王颀率军追讨东川王的史实来看,东川王于丸都城被破后,其最初隐匿位置距离玄菟较近的可能性反而更大。

综上分析,《王颀追击高句丽王位宫相关史事考辨》一文关于东川王没有奔南沃沮而奔北沃沮的论证依据并不充分。

(二)对"东川王先奔南沃沮、后奔北沃沮"观点的辨析

相较于梁氏一文的观点,王长印在《毌丘俭征高句丽战争过程考补六则》一文中,则以《三国史记》中的记载为线索,首先肯定了东川王曾奔至南沃沮,而后又依据《三国志·东夷传》的记载,认为东川王在南沃沮再次被魏军所败而奔北沃沮。虽然文中没有引用具体文献,但依其"按《东夷传》魏军大破南沃沮,于是'宫奔北沃沮'"的论述可知,所据文献当为《三国志·乌丸鲜卑东夷传·东沃沮传》:"毌丘俭讨句丽,句丽王宫奔沃沮,遂进师击

之。沃沮邑落皆破之，斩获首虏三千余级，宫奔北沃沮。"① 作者应是以"沃沮邑落皆破之"中的"沃沮"，对应为"南沃沮"。对此，笔者深以为然。因为，此条记载先言东川王"奔沃沮"，魏军则随即追击至"沃沮"之地，并大破其邑落，高句丽沃沮之地失败后，又退奔"北沃沮"。显然，文献所记的"奔沃沮"和"沃沮邑落皆破之"的"沃沮"，并非其后的"北沃沮"。结合《三国史记》的记载，高句丽东川王在王颀所率的魏军追击之下的撤退方向为南沃沮。两相对比，则《三国志·乌丸鲜卑东夷传·东沃沮》中所记东川王所奔的"沃沮"当为"南沃沮"不错。

然而，关于东川王在南沃沮之地遭遇魏军后，是否逃奔至北沃沮，笔者则有不同的看法。

首先，王长印一文关于东川王宫奔至北沃沮的推断依据有待推敲。该文通过将《三国志·乌丸鲜卑东夷传·东沃沮》所记的"王颀别遣追讨宫"中"别遣"二字，与《三国史记》中所记的在南沃沮之地中计失利的魏军将领相对应，并综合中国史籍中"宫至北沃沮"的记载，进而推断王颀在追至北沃沮之境后，曾派遣别将追击东川王并于北沃沮东部为高句丽所败，而王颀率主力则直至北沃沮北界。

就"王颀别遣追讨宫"的理解而言，有必要结合其前后文加以解读："毌丘俭讨句丽，句丽王宫奔沃沮，遂进师击之。沃沮邑落皆破之，斩获首虏三千余级，宫奔北沃沮。北沃沮一名置沟娄，去南沃沮八百余里，其俗南北皆同，与挹娄接。挹娄喜乘船寇钞，北沃沮畏之，夏月恒在山岩深穴中为守备，冬月冰冻，船道不通，乃下居村落。王颀别遣追讨宫，尽其东界。"②

从此段记载顺序来看，先言毌丘俭出兵高句丽和高句丽东川王

---

① （晋）陈寿：《三国志》，中华书局1959年标点本，第847页。
② （晋）陈寿：《三国志》，中华书局1959年标点本，第847页。

奔沃沮，再奔北沃沮之事，随后则属于对北沃沮的注解，在北沃沮与挹娄关系的简略记述之后，则言"王颀别遣追讨宫，尽其东界"。依其先后行文内容，原本为记述毌丘俭追讨东川王宫之事，其后如果突然言及王颀另遣别将之事的话，则有强行转折，十分突兀之感，似乎有失陈寿这样文史巨匠之水准。

从史实分析来看，如果王颀知道东川王在北沃沮的藏匿之所，何不亲率主力追讨而用偏军？否则，不仅与重要军功失之交臂，还有可能因偏军的失利而背负错失战机、出师不利的严重失职之过。即便王颀逐东川王之役还可能兼有调查辽东徼外民族、地理的任务[1]，但追剿东川王与探查民俗风情相比，孰轻孰重，自不待言。

以此言之，王颀在北沃沮之境如果发现东川王之踪迹，绝不会遣别将追击东川王。对于"王颀别遣追讨宫"解读，连贯全文，笔者以为应是"（毌丘俭）别遣王颀追讨宫"的动宾倒装句，则更为符合行文逻辑，即王颀受毌丘俭之命，而被另遣专司追讨东川王之责，与《三国史记》所记的魏军"别将"并非一人和一事。

其次，东川王在梁貊谷之战后（《三国志》中梁口之战），高句丽军主力损失殆尽，东川王只带领一千余骑奔逃鸭绿原。王颀追击东川王之役距梁貊谷之战仅为数月，高句丽元气恢复有限，其后又于"竹岭之战"损兵折将，东川王随众除女眷老幼外，战斗力与王颀所率主力大军相差很大。因此，王颀大军如果在北沃沮之境遭遇东川王，东川王又岂有一再得以脱身的道理。

另外，从《三国史记》的相关记载来看，东川王在南沃沮之地隐匿之后，并无奔北沃沮的记载；在中国史籍中，虽有王颀大军"绝沃沮千余里"等类似之语，却不见有关在北沃沮之地遭遇东川王的明确记载。反推之，如果王颀自南沃沮之地已经发现东川王奔

---

[1] 梁文力：《王颀追击高句丽王位宫相关史事考辨》，《通化师范学院学报》（人文社会科学版）2018年第2期。

北沃沮的明确踪迹，其后的追讨中不可能一次正面遭遇也没有发生，史料中也不可能忽略如此重要环节的记述。

综上考虑，东川王自南沃沮奔至北沃沮的观点，值得商榷。

三　东川王退奔方向及相关过程解析

基于前文对学界关于东川王退奔方向两种观点辨析的基础之上，重新审视中国史料关于"宫奔北沃沮"的记载，笔者认为，当主要是史家受王颀追至北沃沮影响所致。王颀率军向北沃沮之地追讨东川王，自然出于其对东川王逃奔方向的判断，从前文的讨论来看，这种判断很可能是一种误判。因此，中国史籍中，关于"宫奔北沃沮"的记载，并不排除是史家据王颀追至北沃沮的行军路线，而做出的推理之说。所以，仅凭史籍所记的"宫奔北沃沮"，尚不足以说明东川王确实曾逃奔至北沃沮。

在笔者看来，东川王在王颀大军的追讨之下，于南沃沮之地隐匿起来，进而摆脱了王颀主力军围剿的可能性更大。这一推断，可以通过对《三国史记》有关王颀与东川王的追讨与反追讨博弈过程的解析进一步得以诠释。

魏军与东川王余众在南沃沮之地的交战过程在《三国志》等中国史籍中的记述十分简略，基本一笔带过，而《三国史记·高句丽本纪·东川王本纪》中的记载则相对丰富：

> 乃遣将军王颀追王，王奔南沃沮，至于竹岭。军士分散殆尽，唯东部密友独在侧。谓王曰："今追兵甚迫，势不可脱，臣请决死而御之，王可遁矣。"遂募死士，与之赴敌力战。王得脱而去。依山谷，聚散卒自卫。……王间行辗转，至南沃沮。魏军追不止，王计穷势屈，不知所为。东部人纽由进曰：

"势甚危迫,不可徒死。臣有愚计,请以饮食往犒魏军,因伺隙刺杀彼将。若臣计得成,则王可奋击决胜矣。"王曰:"诺。"纽由入魏军诈降曰:"寡君获罪于大国,逃至滨海,措躬无地,将以请降于阵前,归死司寇。先遣小臣致不腆之物,为从者羞"。魏将闻之,将受其降。纽由隐刀食器,进前拔刀,刺魏将胸,与之俱死,魏军遂乱。王分军为三道,急击之。魏军扰乱,不能阵,遂自乐浪而退。①

逐层剥离该段史料记载可知,东川王在尚未奔至南沃沮之前,曾与王颀所率魏军在"竹岭"发生遭遇战,东川王在部众死士的掩护之下才得以辗转潜至南沃沮。在东川王隐至南沃沮之后,仍受到魏军锲而不舍的追击。但此股追击的魏军当不是王颀所率的主力,更不应是乐浪太守所率之军,而应是王颀所遣之偏军,理由如下:

其一,此股魏军在南沃沮遭东川王诈降而败。如果是王颀所率主力,双方的军事力量相差很大,魏军败北的可能性很小,而且主将王颀如被刺身亡,还何言之后的刻石纪功。

其二,此股魏军失利后从乐浪撤退,而王颀所部在北追至肃慎南界之后,曾返回丸都刻石纪功,也就是说其最终当是从丸都一带撤离。因此,从撤军地点来看,此股魏军也不应是王颀所率主力。

其三,在中国正史《三国志》中所记的王颀所率之部,可谓势如破竹,并没有关于失利的记载,而且也没有记载王颀一部在北追至北沃沮这一过程中遭遇到东川王,这同样说明此股魏军与王颀主力军并无关系。

其四,据《三国志·乌丸鲜卑东夷传·濊传》记载:"正始六年,乐浪太守刘茂、带方太守弓遵以岭东濊属句丽,举师伐之,不

---

① 金富轼撰:《三国史记》,孙文范等校勘,吉林文史出版社2003年版,第209页。

耐侯等举邑降。"① 又据《三国志·三少帝纪·齐王芳》记载："（正始）七年春二月，幽州刺史毌丘俭讨高句丽，夏五月，讨濊貊，皆破之。"② 综合两条文献可知，乐浪太守与带方太守曾于正始六年（245）五月征讨过"濊"。王长印对此认为，正始六年（245）五月当是刘茂等击濊韩并破敌而归的时间，进而推断王颀所率之军为毌丘俭征高句丽第二阶段战役的北路军，刘茂、弓遵所率为南路军。梁文力一文则将刘茂、弓遵的征濊大军视为《三国史记》中所记的自乐浪而退之魏军。二者的推断成立与否，关键在于"夏五月"到底是出征濊的时间，还是破敌而归的时间。

学界有关毌丘俭第二阶段出征时间为"正始六年春（二月）"的考证，主要依据来源于《三国志·三少帝纪·齐王芳》的记载。从该条记载的语序来看，先言毌丘俭于"春二月"出征高句丽，再言"夏五月"出征秽貊，其行文逻辑显而易见。焉能记讨高句丽时间为出征时间，随后记讨秽貊的时间则改换为还军时间，若此则不免混乱了史家的记述逻辑。故，"夏五月"为刘茂等出兵濊貊时间毋庸置疑。

以此言之，刘茂等征濊之时，恰在丸都山纪功石刻所记的毌丘俭正始六年五月旋师之际。此时，王颀对东川王的追讨已然结束，所以刘茂等征濊之役不可能发生在王颀追击东川王期间，刘茂等征濊之师也就不可能为《三国史记》所记的在南沃沮之地与东川王遭遇的魏军。

然而，受王长印和梁文力二人推断的启发，笔者认为，刘茂、弓遵领兵出征濊韩的原因，倒是不排除继续追讨东川王余众，以完成王颀未尽事宜之目的。因为自乐浪所退魏军，势必带回东川王隐

---

① （晋）陈寿：《三国志》，中华书局1959年标点本，第849页。
② （晋）陈寿：《三国志》，中华书局1959年标点本，第121页；正始七年（246）当为正始六年之误。

匿于南沃沮附近的消息。毌丘俭获悉之后，综合王颀追至北沃沮搜寻情况后，故而再遣刘茂等以"岭东濊属句丽"为由出兵，一则轻东川王之疑心，二则掩其"无复遗寇"之过。当然，由于缺少相关佐证，这也只能为推测之说。

通过上述分析，在南沃沮之地与东川王一战的魏军，既不可能是王颀主力军，又不可能是刘茂、弓遵征濊之军，则此股魏军就很可能是王颀大军在向北沃沮进军之际，部署在南沃沮的一支偏军。从《三国史记》的记述来看，王颀所率魏军在竹岭与东川王余众遭遇，而东川王在部众死士的掩护之下，利用地形优势，潜至南沃沮高山密林之地。东川王为了摆脱王颀大军的追剿，势必尽可能地掩其踪迹和故布"疑阵"。王颀应为其所惑，而误将主力北上追击，但以防万一，又在北上之际遣一偏军在南沃沮继续搜寻东川王踪迹，当符合行军作战之策略。恰恰是留下来的这支魏军在后续的搜寻过程中发现了东川王的踪迹，但因轻敌中计而错失了围剿东川王的契机。王颀所率主力，则因未遇东川王所率余众，在追至北沃沮的过程中而没有遭到规模性的抵抗。至肃慎南界之时，估计已知继续追讨势必徒劳，因此而撤军。这也大致构成了王颀追击东川王一役的主要过程。

至于学界对《三国史记》有关王颀追击东川王所记真伪性的质疑，笔者认为通过上述基于《三国史记》对王颀追击东川王过程的解析来看，《三国史记》此部分的记载与中国正史相关史料的记述，除了记述年代之外，并无明显矛盾之处。在中国正史资料中，只是记述了王颀所率主力的追击过程，而回避了对其偏军失利的记载，其目的在于彰显和颂扬魏军的丰功伟绩；高丽史料则侧重于记述了东川王余众如何应对和摆脱魏军追剿的过程，字里行间无不体现出东川王及其麾下所具有的智谋以及无畏、忠诚等精神。从中也可以看出史家立场的不同，致使记述文风和记录史实侧重点方面所存在的差异。因此，不能因为记述的某些差异，而轻言其真伪。

综上所述，正始六年（245），在王颀所率魏军的追击之下，东川王在"竹岭之战"后奔至南沃沮，并于南沃沮摆脱了王颀主力的追讨，并未奔退过北沃沮。是以，所谓的"宫（东川王）奔北沃沮"，当为中国古代史学家根据王颀追至北沃沮而作出的臆断。

原文刊载于《古籍整理研究学刊》2019 年第 6 期

《吉林通志》清乾隆年间三姓副都统正黄旗舒通阿考补

　　有清一代，曾在东北地区的盛京将军、吉林将军、黑龙江将军之下先后设立了19个副都统衙门。其中，三姓副都统衙门驻于三姓城（今黑龙江省依兰县），为吉林将军所属副都统之中管辖区域最大者。据《三姓应入会典事项清册》载，乾隆十九年（1754）三姓副都统衙门上报的辖区四至为："往三姓城南至鸠梅佛痕二百九十里，与宁古塔接界；东二千一百里处为入乌苏里江之瑚叶河口，从瑚鲁穆河直至入海之岳色河，与宁古塔接界；北面由三姓城至松花江南岸四里，北岸与黑龙江接界；西边至玛延河口一百八十里，与阿勒楚喀接界。"[①]

　　三姓副都统衙门自雍正十年（1732）设立到宣统年间裁撤的170多年间，为清廷长期控制和稳定东北边疆地区发挥了十分重要的作用。其主官三姓副都统属于外省驻防副都统，为正二品武官，全面统领辖区内的八旗驻防、编旗编户、司法经济等军政事务。乾隆二十九年（1764）正月至乾隆三十年（1765）十一月，三姓副都统为正黄旗舒通阿。《吉林通志》中对此有明确的记载，并记录

---

　　① 辽宁省档案馆：《清代三姓副都统衙门满汉文档案选编》，辽宁古籍出版社1995年版，第344页。

了此前其履职阿勒楚喀副都统和熊岳副都统的任、调时间。然而，却误将乾隆三十七年（1772）从墨尔根副都统调任三姓副都统的舒通阿与正黄旗舒通阿混淆为一人。对此，本文将参照《清实录·高宗实录》和《钦定八旗通志》的相关记载，对正黄旗舒通阿的履职经历、调任时间与原因等予以考证和补充，进而对不同舒通阿的身份加以辨识。

一　《吉林通志》中有关正黄旗舒通阿的记载

《吉林通志》，清长顺修、李桂林纂，始修于光绪十七年（1891），民国十九年（1930）重印。检索《吉林通志》全书，与三姓副都统正黄旗舒通阿相关史料共有三则：

  1.《吉林通志·卷六十二·阿勒楚喀副都统》："（乾隆二十七年）舒通阿，满洲正黄旗人，九月任，十二月调熊岳。"①
  2.《吉林通志·卷六十二·三姓副都统》："（乾隆二十九年）舒通阿，满洲正黄旗人，正月任，三十年十一月调内召。"②
  3.《吉林通志·卷六十二·三姓副都统》："（乾隆三十七年）舒通阿，满洲正黄旗人，三月再任，三十八年十二月调赴库尔喀喇。"③

---

①　（清）长顺修、李桂林纂：《吉林通志》卷62《职官志五·国朝表二·阿勒楚喀副都统》，吉林文史出版社1986年版，第987页。
②　（清）长顺修、李桂林纂：《吉林通志》卷62《职官志五·国朝表二·阿勒楚喀副都统》，吉林文史出版社1986年版，第987页。
③　（清）长顺修、李桂林纂：《吉林通志》卷62《职官志五·国朝表二·阿勒楚喀副都统》，吉林文史出版社1986年版，第988页。

按《吉林通志》记载，正黄旗舒通阿曾历任阿勒楚喀副都统、熊岳副都统、三姓副都统，乾隆三十年内召赴京，其后又于乾隆三十七年（1772）再任三姓副都统，并于次年调赴库尔喀喇。应当受此记载的影响，《清代三姓副都统任职校订》一文便将乾隆年间舒通阿考据为先后两次任三姓副都统，称："第一次乾隆二十五年（1760）至三十年（1765），后调清廷'年迈留京'。乾隆三十七年又将任墨尔根副都统的舒通阿调回三姓任副都统，至三十八年（1773）从三姓调库尔喀喇乌苏。《依兰县志》（1985年）表中只列一次，将乾隆三十七年（1772）至三十八年（1773）任职漏掉。"①

事实上，《吉林通志》虽然概略记录了正黄旗舒通阿在阿勒楚喀副都统、熊岳副都统和三姓副都统的任调时间，但并无舒通阿出任阿勒楚喀副都统之前履职情况的记载，有关其职务调动的具体时间和原因等，亦不见详述。特别是正黄旗舒通阿是否有过两次任职三姓副都统和调赴库尔喀喇的情况，格外需要商榷。对此，《清实录·高宗实录》和《钦定八旗通志》的相关记载，可供校雠和补正。

二 正黄旗舒通阿相关史料爬梳及内召前履职情况考补

《吉林通志》所记的"舒通阿"之名，在《清实录·高宗实录》和《钦定八旗通志》中既有同名的发现，也有发音相同的"书通阿"之名的记载。"书通阿"和"舒通阿"其实是满语姓名的汉字同音异写现象。在档案文献中，满语姓名由于汉字的表音而

---

① 吕春凤、廖怀志：《清代三姓副都统任职校订》，《黑龙江史志》2006年第3期。

导致的同音异写和重名的现象极为常见。因此，在相关史料的爬梳过程中，有必要根据具体史实予以审慎辨识，避免张冠李戴。通过查阅比较，《清实录·高宗实录》和《钦定八旗通志》中的以下几则史料，为补充正黄旗舒通阿内召前的履职情况提供了重要的线索：

> 1.《清实录·高宗实录》："（乾隆二十四年 己卯 九月 壬申）以广西庆远协副将书通阿，为广西右江镇总兵。"①

笔者按："乾隆二十四年 己卯 九月 壬申"为公元1759年农历九月二十五日；广西庆远为今广西宜州地区；协副将，秩从二品，位次于总兵，统理一协军务，又称协镇、协台；广西右江镇为今广西百色市右江地区；总兵，官阶正二品，受提督统辖，掌理本镇军务，又称"总镇"。

> 2.《清实录·高宗实录》："（乾隆二十七年 壬午 九月 辛未）以广西右江镇总兵书通阿，为阿勒楚喀副都统。"②
>
> 《钦定八旗通志》："（乾隆二十七年）阿勒楚喀副都统，敦柱，闰五月调，舒通阿，十一月任。"③

笔者按："乾隆二十七年 壬午 九月 辛未"为公元1762年农历九月十二日；阿勒楚喀，清雍正时建城，清末改为阿城县，现为哈尔滨市阿城区；阿勒楚喀副都统衙门，始建于乾隆二十一年（1756），宣统元年（1909）裁撤。

---

① 《清实录·高宗实录》卷597，中华书局1986年版，第661页。
② 《清实录·高宗实录》卷670，中华书局1986年版，第493页。
③ 《钦定八旗通志》卷334《直省大臣年表六》，文渊阁《四库全书》影印本，史部，第671册，第41页a。

《吉林通志》清乾隆年间三姓副都统正黄旗舒通阿考补 235

　　3.《清实录·高宗实录》:"(乾隆二十七年 壬午 十二月 甲辰)兵部议,失察聚赌械殴之盛京将军清保、熊岳副都统瑚嘉保,各照例罚俸一年。瑚嘉保,以纪录抵销。得旨,清保著罚俸一年。前因清保在盛京将军,任内,诸务废弛,是以降旨将其纪录悉行销去。今兵部议处失察聚赌械殴一案,于清保,则议以实罚;而副都统瑚嘉保,则仍准以记录抵销。瑚嘉保所得纪录,即如清保寻常议叙之案耳又岂可独令存留,以为抵销之地。盛京驻防各官习气,甚属不堪,不可不加以整饬。除瑚嘉保此案罚俸不准抵销外,并著将该处副都统、协领、防御等官,从前所得纪录,一概全行销去以示惩儆嗣后如果能涤除旧习实心奋勉。遇应行议叙时再予纪录。以熊岳副都统瑚嘉保、阿勒楚喀副都统书通阿对调。"①

　　《钦定八旗通志》:"(乾隆二十七年)熊岳副都统胡嘉保,十二月调。"②"(乾隆二十八年)熊岳副都统书通阿,正月任。"③

笔者按:"乾隆二十七年 壬午 十二月 甲辰"为公元1762年农历十二月十六日;熊岳副都统始建于雍正五年(1727),道光二十三年(1843)裁撤。熊岳副都统衙门驻于熊岳,即今辽宁省盖州市熊岳镇。清政府于道光二十三年(1843),正式将熊岳副都统衙门南移至金州,于金州设立副都统衙门。至此,熊岳副都统衙门被金州副都统衙门所取代。

---

① 《清实录·高宗实录》卷677,中华书局1986年版,第568页。
② 《钦定八旗通志》卷334《直省大臣年表六》,文渊阁《四库全书》影印本,史部,第671册,第40页b。
③ 《钦定八旗通志》卷334《直省大臣年表六》,文渊阁《四库全书》影印本,史部,第671册,第44页b。

4.《清实录·高宗实录》："（乾隆二十八年 癸未 八月 庚寅）又谕：据恒禄奏称，三姓副都统敦柱，现在患病，言语不清，步履艰难，请解任回京调理等语。敦柱，准其解任来京调理。书通阿，著调补三姓副都统。所遗熊岳副都统员缺，著萨思泰补授。"①

笔者按："乾隆二十八年 癸未 八月 庚寅"为公元1763年农历八月六日。

5.《清实录·高宗实录》："（乾隆二十九年 甲申 正月 癸酉）调熊岳副都统书通阿，为三姓副都统。以原任福州将军福增格，为熊岳副都统。"②

《钦定八旗通志》："（乾隆二十九年）熊岳副都统书通阿，正月调。"③"（乾隆二十九年）三姓副都统敦住，正月解，书通阿，三月任。"④

笔者按："乾隆二十九年 甲申 正月 癸酉"为公元1764年农历正月二十一日。

6.《清实录·高宗实录》："（乾隆三十年 乙酉 十一月 辛卯）谕曰：书通阿，年已老迈，著留京。其三姓副都统员缺，著福珠礼调补。所遗吉林乌拉副都统员缺，著永安补授。"⑤

---

① 《清实录·高宗实录》卷692，中华书局1986年版，第757页。
② 《清实录·高宗实录》卷703，中华书局1986年版，第856页。
③ 《钦定八旗通志》卷334《直省大臣年表六》，文渊阁《四库全书》影印本，史部，第671册，第47页b。
④ 《钦定八旗通志》卷334《直省大臣年表六》，文渊阁《四库全书》影印本，史部，第671册，第47页b。
⑤ 《清实录·高宗实录》卷749，中华书局1986年版，第244页。

《钦定八旗通志》："（乾隆三十年）三姓副都统舒通阿是年解。"①

笔者按："乾隆三十年 乙酉 十一月 辛卯"为公元1765年农历十一月十四日。

《清实录·高宗实录》和《钦定八旗通志》两部典籍的成书时间均早于《吉林通志》，更具第一手资料的价值。比较三部典籍有关三姓副都统舒通阿的履职情况记载，不无例外均记载了舒通阿在乾隆三十年离任三姓副都统前，先后出任过阿勒楚喀副都统、熊岳副都统和三姓副都统，其调任时间也大体一致。所记为同一人，当无异议。按此线索反推，《清实录·高宗实录》所记的"（乾隆二十四年 己卯 九月 壬申）以广西庆远协副将书通阿，为广西右江镇总兵"和"（乾隆二十七年 壬午 九月 辛未）以广西右江镇总兵书通阿，为阿勒楚喀副都统"便应当是舒通阿在履职阿勒楚喀副都统之前的任职情况，即舒通阿于1759年九月二十五日，以广西庆远协副将从二品武将身份，升迁为正二品广西右江镇总兵；再于1762年九月十二日被任命为阿勒楚喀副都统，同为正二品大员，当属于平调。另据《钦定八旗通志》所记，其实际赴任阿勒楚喀副都统的时间当为1762年十一月，调任原因则为补阿勒楚喀副都统敦柱调离后的空缺。

同时，正黄旗舒通阿自阿勒楚喀副都统调任熊岳副都统情况，则以《清实录·高宗实录》的记载相对详细。其调任的缘由与原熊岳副都统瑚嘉保失察聚赌械殴一案不无关系；其受命对调时间，三则史料记载一致，均为乾隆二十七年（1762）十二月，《钦定八旗通志》则补记了具体赴任时间为乾隆二十八年（1763）正月。

---

① 《钦定八旗通志》卷334《直省大臣年表六》，文渊阁《四库全书》影印本，史部，第671册，第50页b。

此外，关于舒通阿从熊岳副都统调任三姓副都统的情况，据《清实录·高宗实录》的记载，乾隆帝曾先后于乾隆二十八年（1763）八月和乾隆二十九年（1764）正月两次下诏任命。其中，从乾隆二十八年的任命来看，时任三姓副都统敦柱因解任回京调理病情，故着舒通阿以补其缺，并以萨思泰补熊岳副都统遗缺。然而，从乾隆二十九年的任命来看，乾隆二十八年的诏命并未予以执行，而是于该年正月重新诏命舒通阿调任三姓副都统，并改由福州将军福增格接任熊岳副都统。是以，舒通阿实际赴任三姓副都统的时间应为《钦定八旗通志》所记的乾隆二十九年三月。

三　正黄旗舒通阿内召后履职情况考辨

据《清实录·高宗实录》载："（乾隆三十年 乙酉 十一月 辛卯）谕曰：书通阿，年已老迈，著留京。"又《吉林通志·卷六十二·职官志五·国朝表二·三姓副都统》载："（乾隆二十九年）舒通阿，满洲正黄旗人，正月任，三十年（1765）十一月调内召。""（乾隆三十七年）舒通阿，满洲正黄旗人，三月再任，三十八年十二月调赴库尔喀喇。"

《清实录》和《吉林通志》的记载均表明，正黄旗舒通阿确实有过乾隆三十年（1765）十一月内召至京的情况。但是，《清实录》"年已老迈，著留京"说明，舒通阿在内召之后当为留京致仕养老。然而，《吉林通志》乾隆三十七年条却进一步称，舒通阿在时隔内召七年之后被重新启用，甚至要远赴条件艰苦的边疆地区任职。既然舒通阿卸任三姓副都统和内召留京是出于对其年迈的考虑和恩典，又岂会在更加年老体弱之时被委任更加辛劳的职事，实在令人匪夷。通过对《清实录》和《钦定八旗通志》其他相关史料的查证，事实的确并非如此。

（一）《清实录·高宗实录》中乾隆三十年以后有关"书通阿"的记载与辨析

在前文所摘录的《清实录·高宗实录》史料中，历任阿勒楚喀、熊岳和三姓之副都统，均记名为"书通阿"。除此之外，该书乾隆三十年以后的记载中，亦有三条史料记有"书通阿"之名：

1.（乾隆三十三年 戊子 二月 丙寅）又谕曰：丁田树之子，与尤拔世家人，争殴一事。该御史媒以职系巡城，又事关亲属，自应据实奏闻，或令伊子等，赴该管巡城处诉理，方为得体。乃竟不避嫌疑，径行饬役查拏，移交北城办理。而兴德、朱嵇等，明知事涉同官之子，又不奏请交部，遂尔审结完案。此事衅起斗殴，案情本非重大，而于政体官方，深有关系，不可不防其渐。明季台谏诸臣，每以谊属同寅，彼此连为一气，牢不可破，最为班联恶习。朕屡经降旨训诫，以冀力挽颓风，岂可令伊等复萌此等伎俩耶。丁田树、兴德、朱嵇、俱著解任。将此案情节，一并交与刑部，秉公确讯具奏。其中城满御史书通阿，有无扶同瞻顾丁田树之处，亦著一并传讯。寻刑部奏：此案衅起斗殴，委无别情。但巡视中城给事中丁田树，径将人犯自行查拏，巡视北城御史兴德、给事中朱嵇，不避嫌疑，遽行审结，均请交部严加议处。书通阿，随同丁田树备文移送，请一并交部察议。从之。①

2.（乾隆三十六年 辛卯 四月 丁亥）吏部带领京察保送一等之翰林院编修曹仁虎等五十一员，缮书房保送一等之户部郎中员景文等十员，并二三等官、年六十五岁以上之内阁侍读学

---

① 《清实录·高宗实录》卷804，中华书局1986年版，第856—857页。

士锦柱等三十五员引见。得旨，曹仁虎……（省略号为其他48名翰林院编修名单），俱准其一等加一级。庶吉士、吴寿昌、尚未授职，不必入京察著为令。扎勒汉，著改为二等。繙书房保送之赫敏、依兰泰、盛保、德元祥泰，俱准其一等加一级。员景文、赵镁、伊都、张肇祥、双全俱，著改为二等。锦柱、武尔图、那苏图、雷畅、胡在慧、富勒贺、富琦、德平、巴哈、塔赉图、吴绍诗、觉罗彰古礼、福佑、朱绍琨、苏彰阿、兆林、觉罗扎进泰、书通阿（为35名内阁侍读学士之一）、书明、永安、平治、耀泰、金柱、来熙、德保、兆柱、萨拉、苏莽阿、赫楞额、六十八、六十七、布兰泰、塞尔吞、毛嘉梧、何廷绪，俱准其留任。福禄年老，著休致。①

3. （乾隆四十二年 丁酉 五月 丙子）吏部带领京察二三等官、年六十五岁以上之宗人府笔帖式宗室恳特等五十三员引见。得旨，宗室恳特……书通阿……（省略号部分为其余51人员名单），俱著留任。②

尽管以上史料中所记的"书通阿"与《清实录·高宗实录》所记的三姓副都统正黄旗"书通阿"同名，但身份明显有别。其一，三处"书通阿"的官职分别为巡城御史（正五品）、内阁侍读学士（从四品）、笔帖式（六品、七品），与正黄旗书通阿内召时的三姓副都统正二品身份相差悬殊。其二，正黄旗书通阿是因年迈而被恩典回京。按照清朝的惯例，除因过失休致者外，对年届休致而未休的官员往往恩赐有加。书通阿在内召后，即便没有休致和加官晋爵，却也不至于贬谪其职务。其三，即使品阶保持不变，也不

---

① 《清实录·高宗实录》卷883，中华书局1986年版，第828页。
② 《清实录·高宗实录》卷1033，中华书局1986年版，第839页。

可能所司职事越来越细微烦琐,甚至为一笔帖式而负责文案起草、翻译等事。不仅大材小用,而且难免折辱身份。其四,正黄旗书通阿长期担任武官要职,其履职经验和能力,也并不适合担任巡城御史、内阁侍读学士、宗人府笔帖式等文官之职。故此,巡城御史、内阁侍读学士、笔帖式,当不是正黄旗书通阿内召回京之后的履职。

(二)《清实录·高宗实录》《钦定八旗通志》中有关"舒通阿"的记载与辨析

《清实录·高宗实录》乾隆三十年(1765)以后的史料中,除了记有"书通阿"之名之外,还有多处记有"舒通阿"一名:

1. (乾隆三十年 乙酉 四月 癸酉)以内务府护军统领奇成额、镶蓝旗护军参领舒通阿,俱为镶蓝旗满洲副都统。①

2. (乾隆三十年 乙酉 六月 戊午)以镶蓝旗满洲副都统舒通阿,为墨尔根城副都统。②

3. (乾隆三十七年 壬辰 夏 四月 甲戌)调墨尔根城副都统舒通阿,为三姓副都统。③

4. (乾隆三十八年 癸巳 四月 丁巳)谕曰:舒通阿,著来京。该部带领引见。所遗墨尔根副都统员缺,著福僧额调补。吉林副都统员缺,著明英补授。④

---

① 《清实录·高宗实录》卷735,中华书局1986年版,第95页。
② 《清实录·高宗实录》卷738,中华书局1986年版,第135页。
③ 《清实录·高宗实录》卷906,中华书局1986年版,第113页。
④ 《清实录·高宗实录》卷933,中华书局1986年版,第564页。

5. （乾隆三十八年 癸巳 十二月 壬子）又谕曰：舒通阿，著往库尔喀喇乌苏，更换雅郎阿。其三姓副都统员缺，即著雅郎阿补授。①

检索《钦定八旗通志》，同样有多条关于"舒通阿"的记载可供参详、互证：

1. （乾隆三十年）墨尔根副都统鄂博西，四月解，舒通阿，八月任。②

2. （乾隆三十一年、三十二年、三十三年、三十四年、三十五年、三十六年、三十七年）墨尔根副都统舒通阿。③

3. （乾隆三十七年）三姓副都统郭穆布，三月故，舒通阿六月任。④

4. （乾隆三十八年）三姓副都统舒通阿，十二月调。⑤

显而易见，以上所摘录的《清实录·高宗实录》和《钦定八

---

① 《清实录·高宗实录》卷949，中华书局1986年版，第868页。
② 《钦定八旗通志》卷334《直省大臣年表六》，文渊阁《四库全书》影印本，史部，第671册，第52页a。
③ 《钦定八旗通志》卷335《直省大臣年表七》，文渊阁《四库全书》影印本，史部，第671册，第3页b、第7页a、第10页b、第13页b、第17页a、第19页b、第23页b。
④ 《钦定八旗通志》卷335《直省大臣年表七》，文渊阁《四库全书》影印本，史部，第671册，第22页a。
⑤ 《钦定八旗通志》卷335《直省大臣年表七》，文渊阁《四库全书》影印本，史部，第671册，第25页b。

旗通志》中有关"舒通阿"履职情况的记载基本一致，是为同一人。其内容与《吉林通志》"（乾隆三十七年）舒通阿，满洲正黄旗人，三月再任，三十八年十二月调赴库尔喀喇"的记载也十分吻合，故可确认为同一"舒通阿"无疑。

此外，依据《清实录·高宗实录》的前两条文献记载，该舒通阿在乾隆三十年（1765）四月尚为镶蓝旗护军参领和镶蓝旗满洲副都统，同年六月被任命为墨尔根城副都统，赴任时间则应为《钦定八旗通志》中所记的当年八月。《清实录·高宗实录》和《钦定八旗通志》又共同记载，该舒通阿在连续任职墨尔根城副都统七年之后，于乾隆三十七年（1772）调任三姓副都统，次年调往库尔喀喇乌苏。然而，正黄旗舒通阿自乾隆二十九年（1764）正月到乾隆三十年十一月内召之前，一直为三姓副都统。在此期间，正黄旗舒通阿绝不可能分身多地兼职，与其间先后担任镶蓝旗护军参领、镶蓝旗满洲副都统、墨尔根城副都统的舒通阿，显然是同名而不同人。

综上所述，《吉林通志》所记的乾隆三十七年再任三姓副都统之舒通阿，与乾隆三十年内召的三姓副都统正黄旗舒通阿并非同一人，当为编纂者因重名混淆所致。

余 论

乾隆三十年，正黄旗舒通阿因"年已老迈"而被内召。由于其年龄和身体情况已经不再适合继续为官，所以回京之后很可能即已被恩准休致而并未有过其他履新。因其去世时间不详，根据清朝官员休致年龄推算，舒通阿在内召时应大致在65—70岁间，则乾隆二十四年（1759）任广西右江镇总兵时当为59—64岁，任广西庆远协副将尚在此之前，其出生大约在1695—1700年，即为清康熙末年生人。

乾隆二十七年到乾隆三十年（1762—1765），是正黄旗舒通阿一生中职务调动最为频繁的四年。乾隆二十七年（1762），舒通阿自广西右江镇总兵调任阿勒楚喀副都统，虽然品秩没有变化，看似平调，但是副都统作为一方的军政主官，其职权范围相对只主管军事的总兵一职无疑更为广泛，而且东北地区被清廷历来视为"龙兴之地"，所以阿勒楚喀副都统应当相对具有更为重要的地位。同年十二月，舒通阿被任命为熊岳副都统，既是补救前任副都统瑚嘉保的失察之误，更负有整饬当地诸务废弛和官场习气不堪的使命。乾隆二十八年（1763），原三姓副都统敦柱患病解任，已近古稀之年的舒通阿奉命主政三姓地区，则亦有"临危受命"的意味。因此，从履职情况来看，正黄旗舒通阿当是一位出身行伍，边防军务、理政经验十分丰富的驻疆要员，并深得乾隆皇帝的信任和重用。

原文刊载于《大连大学学报》2020年第1期

参考文献

一 古籍文献与地方志

（汉）司马迁：《史记》，中华书局 1982 年标点本。

（汉）班固：《汉书》，中华书局 1962 年标点本。

（汉）刘向集录，范祥雍笺证：《战国策笺证》，上海古籍出版社 2018 年版。

（汉）宋衷注，（清）秦嘉谟等辑：《世本八种》，商务印书馆 1957 年版。

（汉）刘向撰、卢元骏注译：《新序今注今译》，商务印书馆 1977 年版。

（汉）许慎撰、（清）段玉裁注：《说文解字注》，浙江古籍出版社 2007 年版。

（晋）陈寿：《三国志》，中华书局 1982 年标点本。

（后魏）郦道元：《水经注》，岳麓书社 1995 年版。

（南朝宋）范晔：《后汉书》，中华书局 1965 年标点本。

（北齐）魏收：《魏书》，中华书局 1974 年标点本。

（唐）李延寿：《北史》，中华书局 1974 年标点本。

（唐）杜佑：《通典》，浙江古籍出版社 1988 年影印本。

（宋）欧阳修、宋祁等：《新唐书》，中华书局 1975 年标点本。

（宋）司马光：《资治通鉴》，中华书局 1956 年版。

（宋）乐史：《太平寰宇记》，中华书局 2007 年版。

（宋）徐梦莘：《三朝北盟会编》，上海古籍出版社 1987 年影印本。

（宋）李心传：《建炎以来系年要录》，中华书局 1956 年版。

（宋）税安礼：《历代地理指掌图》，《续四库全书》影印宋刻本。

（宋）王应麟：《玉海》，《钦定四库全书》影印本。

（宋）罗泌：《路史》，文渊阁《四库全书》商务印书馆影印本。

（宋）章定：《名贤氏族言行类稿》，文渊阁《四库全书》商务印书馆影印本。

（宋）吕祖谦：《大事记》，文渊阁《四库全书》影印本。

（元）脱脱：《辽史》，中华书局 1974 年标点本。

（元）脱脱：《金史》，中华书局 1975 年版。

（明）陈士元：《论语类考》，文渊阁《四库全书》商务印书馆影印本。

（明）顾祖禹：《读史方舆纪要》，中华书局 2005 年版。

（清）阮元校刻：《十三经注疏》，中华书局 2009 年版。

（清）刘宝楠：《论语正义》，中华书局 1990 年标点本。

（清）焦循：《孟子正义》，中华书局 1987 年标点本。

（清）吕调阳：《汉书地理志详释》，《丛书集成续编》，新文丰出版公司 1984 年版。

《大清一统志》，文渊阁《四库全书》商务印书馆影印本。

《清实录》，中华书局 1986 年版。

《钦定八旗通志》，文渊阁《四库全书》影印本。

（清）张穆：《蒙古游牧记》，南天书局 1981 年版。

（清）阿桂等撰：《满洲源流考》，孙文良、陆玉华点校，中国国际广播出版社 2016 年版。

（清）吴振棫：《养吉斋丛录》，中华书局 2005 年版。

（清）阿桂等：《盛京通志》，辽海出版社 1997 年影印本。

（清）长顺修、李桂林纂：《吉林通志》，吉林文史出版社1986年版。

金毓黻：《奉天通志》，辽海出版社2002年版。

金毓黻：《辽海丛书》，辽沈书社1985年版。

王国维：《今本竹书纪疏证》，《古本竹书纪年辑校》，辽宁教育出版社1997年版。

黄怀信、张懋镕、田旭东：《逸周书汇校集注》，上海古籍出版社2007年版。

徐元诰：《国语集解》，中华书局2002年版。

袁珂：《山海经校注》（增补修订本），巴蜀书社1993年版。

贾敬颜：《五代宋金元人边疆行记十三种疏证稿》，中华书局2004年版。

黎翔凤：《管子校注》，中华书局2004年版。

王利器：《盐铁论校注》，中华书局2017年版。

辽宁省档案馆：《清代三姓副都统衙门满汉文档案选编》，辽宁古籍出版社1995年版。

辽宁省地方志编纂委员会办公室主编：《辽宁省志》，辽宁人民出版社2001年版。

金富轼：《三国史记》，孙文范等校勘，吉林文史出版社2003年版。

一然：《三国史记》，孙文范等校勘，吉林文史出版社2003年版。

二、考古资料与发掘调查报告（以下按音序排列）

北京大学考古系编：《纪念北京大学考古学专业三十周年论文集》，文物出版社1990年版。

北京市文物研究所山戎文化考古队：《北京延庆军都山东周山戎部落墓地发掘纪略》，《文物》1989年第8期。

赤峰中美联合考古项目：《内蒙古东部（赤峰）区域考古调查阶段

性报告》，科学出版社 2003 年版。

崔玉宽：《凤凰山山城调查简报》，《辽海文物学刊》1994 年第 2 期。

富品莹、吴洪宽：《海城英城子高句丽山城调查记》，《辽海文物学刊》1994 年第 2 期。

国家文物局组赤峰考古队：《半支箭河中游先秦时期遗址》，科学出版社 2002 年版。

吉林大学边疆考古研究中心：《边疆考古研究》（第 1 辑），科学出版社 2002 年版。

辽宁省博物馆、朝阳市博物馆：《建平水泉遗址发掘简报》，《辽海文物学刊》1986 年第 3 期。

辽宁省博物馆等：《内蒙古赤峰县四分地东山咀遗址试掘简报》，《考古》1983 年第 5 期。

辽宁省文物干部培训班：《辽宁北票县丰下遗址 1972 年春发掘简报》，《考古》1976 年第 3 期。

辽宁省文物考古研究所：《查海新石器时代聚落遗址发掘报告》，文物出版社 2012 年版。

辽宁省文物考古研究所：《辽宁北票市康家屯城址发掘简报》，《考古》2001 年第 8 期。

内蒙古文物考古研究所：《内蒙古赤峰市二道井子遗址的发掘》，《考古》2010 年第 8 期。

内蒙古文物考古研究所：《内蒙古赤峰市三座店夏家店下层文化石城遗址》，《考古》2007 年第 7 期。

内蒙古自治区昭乌达盟文物工作站：《内蒙古敖汉旗孟克河上游的遗址调查》，《考古》1963 年第 10 期。

山东大学文化遗产研究院：《东方考古》（第 11 集），科学出版社 2014 年版。

苏秉琦主编：《考古学文化论集》（一），文物出版社1987年版。

孙进己等主编：《中国考古集成》（东北卷 青铜时代），北京出版社1997年版。

王禹浪、刘冠缨：《大石桥市海龙川山城考察报告》，《黑龙江民族丛刊》2009年第3期。

王禹浪、王海波：《营口市青石岭镇高句丽山城考察报告》，《黑龙江民族丛刊》2009年第5期。

王禹浪、王文轶：《营口地区盖州市万福镇贵子沟村赤山山城考察报告》，《黑龙江民族丛刊》2010年第4期。

魏坚：《内蒙古文物考古文集》（第二辑），中国大百科全书出版社1997年版。

文物编辑委员会：《文物资料丛刊》（7），文物出版社1983年版。

文物出版社编辑部编：《文物与考古论集》，文物出版社1986年版。

杨永芳、杨光：《岫岩境内五座高句丽山城调查简报》，《辽海文物学刊》1994年第2期。

张翠敏、王宇：《大连城山山城2005年调查报告》，《东北史地》2006年第4期。

中国考古学会编：《中国考古学会第一次年会论文集》，文物出版社1980年版。

中国考古学会编：《中国考古学会第五次年会论文集》，文物出版社1985年版。

中国考古学会编：《中国考古学年鉴》，文物出版社1992年版。

中国社会科学院考古研究所：《大甸子——夏家店下层文化遗址与墓地发掘报告》，科学出版社1996年版。

中国社会科学院考古研究所等：《内蒙古喀喇沁旗大山前遗址1998年的发掘》，《考古》2004年第3期。

三 研究著作

晁福林:《春秋战国的社会变迁》,商务印书馆2011年版。

陈戍国:《中国礼制史》(先秦卷),湖南教育出版社2002年版。

崔粲、杜尚侠:《辽海文化》,人民教育出版社1996年版。

范文澜:《中国通史简编》,人民出版社1952年版。

冯永谦:《北方史地研究》,中州古籍出版社1994年版。

傅郎云、杨旸:《东北民族史略》,吉林人民出版社1983年版。

傅斯年:《东北史纲》,上海古籍出版社2012年版。

干志耿,孙秀仁:《黑龙江古代民族史纲》,黑龙江人民出版社1987年版。

耿铁华、孙仁杰编:《高句丽研究文集》,延边大学出版社1993年版。

顾奎相主编:《辽海历史文化研究》,辽宁大学出版社2005年版。

郭大顺:《牛河梁红山文化遗址与玉器精粹》,文物出版社1997年版。

韩国河等编:《中原地区文明化进程研讨会文集》,科学出版社2006年版。

黄斌、刘厚生:《高句丽史话》,远方出版社1999年版。

吉林大学边疆考古研究中心:《边疆考古研究》(第10辑),科学出版社2011年版。

金毓黻:《东北通史》,五十年代出版社1981年版。

金岳:《北方民族方国历史研究》,中州古籍出版社1994年版。

李健才:《明代东北》,辽宁人民出版社1986年版。

李学勤主编:《中国古代文明与国家形成研究》,云南人民出版社1997年版。

李治亭主编:《关东文化大辞典》,辽宁教育出版社1993年版。

历史研究编辑部:《汉民族形成问题讨论集》,生活·读书·新知三联书店1959年版。

历史语言研究所:《庆祝蔡元培先生六十五岁论文集》,"中研院"历史语言研究所1933年版。

辽阳市修复广佑寺筹备委员会办公室编:《沧桑广佑寺》,辽市内出字〔2003〕第24号。

林沄:《林沄学术文集》,中国大百科全书出版社1998年版。

凌纯声:《松花江下游的赫哲族》,"中研院"历史语言研究所1934年版。

刘国祥、于明编:《名家论玉(一):2008绍兴"中国玉文化名家论坛"文集》,科学出版社2009年版。

刘国祥:《红山文化研究》,科学出版社2015年版。

刘泽华、葛荃主编:《中国古代政治思想史》(修订版),南开大学出版社2001年版。

罗哲文:《中国古塔》,中国青年出版社1985年版。

孟森:《明清史论著集刊正续编》,河北教育出版社2000年版。

沈长云、张渭莲:《中国古代国家起源与形成研究》,人民出版社2009年版。

宋坤:《中国孤竹文化》,中国文史出版社2013年版。

苏秉琦:《华人·龙的传人·中国人——考古寻根记》,辽宁大学出版社1994年版。

苏秉琦:《中国文明起源新探》,人民出版社2013年版。

孙进己、冯永谦等:《东北历史地理》(第二卷),黑龙江人民出版社1989年版。

孙进己、孙海主编:《高句丽渤海研究集成》(第三卷),哈尔滨出版社1994年版。

孙进己:《东北历史地理》(第一卷),黑龙江人民出版社1988

年版。

谭其骧：《〈中国历史地图集〉释文汇编》（东北卷），中央民族学院出版社1988年版。

陶磊：《思孟之间儒学与早期易学史新探》，天津古籍出版社2009年版。

田广林：《中国东北西辽河地区的文明起源》，中华书局2004年版。

田继周：《先秦民族史》，四川民族出版社1989年版。

佟冬：《中国东北史》（修订版），吉林文史出版社2006年版。

王国维：《观堂集林（附别集）》，中华书局1959年版。

王惠德：《夏家店下层文化石城研究》，国际华文出版社2001年版。

王绵厚：《高句丽古城研究》，文物出版社2002年版。

王戎笙编：《台港清史研究文摘》，辽宁人民出版社1988年版。

王禹浪、王宏北：《高句丽渤海古城址研究汇编》，哈尔滨出版社1994年版。

王玉哲：《古史集林》，中华书局2002年版。

王震中：《中国古代国家的起源与王权的形成》，中国社会科学出版社2013年版。

王震中：《中国文明起源的比较研究》，中国社会科学出版社2013年增订本。

王锺翰：《王锺翰清史论集》（第一卷），中华书局2004年版。

魏坚、吕学明编：《东北亚古代聚落与城市考古国际学术研讨会论文集》，科学出版社2012年版。

席永杰等：《西辽河流域早期青铜文明》，内蒙古人民出版社2007年版。

萧一山：《清代通史》卷上，中华书局1925年版。

谢国桢：《清开国史料考》，北京出版社2014年版。

谢维扬：《中国早期国家》，浙江人民出版社1995年版。

宿白主编：《苏秉琦与当代中国考古学》，科学出版社 2001 年版。

徐建华：《金州文物》，黑龙江人民出版社 2009 年版。

张碧波：《东北古族古国古文化研究》（上卷），黑龙江教育出版社 2000 年版。

张博泉：《东北地方史稿》，吉林大学出版社 1985 年版。

张博泉：《东北古代民族·考古与疆域》，吉林大学出版社 1998 年版。

张光直：《中国青铜时代》，生活·读书·新知三联书店 1983 年版。

赵宾福：《中国东北地区夏至战国时期的考古学文化研究》，科学出版社 2009 年版。

浙江省文物考古研究所：《良渚文化研究》，科学出版社 1999 年版。

中国古都学会：《中国古都研究》第十八辑（上册），国际华文出版社 2001 年版。

中国社会科学院古代文明研究中心：《古代文明研究》（第一辑），文物出版社 2005 年版。

中国世界古代史学会编：《古代世界城邦问题译文集》，时事出版社 1985 年版。

竺可桢：《中国近五千年来气候变迁的初步研究》，《竺可桢文集》，科学出版社 1979 年版。

［俄］史禄国：《满族的社会组织——满族氏族组织研究》，高丙中译，商务印书馆 1997 年版。

［美］路易斯·亨利·摩尔根：《古代社会》，杨东莼等译，中央编译出版社 2007 年版。

［日］白鸟库吉：《东胡民族考》，方壮猷译，陕西人民出版社 2015 年版。

［日］稻叶君山：《清朝全史》，但焘译，中华书局 1915 年版。

［日］泽田勳：《匈奴：古代游牧国家的兴亡》，王庆宪、丛晓明

译，内蒙古人民出版社 2010 年版。

［苏联］斯大林：《马克思主义和民族问题》，《斯大林选集》（上卷），人民出版社 1975 年版。

［苏联］斯大林：《民族问题与列宁主义》，《马恩列斯民族问题著作选》，中央民族学院 1982 年版。

四　学术论文

安志敏：《试论文明的起源》，《考古》1987 年第 5 期。

陈大为：《辽宁高句丽山城再探》，《北方文物》1995 年第 3 期。

陈慧：《两周时期的北燕与山戎、东胡等族的关系》，《社会科学战线》2007 年第 5 期。

陈鹏：《"满洲"名称述考》，《民族研究》2011 年第 3 期。

陈涴：《"辽海"古称由来考实》，《史学集刊》2008 年第 3 期。

陈星灿：《文明诸因素的起源与文明时代——兼论红山文化还没有进入文明时代》，《考古》1987 年第 5 期。

迟雷：《关于曲刃青铜短剑的若干问题》，《考古》1982 年第 1 期。

崔向东：《论商周时期的孤竹》，《古族与古国第六届"辽宁史学论坛"暨"辽海文化与东北民族交融"学术研讨会论文汇编》，2018 年 10 月。

崔艳茹：《贞观十九年唐军攻打高句丽建安城的进军路线考》，《东北史地》2012 年第 1 期。

崔玉宽：《凤凰古城》，《丹东史志》1986 年第 1 期。

崔玉宽：《乌骨城考》，《丹东史志》1986 年第 4 期。

邸富生：《辽东考》，《地名丛刊》1985 年第 1 期。

邸永君：《关于汉语"满洲"一词之由来》，《满语研究》2005 年第 1 期。

董婕：《牛河梁红山文化玉器与礼制文化探析》，《理论界》2015 年第 7 期。

段渝：《西辽河流域早期文明的起源》，《昭乌达蒙族师专学报》（汉文哲学社会科学版）1990 年第 3 期。

范恩实：《肃慎起源及迁徙地域略考》，《民族研究》2002 年第 3 期。

费孝通：《关于我国民族的识别问题》，《中国社会科学》1980 年第 1 期。

冯家升：《满洲名称产生之种种推测》，《东方杂志》，上海商务印书馆 1933 年版。

冯家升：《契丹名号考释》，《燕京学报》1932 年第 13 期。

冯金忠：《孤竹国研究的回顾与思考》，《文物春秋》2014 年第 3 期。

顾铭学、南昌龙：《战国时期燕朝关系的再探讨》，《社会科学战线》1990 年第 1 期。

韩嘉谷：《山戎病燕论》，《首都博物馆丛刊》2004 年总第 18 期。

韩茂莉：《史前时期西辽河流域聚落与环境研究》，《考古学报》2010 年第 1 期。

何光岳：《肃慎族的起源与北迁》，《黑河学刊》1991 年第 2 期。

何天明：《东胡到鲜卑檀石槐时期的政权演变》，《阴山学刊》2008 年第 3 期。

贺政权：《辽东一词的由来及其它》，《东北地方史研究》1987 年第 2 期。

黄彰健：《满洲国国号考》，《历史语言研究所集刊》第 37 本下册，1967 年版。

贾鑫、孙永刚等：《西辽河上游地区夏家店文化时期浮选结果与分析》，《农业考古》2017 年第 6 期。

金殿士：《辽阳白塔创建年代质疑》，《辽宁大学学报》1985 年第

5 期。

靳枫毅、王继红：《山戎文化所含燕与中原文化因素之分析》，《考古学报》2001 年第 1 期。

靳枫毅：《夏家店上层文化及其族属问题》，《考古学报》1987 年第 2 期。

孔华、杜勇：《孤竹姓氏与都邑变迁新考》，《中国高校社会科学》2017 年第 2 期。

雷紫翰、姚磊：《近百年戎族特征及称谓研究综论》，《史学月刊》2014 年第 8 期。

李春梅：《匈奴政权的创建问题——兼论冒顿单于以前的匈奴与东胡的关系》，《内蒙古社会科学》（汉文版）2013 年第 3 期。

李大龙：《〈三国史记·高句丽本纪〉史料价值辨析——以高句丽和中原王朝关系的记载为中心》，《东北史地》2008 年第 2 期。

李德山：《关于古朝鲜几个问题的研究》，《中国边疆史地研究》2002 年第 2 期。

李德山：《貊族的族源及其发展演变》，《社会科学战线》1998 年第 1 期。

李殿福：《东北境内燕秦长城考》，《黑龙江文物丛刊》1982 年第 1 期。

李恭笃、高美璇：《夏家店下层文化分期探索》，《辽宁省考古、博物馆学会大会会刊》，1981 年。

李恭笃、高美璇：《夏家店下层文化若干问题研究》，《辽宁大学学报》1984 年第 5 期。

李景兰、金殿士：《古城辽阳与清初的东京城》，《东北地方史研究》1985 年第 4 期。

李文信：《中国北部长城沿革考》，《社会科学辑刊》1979 年第 1 期。

梁文力:《王颀追击高句丽王位宫相关史事考辨》,《通化师范学院学报》(人文社会科学版) 2018 年第 2 期。

辽宁省博物馆:《1979 年朝阳地区文物普查发掘的主要收获》,《辽宁文物》1980 年第 1 期。

林沄:《"燕亳"和"燕亳邦"小议》,《史学集刊》1994 年第 2 期。

林沄:《说"貊"》,《史学集刊》1999 年第 4 期。

林沄:《中国东北系铜剑初论》,《考古学报》1980 年第 2 期。

林沄:《中国考古学中"古国""方国""王国"的理论与方法问题课题》,《中原文化研究》2016 年第 2 期。

刘发:《辽宁省名称之考源与辨义》,《社会科学辑刊》1982 年第 4 期。

刘发:《释辽》,《地名丛刊》1988 年第 2 期。

刘观民、徐光冀:《内蒙古东北地区青铜时代的两种文化》,《内蒙古文物考古》1981 年创刊号。

刘国祥:《红山文化与西辽河流域文明起源的模式与特征》,《内蒙古文物考古》2010 年第 1 期。

刘国祥:《红山文化与西辽河流域文明起源探索》,《赤峰学院学报》(第五届红山文化高峰论坛专辑) 2011 年第二辑。

刘国祥:《辽西古玉研究综述》,《故宫博物院院刊》2000 年第 5 期。

刘赫东、田广林:《兴隆洼文化查海遗址出土玉器发微》,《赤峰学院学报》(汉文哲学社会科学版) 2014 年第 1 期。

刘晋祥、董新林:《燕山南北长城地带史前聚落形态的初步研究》,《文物》1997 年第 8 期。

刘浦江:《关于金朝开国史的真实性质疑》,《历史研究》1998 年第 6 期。

刘浦江：《辽朝国号考释》，《历史研究》2001年第6期。

刘焱鸿：《全球化视野下的公众考古学新发展》，《惠州学院学报》（社会科学版）2014年第5期。

刘子敏、金荣国：《〈山海经〉貊国考》，《北方文物》1995年第4期。

刘子敏：《高句丽疆域沿革考辨》，《社会科学战线》2001年第4期。

刘子敏：《孤竹不是游牧民族》，《延边大学学报》1994年第1期。

刘子敏：《关于"辽东"的考辨》，《中国边疆史地研究》1996年第1期。

栾丰实：《中国古代文明起源及早期发展国际学术研讨会大会第二组讨论总结发言》，《中国社会科学院古代文明研究中心通讯》2002年第3期。

吕春凤、廖怀志：《清代三姓副都统任职校订》，《黑龙江史志》2006年第3期。

马伟：《满洲：从族名到地名考》，《东北史地》2013年第3期。

苗威：《关于秽、貊或秽貊的考辨》，《社会科学战线》2010年第8期。

苗威：《山戎、东胡考辨》，《中国边疆史地研究》2008年第4期。

宁恩承：《满洲字义考》，《东北丛刊》1930年第1期。

彭定安：《论辽海文化》，《文化学刊》2013年第3期。

邱国斌：《内蒙古敖汉旗新石器时代聚落形态研究》，《内蒙古文物考古》2010年第2期。

任鸿魁：《泊汋城方位考述》，《辽海文物学刊》1994年第2期。

沈长云：《酋邦理论与中国古代国家起源及形成问题研究》，《天津社会科学》2006年第3期。

沈长云：《说燕国的分封在康王之世——兼说铭有"侯"的周初青

铜器》,《中国历史博物馆馆刊》1999 年第 2 期。

史念海:《西周与春秋时期华族与非华族的杂居及其地理分布》（上）,《中国历史地理论丛》1990 年第 1 期。

苏秉琦:《辽西古文化古城古国——兼谈当前田野考古工作的重点或大课题》,《文物》1986 年第 8 期。

苏秉琦:《论西辽河古文化》,《北方民族文化》1993 年增刊。

孙德连:《卑沙城》,《金州博物馆馆刊》1990 年第 1 期。

孙文良:《满族的崛起》,《民族研究》1986 年第 1 期。

孙孝伟、王惠德、刘春福:《"辽海"考释》,《黑龙江史志》2013 年第 17 期。

唐兰:《从河南郑州出土的商代前期青铜器谈起》,《文物》1973 年第 7 期。

滕海键:《西辽河流域史前聚落空间分布及历时性变化探析》,《北方文物》2014 年第 3 期。

滕铭予:《半支箭河中游先秦时期遗址分布的空间考察》,《吉林大学社会科学学报》2009 年第 4 期。

田昌五:《对中国文明起源的探索》,《殷都学刊》1986 年第 4 期。

田昌五:《中国古代国家形态概说》,《社会科学辑刊》1991 年第 6 期。

田广林:《关于夏家店下层文化燕北类型的年代及相关问题》,《内蒙古大学学报》（人文社会科学版）2003 年第 2 期。

田广林:《辽海历史与中华文明》,《光明日报》2009 年 12 月 29 日第 012 版。

童书业:《夷蛮戎狄与东南西北》,《禹贡》1937 年第 10 期。

王成国:《关于"辽东"地名几个问题的探讨》,《地名丛刊》1987 年第 2 期。

王丹青:《燕国燕地与燕侯——从首都博物馆藏克盉克罍说起》,

《收藏家》2019年第1期。

王鼎：《浅谈辽阳地名》，《地名丛刊》1987年第1期。

王昊、张甫白：《满洲名称考释》，《史学集刊》1996年第3期。

王建新、刘瑞俊：《先秦时期的秽人与貊人》，《民族研究》2001年第4期。

王景义：《关于满族形成中几个问题的探讨》，《满族研究》1999年第2期。

王俊中：《"满洲"与"文殊"的渊源及西藏政教思想中的领袖与佛菩萨》，《中央研究院近代史研究所集刊》1997年第28期。

王立新：《辽西区史前社会的复杂化进程》，《吉林大学社会科学学报》2005年第2期。

王立新：《试析夏家店下层文化遗址的类型与布局特点》，《文物春秋》2000年第3期。

王绵厚：《西汉时期辽宁建置论述》，《东北地方史研究》1985年第1期。

王绵厚：《纵论辽河文明的文化内涵与辽海文化的关系》，《辽宁大学学报》（哲学社会科学版）2012年第6期。

王三义：《"部落联盟模式"的由来——易建平〈部落联盟还是民族〉一文引发的思考》，《史学理论研究》2005年第2期。

王松龄：《关于我国古代民族的形成问题》，《四平师院学报》（哲学社会科学版）1980年第3期。

王巍：《聚落形态研究与中华文明起源》，《文物》2006年第5期。

王文轶、王秀芳：《高句丽巍霸山城初探》，《哈尔滨学院学报》2008年第1期。

王文郁：《满洲族称的由来》，《南开史学》1981年第2期。

王秀峰、崔向东：《从聚落形态看红山文化中晚期的社会分化》，《渤海大学学报》2017年第1期。

王禹浪、王建国:《古代辽阳建制沿革初探》,《大连大学学报》2005 年第 5 期。

王禹浪、王文轶、王宏北:《辽东半岛高句丽山城概述》,《黑龙江民族丛刊》2010 年第 2 期。

王禹浪、王文轶:《鞍山地区山城研究》,《黑龙江民族丛刊》2012 年第 2 期。

王禹浪、王文轶:《大连地区的高句丽山城》,《哈尔滨学院学报》2011 年第 6 期。

王禹浪、王文轶:《丹东地区的高句丽山城》,《哈尔滨学院学报》2012 年第 3 期。

王禹浪、王文轶:《辽水、辽海地名考》,《哈尔滨学院学报》2010 年第 12 期。

王禹浪、王文轶:《营口地区的高句丽山城》,《哈尔滨学院学报》2011 年第 9 期。

王玉亮:《试论孤竹的地望及"疆域"——兼论辽西出土"孤竹"器物之原因》,《沈阳教育学院学报》2000 年第 4 期。

王玉哲:《秦人的族源及迁徙路线》,《历史研究》1991 年第 3 期。

王长印:《毌丘俭征高句丽战争过程考补六则》,《古籍整理研究学刊》2018 年第 3 期。

王震中:《邦国、王国与帝国:先秦国家形态的演进》,《河南大学学报》2003 年第 4 期。

王锺翰:《从满洲的命名谈起》,《满族研究》1985 年第 1 期。

魏存成:《中国境内发现的高句丽山城》,《社会科学战线》2011 年第 1 期。

乌拉熙春:《从语言论女真满洲之族称》,台湾《满族文化》1990 年第 14 期。

吴鹏:《试论燕北地区夏家店下层文化的分期——兼谈燕南地区所

谓"夏家店下层文化"性质及相关问题》,《华夏考古》1988年第4期。

奚柳芳:《肃慎东迁考》,《吉林师范大学学报》1980年第2期。

席永杰、滕海键:《夏家店下层文化研究述论》,《赤峰学院学报》(汉文哲学社会科学版)2011年第4期。

谢维扬:《中国国家形成过程中的酋邦》,《华东师范大学学报》(哲社版)1987年第5期。

邢颖:《早期国家的结构、发展与衰落——荷兰著名人类学家克赖森教授来北京讲学》,《世界历史》2006年第5期。

徐昭峰:《夏家店下层文化卜骨的初步研究》,《文物春秋》2010年第4期。

徐昭峰等:《红山文化的聚落群聚形态与辽西区文明的发生》,《北方文物》2015年第3期。

徐子峰:《红山文化葬俗与西辽河流域文明化进程特点初论》,《赤峰学院学报》(红山文化研究专辑)2008年第S1期。

许宪范:《秽貊迁徙考》,《民族研究》1985年第4期。

薛虹、刘厚生:《〈旧满洲档〉所记大清建号前的国号》,《社会科学辑刊》1990年第2期。

严文明:《黄河流域文明的发祥与发展》,《华夏考古》1997年第1期

杨军:《秽与貊》,《烟台师范学院学报》(哲学社会科学版)1996年第4期。

叶立群:《论辽海文化的多元性特征——兼论辽宁人文化性格的形成》,《辽宁经济职业技术学院辽宁经济管理干部学院学报》2008年第4期。

易建平:《部落联盟还是民族——对摩尔根和恩格斯有关论述的再思考》,《历史研究》2003年第5期。

易建平：《再论"部落联盟"还是"民族"》，《史学理论研究》2006 年第 3 期。

袁建平：《中国早期国家时期的邦国与方国》，《历史研究》2013 年第 1 期。

张博泉：《"契丹"、"辽"名称探源》，《黑龙江民族丛刊》1999 年第 4 期。

张得水：《史前玉礼器的起源与发展》，《东南文化》2000 年第 11 期。

张国强、田广林：《西辽河史前玉器与中华礼制文明》，《辽宁师范大学学报》（社会科学版）2006 年第 4 期。

张鹏：《中国古代民族观研究的回顾与思考》，《青岛大学师范学院学报》2006 年第 1 期。

张全超、陈国庆：《内蒙古赤峰市上机房营子遗址夏家店上层文化时期人骨研究》，《北方文物》2010 年第 2 期。

张云霞：《"满洲"族名管窥》，《哈尔滨学院学报》2010 年第 12 期。

张忠培：《辽宁古文化的分区、编年及其他》，《辽海文物学刊》1991 年第 1 期。

张忠培：《渭河流域在中国文明形成与发展中的地位》，《中国国家博物馆馆刊》2014 年第 11 期。

章太炎：《与弟子吴承仕论满洲旧事书》，《华国月刊》1923 年第 2 期。

长山：《族称 manju 词源探析》，《满语研究》2009 年第 1 期。

中国科学院考古研究所体质人类学组：《赤峰、宁城夏家店上层文化人骨研究》，《考古学报》1975 年第 2 期。

周宇杰：《夏家店下层文化玉器的初步研究》，《辽宁师范大学学报》（社会科学版）2017 年第 1 期。

朱泓:《东胡人种考》,《文物》2006年第8期。

朱乃诚:《苏秉琦重建中国古史框架的努力和中国文明起源研究——苏秉琦与中国文明起源研究之五》,《中原文物》2005年第5期。

朱乃诚:《夏家店下层文化玉器六题》,《考古》2016年第2期。

朱永刚:《东北青铜文化的发展阶段与文化区系》,《考古学报》1998年第2期。

[荷兰] 克赖森:《关于早期国家的早期研究》,《怀化学院学报》2007年第1期。

[日] 白鸟库吉:《论秽貊民族的由来兼及夫余、高句丽和百济的起源》,《史学杂志》第45卷第12期,1934年。

[日] 神田信夫:《满洲MANJU国号考》,刘世哲译,《民族研究》1990年第4期。

[日] 田村晃一:《秽貊新考》,冯继钦译,《北方文物》1992年第1期。

[意] 乔·斯达理:《满洲旧名新释》,李文瑾译、王锺翰校,《中央民族大学学报》1988年第6期。

五 硕博论文

何宏波:《先秦玉礼研究》,博士学位论文,郑州大学,2001年。

黄慧:《西辽河流域的文明起源研究》,硕士学位论文,重庆师范大学,2016年。

朴炫真:《内蒙古地区夏家店下层文化城址初步研究》,硕士学位论文,内蒙古大学,2014年。

邱方利:《西辽河地区史前社会演进与国家起源研究》,硕士学位论文,重庆师范大学,2018年。

汤卓炜:《中国东北地区西南部旧石器时代至青铜时代人地关系发

展阶段的量化研究》，博士学位论文，吉林大学，2004 年。

王太一：《夏家店下层文化的聚落形态研究》，硕士学位论文，陕西师范大学，2011 年。

王文轶：《"辽"字释义及其相关地名的初步研究》，硕士学位论文，大连大学，2007 年。

姚磊：《先秦戎族研究》，硕士学位论文，兰州大学，2014 年。

于明波：《西辽河上游地区夏家店下层文化聚落群聚形态研究》，硕士学位论文，辽宁师范大学，2014 年。

张冠超：《夏家店下层文化房址研究》，硕士学位论文，辽宁大学，2013 年。

后 记

光阴荏苒，岁月匆匆。

2004年，笔者有幸师从王禹浪教授在大连大学中国东北史研究中心攻读东北史方向硕士研究生。毕业留校任教后，得以有机会继续跟随授业恩师从事东北史的学习和研究工作。十余年来，业师王禹浪教授和师母王宏北教授在我的学习、生活、工作以及学术研究上均给予了不遗余力的帮助。本书能够顺利出版，很大程度上便得益于两位先生的无私支持与关照。所收录的《东北地区的"辽"字地名文化研究》即为笔者的硕士学位论文主要内容，《"满洲"称谓研究综述》《辽东半岛地区5—7世纪的山城建筑及其分布特点研究》《辽东半岛地区高句丽山城的防御体系与作用探析》则是与业师王禹浪教授的合作研究成果，其余大部分文章在撰写过程亦曾受到过先生的慷慨赐教。

2014年，承蒙博士授业导师谢乃和教授的厚爱，笔者有幸到东北师范大学历史学院攻读先秦史方向的博士研究生。入学不久，先生根据我以往从事东北史研究的经历和基础，并结合先秦史研究的前沿性课题，建议我不妨系统学习一下"早期国家"的相关理论，进而可以深入关注东北地区的国家起源与形成问题。此后则时常通过线下、线上方式与导师进行此方面学习心得和研究进展的汇报、交流和讨论，每每受益良多。本书上编所撰的《中国古代国家起源与形成路径研究的回顾与思考》《辽西地区早期国家起源模式与形态研究概论》《商周时期孤竹国地望考》和中编所撰的《辽西地区史前玉礼的起源与演进》《夏家店下层文化的筑城起源与聚落形态初探》等 5 篇文章，即缘于对此的思考与尝试。

同时，本书的多篇论文在撰写过程中也得到了许多学界前辈的重要指点和帮助。中国社会科学院中国边疆研究所李大龙研究员、黑龙江省民族研究所都永浩研究员、辽宁师范大学历史旅游文化学院田广林教授曾分别对《辽东半岛地区 5—7 世纪的山城建筑及其分布特点研究》《中国古代国家起源与形成路径研究的回顾与思考》《东北地区的"辽"字地名文化研究》3 篇论文给予过宝贵的修改意见和建议。渤海大学历史学院崔向东教授曾对《"辽海"文化研究述略》一文予以了具体地指点和斧正。内蒙古大学蒙古学学院齐木德道尔吉教授、东北师范大学古籍整理研究所李德山教授、北方民族大学民族学院张景明教授、大连民族大学民族史研究所黑龙教授、长春师范大学历史文化学院张晓刚教授等，则在笔者撰写《〈吉林通志〉乾隆年间三姓副都统正黄旗舒通阿考补》《王颀之战东川王奔退方向考辨——以〈三国志〉〈三国史记〉为线索》《夏家店下层文化的筑城起源与聚落形态初探》《辽西地区史前玉礼的起源与演进》时分别提供过重要的帮助。感恩一路走来能有诸多良师前辈的栽培与提携。

另外，本书的顺利出版也得益于大连大学学科建设专项经费的支持。值此付梓之际，在此一并致以最由衷的感谢。

王文轶
2022 年元月